24,80
11/4

Denkweisen und Grundbegriffe der Soziologie

Reihe Campus Studium
Band 1064

Autoren: Es handelt sich um eine Gruppe von Lehrern und Sozialwissenschaftlern, die eine Vorlage von Jürgen Ritsert diskutierte. Das vorliegende Buch ist ein Resultat dieser Diskussion. Mitglieder der Arbeitsgruppe waren die Lehrer: Josef P. Jung, Walter Lottermann, Sibylle Stein, Walter Unger, Inge Jungblut-Ziermann (Gesamtschule Camberg), sowie die Soziologen Rainer Prewo, Karl Remmele und Ludwig Voegelin. Einen wesentlichen Anteil an der Fertigstellung des Manuskripts haben Claudia und Margot Ritsert. Diskussionsleitung und Überarbeitung der 10. Auflage (1992) Jürgen Ritsert (Universität Frankfurt/M.). Die Abbildungen hat H. Lehmann gezeichnet.

Arbeitsgruppe Soziologie

Denkweisen und Grundbegriffe der Soziologie

Eine Einführung

11. Auflage

Campus Verlag
Frankfurt/New York

Die Deutsche Bibliothek – CIP-Einheitsaufnahme

Denkweisen und Grundbegriffe der Soziologie : eine
Einführung / Arbeitsgruppe Soziologie. – 11. Aufl.
– Frankfurt/Main ; New York : Campus Verlag, 1993
(Campus : Studium ; Bd. 1064)
ISBN 3-593-34715-6
NE: Arbeitsgruppe Soziologie; Campus / Studium

10., revidierte und erweiterte Auflage 1992

11. Auflage 1993

Umschlaggestaltung: Atelier Warminski, Büdingen
Satz: Fotosatz L. Huhn, Maintal-Bischofsheim
Druck und Bindung: Friedrich Pustet, Regensburg
Printed in Germany

Inhalt

Vorwort zur 10. Auflage von 1992

Die erste Auflage dieses Einführungsbuches ist 1978 erschienen. Das ist angesichts der dem äußeren Anschein nach rasanten Umwälzung von Denkweisen in der Soziologie eine lange Zeit. Dennoch hat die Broschüre inzwischen 10 Auflagen erlebt. Der Verlag und die Urheber schließen daraus mit jenem Grad des Wohlgefallens, welcher gerade noch entschuldbar sein mag, wir hätten ein einigermaßen brauchbares Buch zustande gebracht.

Ich kann und will bei allen Vorbehalten gegen Neuerungsbeteuerungen, welche bei Bewerbungen und Reputationsgefechten an Akademien unvermeidlich sind, überhaupt nicht leugnen, daß in den letzten zwölf Jahren einschneidende Veränderungen soziologischer Denkweisen und Grundbegriffe stattgefunden haben. Ich kann ihnen durch Eingriffe in den Ursprungstext genauso wenig allesamt Rechnung tragen wie es uns damals möglich gewesen wäre, alle prominenten Denkweisen und Kategorien zu berücksichtigen. Am Charakter eines möglichst knappen Übersichtsbandes soll nichts geändert werden! Es geht allein darum, einigen Vorschlägen und Hinweisen aus einer Fülle von Zuschriften und Stellungnahmen Rechnung zu tragen. Hinzu kommen Erfahrungen, die ich mit diesem Text in Lehrveranstaltungen machen mußte und durfte. Folgende Eingriffe in die Fassung von 1978 sind das Resultat:

1. Abgesehen von kleineren sprachlichen Korrekturen und Ergänzungen findet der erste größere Eingriff im Kapitel 3 statt. Ich spalte es auf. Im Kapitel 3 der vorliegenden Ausgabe – »Über den Austausch guter Eindrücke« – wird der Akzent auf die Position des sog. »Interaktionismus« gelegt, dem einige Motive aus der »Phänomenologie« hinzugefügt wurden. Das neue Kapitel 4 mit dem ernsthaften Titel: »Der eigene Stamm als Wilde« konzentriert

sich ganz auf die Denkweisen der »Ethnomethodologie« und des hochkonjunkturellen »Konstruktivismus«.

2. Das alte Kapitel 4 fällt ganz weg. Ich bin ausdrücklich nicht der Meinung, daß Soziologinnen und Soziologen locker darauf verzichten könnten, Thesen und Grundbegriffe der Verhaltenstheorie (des »Behaviorismus«) kennenzulernen. Doch ich bin immer wieder auf den Hinweis gestoßen (worden), das Kapitel gehöre eher in ein sozialpsychologisches Lehrbuch und mußte mich überdies mit dem hartnäckig geringen Interesse von Studierenden an der verhaltenstheoretischen Denkweise (so wie wir sie damals wiedergegeben haben) abfinden. Mea culpa! Ich versuche es daher einmal mit einer von der Verhaltenstheorie nicht so weit entfernten Denkweise, von der niemand (gerade jetzt!) behaupten kann, sie sei für Soziologie (und Nationalökonomie) von randständiger Bedeutung. Im neuen Kapitel 5 wird also die *Spiel- und Entscheidungstheorie* umrissen. Auf das Spielerische in der Soziologie sollte ohnehin nicht grundsätzlich verzichtet werden.
3. Im Kapitel 7 der Neufassung versuche ich, einigen neueren Begriffen und Themen der Systemtheorie Rechnung zu tragen und sie in die alte Fassung einzuarbeiten.
4. Das ursprüngliche Schlußkapitel mit der Überschrift „Kalte Duschen für Besserwisser“ wurde stets als der schwächste Teil des Unterfangens kritisiert. Es hängt ohnehin an sehr zeitgebundenen Motiven der damaligen Soziologiekritik. Selbst Soziologen sind nicht nur der Abwehr von Kritik, sondern mitunter auch zu deren Verarbeitung fähig. An den Schluß des Buches wird daher ein ganz neues Kapitel gestellt, das eine Grobtypologie denkbarer oder sogar vorhandener Praxisbezüge der Soziologie andeutet. Eine ebenso durchgängige wie naheliegende Frage ist ja, wie die Soziologie praktisch in den Gegenstandsbereich einbezogen sein könnte, den sie so tapfer untersucht.

Frankfurt am Main, Dezember 1991 — Jürgen Ritsert

Kapitel 1
Die Soziologen – Notorische Besserwisser?

Es ist schon seit längerer Zeit üblich, unverständliche Äußerungen über Vorgänge in unserer Gesellschaft als »Soziologendeutsch« zu bezeichnen. Die Aussagen müssen nicht immer von Soziologen stammen. »Soziologenkauderwelsch«, »Soziologenchinesisch« kann jedem vorgehalten werden, der auf eine bestimmte Art und Weise über Dinge redet, die uns alle angehen. Wenn seine Sprache von Fremdworten wimmelt, wenn seine Sätze verschachtelt sind und dennoch der Verdacht begründet erscheint, alles ließe sich viel einfacher ausdrücken, dann werden seine Äußerungen mit der Soziologie in Verbindung gebracht. Sie erscheint dabei als Wissenschaft, die Ereignisse, über die wir alle schon etwas wissen (Vorgänge in unserer Familie, in der Politik, in der Wirtschaft etc.) in einer Sprache beschreibt, die manchmal einige Soziologen selbst nicht mehr verstehen.

Aber vielleicht werden dabei zwei Dinge verwechselt: 1) die bei vielen Wissenschaftlern zu erkennende Tendenz, die Fachsprache zu benutzen, um sich abzukapseln, den anderen Kollegen »wissenschaftliches Niveau« anzuzeigen, Laien einzuschüchtern usw. Man denke nur an den Arzt, der seine Patienten mit lateinischen Begriffen konfrontiert, um seine »Kompetenz« auszuweisen. Nicht nur in der Soziologie können Tabus auf Versuchen lasten, die schwere Aufgabe zu übernehmen, den Nicht-Fachleuten die Dinge leichter zu machen. 2) Es ist aber denkbar, daß auch die Soziologie bestimmte, unserem alltäglichen Denken und Meinen nicht unmittelbar zugängige Begriffe und Thesen braucht, um zu tragfähigen Aussagen zu kommen. Wie dem auch sei: Einem Physiker nimmt bestimmt niemand übel, daß er Begriffe wie »Spin«, »Ion«, »Gravitation« verwendet, obwohl man wenigstens Worte wie »Gravitation« u.a. mit »Schwerkraft« übersetzen und mit der Erdanziehungskraft verdeutlichen könnte. Der Physiker betreibt ja eine exakte und nützliche Wissenschaft. Exakt wird seine Wissenschaft nicht zuletzt dadurch, daß er sich einer besonders schwierigen Sprache: der Mathematik bedienen kann. Daß seine Wissenschaft überdies nützlich ist, das sieht man ja an den Erfolgen der Industrie, die physikalische Erkenntnisse anwendet, um so angenehme Dinge wie ein Auto herzustellen. Von Technikern weiß man, wozu sie gut sind – denn ohne physikalische Theorien mit ihren komplizierten Formeln keine Technik!

Bei Soziologen ist dagegen nicht so recht klar, ob man sie braucht und wozu sie gut sein könnten. Selbst Bundeskanzlern wurde es schon zum Problem, ob an den deutschen Universitäten nicht zuviele Sozialwissenschaftler als unnütze Steuerverzehrer ausgebildet werden. Vielleicht sprechen Politiker bisweilen »Parteichinesisch«, aber wenn sie über unnütze Soziologen und Politologen plaudern, wird dies dem »Mann auf der Straße« nicht nur verständlich, sondern auch einleuchtend vorkommen. Woher aber wissen die Politiker, daß sie »dem Volk aufs Maul geschaut« haben und mit ihren Äußerungen auf breite Zustimmung in der Bevölkerung stoßen können? Woher weiß ein Kanzler, was die Leute von ihm, seiner Politik und seiner Partei halten? Er läßt sich vielleicht von einem Institut für Meinungsforschung Auskunft geben, das bemüht ist, Methoden der empirischen Sozialforschung, also Untersuchungsmethoden der Soziologie, sorgfältig anzuwenden. Er erfährt dann beispielsweise, wieviel % der wahlberechtigten Personen in der Bundesrepublik bereit wären – einmal angenommen, es fänden nächste Woche Bundestagswahlen statt –, seiner Partei ihre Stimme zu geben. Gewiß, die Methoden derartiger Untersuchungen mögen nicht oder noch nicht so exakt sein wie die der Naturwissenschaften, aber sie sind doch inzwischen so weit gediehen, daß die Politiker viel Steuergeld für Umfragen ausgeben.

Niemand, außer den Spezialisten, kennt sich so richtig mit den Verfahren aus, die die Meinungsforscher handhaben, aber in gewissen Grenzen gelten sie als zuverlässige Leute. Würde ein Waschmittelkonzern einem Marktforschungsinstitut noch Aufträge geben, wenn die Methoden, mit deren Hilfe der Erfolg einer Werbekampagne getestet wird, nichts taugten? Kann man nicht sogar feststellen, daß äußerst schwierige, philosophisch ausgeklügelte und in der Soziologie einflußreiche Denkweisen im Zusammenhang zum Denken und Planen einer politischen Partei gesehen werden (vgl. das Buch *Kritischer Rationalismus und Sozialdemokratie,* hg. v. Lührs u.a. Berlin/Bad Godesberg 1975).

Offensichtlich gibt es ansatzweise exakte und nützliche Formen der Soziologie. Es drängt sich mithin der Verdacht auf, daß nur *bestimmten* soziologischen Denkweisen all jene Vorwürfe gemacht werden, die einem Naturwissenschaftler seltener begegnen.

Aber bevor man die Frage klärt, wozu ein soziologischer Ansatz taugt, wem er nützt, wen er erschreckt, warum er bei Regierenden Anstoß erregen kann, ist es unerläßlich, anzudeuten wie er aussieht. Vermutlich ist es nicht nur eine sinnvolle Forderung an Wissenschaftler, die Dinge, die sie kritisieren, zuerst kennenzulernen. Kritik ohne Information hat eine unbehagliche Nähe zum Vorurteil.

Soweit allerdings Soziologen sich hinter ihrer Fachsprache *verschanzen,* müßten ihnen angesichts des neudeutschen Wortes »Soziologendeutsch« auch Bedenken kommen. Warum ist der Eindruck, den der »Mann auf der Straße« hat, die Soziologen redeten in einer Weise daher, die auch viel einfacher ausfallen könnte, nicht einfach falsch? Warum ist dieser Eindruck für viele Leute so einleuchtend oder von Journalisten in Zeitungen und im Fernsehen so einleuchtend gemacht worden?

Antwort 1: *Weil die Soziologen oft von Dingen reden, von denen jeder schon etwas weiß oder zu wissen glaubt. Sie beschäftigen sich mit Dingen, die wir im alltäglichen Leben tun oder die uns im alltäglichen Leben begegnen – und über diese Sachverhalte haben wir in gar nicht so seltenen Fällen selbst eine mehr oder minder klare Kenntnis oder Meinung.*

Antwort 2: *Weil es oft so ist, daß die Soziologen unsere Meinung zu den sog. »Alltagsproblemen« zur Kenntnis nehmen und in ihren Untersuchungen in Rechnung stellen müssen. Je nach dem, was wir, die wir von den Soziologen untersucht, erforscht, gemessen werden, wissen, meinen oder glauben, je nach dem kann sich für die Soziologen ein ganz verschiedenes Bild der sozialen Welt ergeben. Dies unterscheidet ihren Untersuchungsgegenstand – das sind wir alle! – von den Untersuchungsobjekten der Naturwissenschaftler. Der Physiker braucht sich nicht den Kopf darüber zu zerbrechen, ob er möglicherweise zu einem anderen Resultat gelangt, wenn sein Objekt »meint«, x sei der Fall und nicht y, denn sein Objekt meint und glaubt eben nicht. Der Soziologe aber muß wissen, was »sein Gegenstand« meint, weiß, glaubt, um zu erfahren, was wirklich in der Welt, in seinem Gegenstandsbereich geschieht.*

Bei Antwort 1 liegen die Verhältnisse ganz einfach. Die Untersuchungsmethoden der Soziologen mögen uns, weil sie etwas mit Statistik und Mathematik zu tun haben, fremd bleiben, aber wenn sie beispielsweise etwas über die heutige Familie sagen, da kann man mitreden! Jeder hat schon seine Erfahrungen mit Familienverhältnissen gemacht. Wenn man beim Soziologen liest, eine »atomistische Familie« sei »die mit sinkendem Einfluß der Verwandtschaftsgruppe und der familistischen Werte entstandene, desintegrierte, individualistische städtische Familie«[1], dann könnte man ein wenig verwirrt sein. Wenn damit etwa das Folgende gemeint sein sollte, wird es klarer:

a) In der neueren Zeit tritt der Einfluß der Verwandten, von Großeltern, Onkeln, Tanten, kurz: der ganzen Sippschaft, immer mehr zurück. Man vergleiche damit nur eine Bauernfamilie, wo Großmutter, Großvater, Mutter, Vater, Kinder unter einem Dach lebten und zusammen arbeiteten.

b) Heute haben althergebrachte »familistische Werte«, Wertvorstellungen in einer Familie wie z.B. die Ansicht: »Was der Vater sagt, ist für die Kinder immer verbindlich, richtig und gerecht«, an Verbindlichkeit verloren. Insgesamt sinkt der Einfluß von »Familienwerten« auf das Leben.

c) Die Familienbeziehungen werden ohnehin immer lockerer und sind von kürzerer Dauer als früher. Familiengruppen lösen sich schneller auf. Man braucht nur an die Scheidungsraten zu denken (»Desintegration«).

d) Das, was die Punkte a bis c beschreiben, findet man immer noch häufiger in Städten der Industriegesellschaften als auf dem Land oder gar in Entwicklungsländern. In der Stadt sieht jede Familie zu, wo sie bleibt. Keiner kann sich so recht um den anderen kümmern.

Wenn dies etwa mit dem Zitat gemeint sein sollte, kann man es verstehen. Mehr noch: Es wurde etwas gesagt, wovon man schon einmal etwas gehört, wozu man eine Meinung hat, die auf eigene praktische Erfahrungen zurückgeht.

Bei Antwort 2 liegen die Verhältnisse bei weitem nicht so einfach. Sie hat nämlich etwas mit Problemen der Soziologen zu tun, auf die sie stoßen können, wenn sie Vorgänge in unserer Gesellschaft untersuchen. Wenn ein Naturwissenschaftler, z.B. ein Chemiker, die Reaktionen verschiedener Stoffe in seinem Labor untersucht, muß er bestimmte Vorbereitungen treffen und sein Experiment planmäßig durchführen. Er muß die Geräte aufstellen, ohne die der Versuch nicht durchzuführen ist: Bunsenbrenner, Reagenzgläser, Kolben,

1 Fuchs u.a.: *Lexikon zur Soziologie*, Reinbek, 1975, S. 194

Glasleitungen, die verschiedene Behälter verbinden usw. Er muß bei der Durchführung des Experiments auf ein bestimmtes Mengenverhältnis der Stoffe achten, unter Umständen eine bestimmte Temperatur konstant halten – usw. usw. Über eines braucht er sich jedenfalls nicht den Kopf zu zerbrechen: Ihm kann es gleichgültig sein, was seine Stoffe, die er untersucht, denken, planen, meinen. Niemand kommt auf die lächerliche Idee, zu sagen: Wenn ein Naturwissenschaftler nicht weiß, was seine *Gegenstände* denken, planen, meinen, kann er das oft nicht einordnen, was er gerade beobachtet. Auch Biologen, die Lebewesen in der Tierwelt untersuchen, brauchen nicht darüber nachzudenken, ob z.B. im Bienenstaat plötzlich etwas anderes als bisher geschieht, weil die Bienen neuerdings der Meinung sind, die Qualität des Honigs müsse verbessert werden. So etwas erscheint jedem ernsthaften Naturwissenschaftler als widersinnige, unwissenschaftliche Überlegung. Chemische Stoffe und Bienen haben keine Gedanken und Meinungen, deren Vorhandensein das beeinflussen könnte, was der Wissenschaftler beobachtet. Chemische Stoffe und Bienen unterliegen vielmehr Naturgesetzen bzw. Instinkten (als Naturgesetzen des Verhaltens), die vom Wissenschaftler aufgedeckt werden können (wenn seine Theorien etwas taugen).

Für den Soziologen liegen die Verhältnisse in diesem Punkt keineswegs so eindeutig. Er beschäftigt sich mit einer Gattung von Lebewesen, die denken, planen, Meinungen haben, und danach meist ihr Handeln ausrichten. Wenn der »Gegenstand« des Soziologen, irgendein Mensch A in der Gesellschaft (zu dem wir im Folgenden meist – abkürzend – »Subjekt« sagen wollen) beispielsweise *glaubt* oder *der Meinung ist,* er könne den Bus dort an der Haltestelle noch erreichen, wird er rennen. Ein anderes Subjekt V, das ebenfalls den Bus erreichen will, meint hingegen, es würde ihn nicht mehr einholen; V bleibt stehen.

Obwohl beide die *gleiche Absicht* haben, nämlich mit einem städtischen Verkehrsmittel weiterzukommen, vollziehen sie auf dem *Hintergrund ihrer Meinung über die Situation* (A: »Ich erreiche den Klapperkasten noch«; V: »Aussichtslos, dafür reicht meine Spurtkraft nicht aus«) zwei ganz verschiedene Handlungen (Rennen; Stehenbleiben).

Der beobachtende Soziologe S sieht zwei *aufgrund des Planens und Meinens seiner »Gegenstände«* deutlich voneinander unterschiedene Handlungen. Er macht zwei zu trennende Beobachtungen, die gewissermaßen aus den »Theorien« folgen, die nicht *er,* sondern die Subjekte über die Situation haben, die S untersucht.

Es kann aber auch umgekehrt sein: Der Soziologe S sieht ein *gleichförmiges* Verhalten der Subjekte A, V, oder beliebig vieler anderer... n. Auch in diesem Falle kann es vorkommen, daß er die Eigenheit dieses Verhaltens nur bestimmen kann, wenn er die »Alltagstheorien« (Pläne, Meinungen, Vorstellungen) dieser Subjekte kennt. Nehmen wir an, er beobachte die Vorgänge in einer Stadt. Angenommen auch, es fänden gleichzeitig zwei verschiedene Ereignisse ungefähr in der gleichen Gegend statt: an der einen Stelle brennt es, nicht weit entfernt davon hat eine Demonstration begonnen. Er sieht eine Menge von Leuten, die laut schreiend in eine bestimmte Richtung laufen. Mit welcher Art gesellschaftlichen Ereignisses, so fragt er sich, habe ich es hier zu tun? Wenn er weiß, daß die Leute der Meinung sind, es brenne in der Bembelgasse, wird er sich sagen: »Ich beobachte zur Zeit eine Masse von Sensationshungrigen«. Wenn er hingegen weiß, daß die Leute die Absicht hatten, zu demonstrieren, wird er die Vermutung äußern: »Es handelt sich um eine Flucht vor der Polizei«. Und diese Aussagen können sogar *richtig* sein, unabhängig davon, ob es *tatsächlich* brennt bzw. die Polizei *tatsächlich* hinter den Leuten her ist. Wenn die Menschen *meinen,* etwas sei der Fall, dann verhalten sie sich oft so, als sei es *tatsächlich* der Fall. Anders ausgedrückt: Selbst wenn es *in Wahrheit* gar nicht brennt, wenn die Leute *glauben,* es brenne irgendwo, vollziehen sie unter Umständen all die Handlungen, die sich auch beim tatsächlichen Ereignis vollzögen.

Beobachtet hat der Soziologe S in *beiden Fällen* das Gleiche: Eine Masse von Personen, die in eine bestimmte Richtung rennen. Aber was da *genau* vor sich geht, ob es ein Rennen zur Feuerstelle oder eine Flucht vor der Ordnungsmacht ist, das weiß er nicht ohne gewisse Vorkenntnis davon, was in den Köpfen der Leute vor sich geht. Um herauszubekommen, was sich vor seinen Augen abspielt, hätte S natürlich die Personen fragen können, was sie vorhaben. Aber selbst dann müßte ihm klar sein, *was es für seinen »Gegenstand«,* nicht bloß für ihn selbst, bedeutet, an einer Demonstration teilzunehmen. Anderenfalls könnte er vielleicht über etwas reden, was gar keine Beziehung zu seinem »Objekt« hat. S beobachtet beispielsweise, daß Menschen Zettel in eine Urne werfen. Wenn S nicht geklärt hat, daß die Leute selbst die Regeln einer Wahl in einem gewissen Grad bewußt anwenden, wüßte er nicht, was los ist. Es ginge *etwas anderes* vor sich, wenn die Beobachteten meinten, sie beteiligten sich an einer Lotterie. Ein letztes Beispiel: Angenommen, ein Soziologe untersuche menschliche Tätigkeiten und Beziehungen an einem Arbeitsplatz. Es soll uns gleichgültig sein, was ihn zu seiner Fragestellung veranlaßt hat, er wolle jedenfalls wissen, wie die Beziehungen des Betriebsmitgliedes A zu dessen Vorgesetzten V aussehen. In diesem Falle muß er schon etwas darüber wissen oder erahnen, *was A und V selbst von ihrer Beziehung halten.* Angenommen sie seien der (für manche Soziologen irrigen) Meinung, ihre Beziehung sei eine »partnerschaftliche«, *dann geht im Betrieb* (wenigstens an dieser Stelle des Betriebs), *in der Wirklichkeit, etwas ganz anderes vor sich* als dann, wenn A und/oder V glauben, sie stünden in einem »Ausbeutungsverhältnis« zueinander. Der Soziologe muß schon eine gewisse Ahnung von dem haben, was in den Köpfen seiner »Gegenstände«, der Leute, vor sich geht, um genaue Beobachtungen machen zu können. Er muß ihr Handeln »verstehen«. Anderenfalls kann er die Situation verkennen!

Manche Philosophen und philosophisch geschulte Soziologen zerbrechen sich immer noch die Köpfe darüber, wie der soziologische Beobachter zu einem solchen *Verstehen* der Absichten und Meinungen der Leute kommt, ob es »Verstehen« dieser Art überhaupt gibt. Wir wollen diese Fragen sanft umgehen und uns auf einige Schemata beschränken, die nun endlich die Ansprüche des Soziologen deutlicher machen.

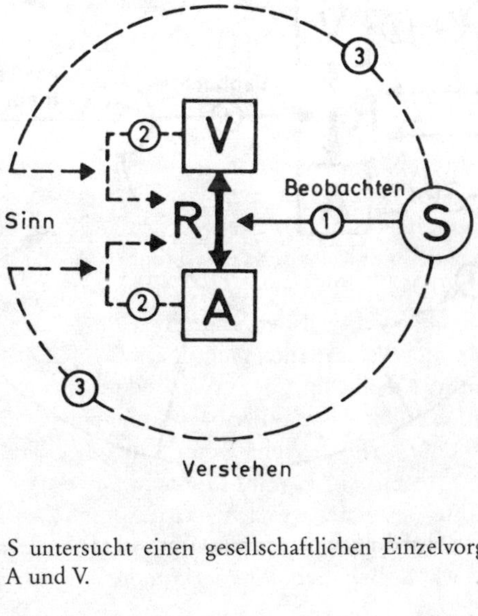

Schema 1
Der Soziologe S untersucht einen gesellschaftlichen Einzelvorgang, die Beziehung zwischen A und V.

- Die Linie ① bedeutet: Der Soziologe *beobachtet* einen Vorgang R. Er sieht, was A und V im Verhältnis zueinander (Relation R) tun (z.B. V kritisiert dauernd die Tätigkeit von A etc.).
- Die gestrichelte Linie ② bedeutet: Die Personen A und V haben selbst Meinungen über ihre Beziehung R, darüber was sie im Verhältnis zueinander tun und tun sollten. Für jeden von ihnen verbindet sich mit dem Tun des anderen ein bestimmter »Sinn« und diese Auffassungen über den »Sinn«, die Bedeutung, die tatsächliche und die wünschenswerte Art ihrer Beziehung haben einen Einfluß darauf, wie ihre Beziehung wirklich ausfällt.
- Die gestrichelte Linie ③ bedeutet: Der Soziologe muß etwas über 2 herausbekommen. Er muß »verstehen« können, was die Leute, die er untersucht, selbst vom Vorgang R halten, wissen, in bezug auf diesen wollen usw.

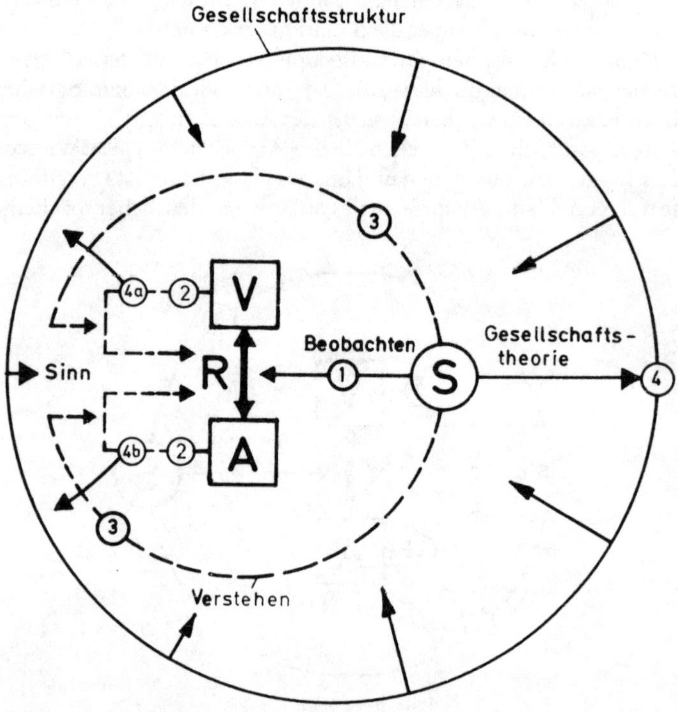

Schema 2
Der Einzelvorgang, den der Soziologe untersucht, steht in breiteren gesellschaftlichen Zusammenhängen.

- Die Linie ④ bedeutet die Information über breitere gesellschaftliche Zusammenhänge, auf die der Soziologe bei der Untersuchung des Vorgangs R zurückgreift. Allgemein-gesellschaftliche Prozesse können direkt oder indirekt auf die Beziehung R einwirken.
- (4a) und (4b) deuten an, daß es auch bei den Untersuchten in die Richtung auf Gesellschaft zielende Vermutungen geben kann.

Unser Schema rückt aber auch die Frage nach dem Nutzen des Soziologen in ein anderes Licht: Wozu braucht man ihn überhaupt, wenn er doch nur beobachtet, was die Leute ohnehin wissen und tun?

Nun – wenn seine Begriffe und Methoden etwas taugen, wird er (1) *genauer* wissen, was die Leute denken, wollen und tun als diese selbst; (2) erkennen können, daß in vielen Fällen *mehr* im Spiel ist, als die Leute glauben. Wenn seine Theorie stichhaltig ist, wird er vor allem feststellen können, daß selbst auf eine so einfache, direkte Beziehung wie auf das Verhältnis von A und V Vorgänge einwirken, die man überhaupt erst in einem *breiteren* gesellschaftlichen Zusammenhang verstehen kann, als er den Handelnden (A und V) unter Umständen gegenwärtig ist. Er wird, mit anderen Worten, den Einfluß *gesellschaftlicher* Faktoren erkennen. Wir müssen also eine weitere Linie, die Linie ④, ins Schema einbeziehen.

(3) Der Soziologe kann aber auch, weil er seine Theorien, Begriffe und Methoden für tragfähig hält, zum Eindruck gelangen: Was die Leute von ihren sozialen Beziehungen wissen und meinen, das entspricht oft nicht den tatsächlichen Gegebenheiten in der Gesellschaft. In diesem Augenblick fängt er an, zum *Kritiker* zu werden, also Leuten auf die Zehen zu treten. Er weiß beispielsweise, wie Vorurteile zustandekommen und wirksam werden. Aufgrund dieser Kenntnisse kommt er dann möglicherweise zur Ansicht, der Kanzler hege ein Vorurteil über Soziologen, und er wird zu überlegen anfangen, in welchem Maße Politik in unserer Gesellschaft vom Vorhandensein und Ansprechen von Vorurteilen abhängig ist.

(4) Seine *Kritik* kann indes noch weitergehend sein. Unter Umständen glaubt er, mit Mitteln soziologischen Denkens zeigen zu können, daß das, was Leuten in unserer Gesellschaft an Unangenehmem zustößt – man denke etwa an Arbeitslosigkeit –, davon abhängt, wie die Gesellschaft als Ganzes aufgebaut ist. Er kann auch erforschen wollen, wer aufgrund seiner gesellschaftlichen Stellung Macht über das Schicksal anderer auszuüben vermag. Damit tritt er allerdings den Herrschenden auf die Zehen – und diese haben die Macht, ener-

gisch zu reagieren. Es gibt jedoch genügend Soziologen, die nicht so weit gehen und sich befleißigen, nur nützlich statt kritisch zu sein.

Lassen wir dieses heiße Eisen fallen und beachten wir, daß in den Punkten (1) bis (4) Worte wie: »genauer« – wissen, daß »mehr« im Spiel ist – Kenntnis eines »breiteren« Zusammenhangs – »kritische« Einstellung gegenüber Tun und Denken – aufgetaucht sind. Der Soziologe redet von Dingen, die uns alle angehen, in die wir alle eingespannt sind. Er redet allerdings über diese Dinge nicht immer so, wie man es gewohnt ist. Er benutzt Methoden und Begriffe, die nicht in allen Fällen seiner Sucht entstammen, mit seinesgleichen zu diskutieren und unverständlich zu bleiben. Er wäre in der Tat »unnütz« und »überflüssig«, wenn nicht etwas an seinem Anspruch auf Besserwissen wäre, das sich in Worten wie »genauer«, »breiter«, »kritisch« ausdrückt. Aller Anspruch auf Wissenschaft, nicht nur der der Sozialwissenschaft, wäre hinfällig, entsprächen Befunde der Wissenschaft immer dem, was ohnehin gewußt wird. Sich irren, unklare, versponnene Aussagen machen, das können beide: Physiker und Soziologe. Es ist aber auch nicht von vornherein ausgeschlossen, daß *beide* mit ihrer Wissenschaft erweiterte Einsichten vermitteln.

Dennoch: Der Soziologe redet meist über Sachverhalte, von denen man oder frau schon etwas weiß. Er redet über uns alle, und man wird ihn befragen können, wie er sich die Leute vorstellt. Wie sieht er uns? Wie stellt er sich das Verhältnis von Personen und der Gesellschaft vor? Wie sehen seine elementaren Vorstellungen von den Handlungsmöglichkeiten eines Subjekts in der Gesellschaft aus? Vielleicht regt dies ein wenig dazu an, einen wesentlichen Anspruch der Soziologie genauer zu überprüfen: den Anspruch, daß wir mit Hilfe ihrer Informationen mehr über uns selbst und unsere Möglichkeiten in einer Gesellschaft herausbekommen.

Was will dieses Buch – Wie könnte man mit ihm arbeiten?

Wir haben schon die ganze Zeit von ganz verschiedenen Menschen geredet. Wo im Text »man« steht, sprachen wir von Leuten im alltäglichen Leben. Wo im Text »sie, die Soziologen« steht, über eine besondere Gruppe von Wissenschaftlern. Wo »wir« steht, von denjenigen, welche sich dieses Buches schuldig gemacht haben.

»Wir« versuchen, möglichst auf eine Art und Weise, die »man«

verstehen kann, ein Bild davon zu vermitteln, was »die Soziologen« über unser aller Tun und Lassen sagen. Die Soziologie, wo sie ernsthaft betrieben wird, ist weder eine einfache noch eine einheitliche Wissenschaft. »Die Soziologen« streiten sich heftig darüber, was man nun wirklich über unser aller Handeln in einer Gesellschaft sagen könne. Es gibt ganz verschiedene, sich teilweise heftig befehdende Denkweisen in der Soziologie. Wir können sie nicht alle und die Ausgewählten nicht so behandeln, daß der Profi alles Wichtige wiederfindet. Die Aufgabe des Buches ist ein erster Überblick. Ein erster Überblick allerdings, der den mit soziologischen Theorien nicht vertrauten Lesern ein wenig helfen könnte, auch den zweiten Schritt zu tun und sich in soziologische Denkweisen und Begriffe einzulesen oder einzuhören.

Die einzelnen Kapitel dieses Buches stellen Grundannahmen und ausgewählte Begriffe verschiedener Ansätze in der neueren Soziologie in den Vordergrund. Wir lehnen uns dabei sehr eng an Aufsätze oder Textauszüge an, die von den Vertretern der jeweiligen Position stammen. Damit soll den Lesern die Möglichkeit eröffnet werden, sich mit Hilfe dieses Buches in Teile der wissenschaftlichen Literatur einzulesen. Diese *Bezugstexte* werden im Anhang eines jeden Kapitels angeführt.

Außer den »Bezugstexten« empfehlen wir im Kapitelanhang noch *Ergänzungstexte.* Von ihnen vermuten wir – hoffentlich zu Recht –, daß sie einen weiteren Schritt beim Kennenlernen soziologischer Denkweisen und Begriffe zulassen. Ohne den Versuch zu unternehmen, alle *Klassiker* im Sinne einer »Geschichte der Soziologie« aufzureihen, haben wir Bücher von Autoren erwähnt, die den jeweiligen Ansatz begründet oder entscheidend beeinflußt haben. Wir halten die Literaturangaben allerdings bewußt knapp, um nicht jenen Abschreckungseffekt zu erzielen, den man von Literaturlisten zu soziologischen Seminaren her kennt. In fast jedem unserer »Bezugstexte« finden sich weitere, umfangreichere Literaturangaben. Schließlich werden noch einige *Übersichtsbände* erwähnt, die mehr über eine Denkweise sagen, als es hier möglich ist.

Die in den einzelnen Kapiteln fettgedruckten Begriffe werden ebenfalls im Kapitelanhang – nebst einem kurzen Kommentar – zusammengestellt. Sie stellen eine Auswahl aus Grundbegriffen der Soziologie dar und sollen das Nachschlagen und Nachlesen erleichtern.

Die einzelnen Kapitel sind, natürlich mit Abwandlungen, folgendermaßen aufgebaut:

– Wir beginnen mit möglichst schlichten Beispielen. Anhand dieser Beispiele werden Grundzüge und einige Grundbegriffe soziologischer Denkweisen eingeführt. Weil wir nicht gleich ein mehrbändiges »Werk« verfassen wollten, steht dies im Vordergrund der Darstellung.

– Meist im letzten Drittel der Kapitel nehmen wir das Schema 2 aus diesem Einleitungsteil wieder auf (s.o. S. 16). Mit seiner Hilfe versuchen wir in einfacher Form anzudeuten, wie bestimmte Probleme theoretischer Soziologie in den einzelnen Ansätzen verhandelt werden.

Eine besondere Rolle spielt dabei die Linie ④ in diesem Schema (s.o.). Mit ihr verbinden wir drei wesentliche Fragen theoretischer Soziologie:

Frage 1:	*Was sind (im Rahmen des jeweiligen Ansatzes) die Bedingungen des Zusammenhalts, der Einheit der Gesellschaft als ganzer? (Synthesis)*
Frage 2:	*Was sind grundlegende Annahmen über die Entwicklungsbedingungen einer Gesellschaft? (Dynamis)*
Frage 3:	*Welches Bild wird von den Handlungsmöglichkeiten der Subjekte in einer Gesellschaft entworfen? (Praxis)*

Die Hinweise müssen, soll nicht jeder Rahmen gesprengt werden, etwas knapp ausfallen. Aber unter diesen vorbereitenden Gesichtspunkten könnte die Bezugs- und Ergänzungsliteratur aufgearbeitet werden. Denn soziologische Literatur bereitet dem Anfänger durch die Mannigfaltigkeit ihrer Bezugnahmen auf andere Autoren, durch die Verwendung von Thesen aus ganz verschiedenen Bereichen, durch philosophisch begründete Begriffe, Stellungnahmen zu laufenden Kontroversen usw. große Schwierigkeiten. Vielleicht begründet unser Text und unser Schema Fragestellungen, die eine *strukturierte* Auseinandersetzung mit der Literatur zulassen.

– Wenn ein Kapitel durchgearbeitet wurde, wird sich manchem Leser die Frage aufdrängen: »Wenn sich die Soziologie an so simplen Beispielen aufhängen läßt, was hat sie dann für eine praktische Bedeutung?« Wollten wir dem Problem des »Nutzens« und/oder der »kritisch-politischen Wirkung« der Soziologie in der gebotenen Ausführlichkeit und der erwünschten Zugängigkeit für »Laien« nachgehen, müßten wir den Hauptzweck unseres Buches, den ersten, elementaren Überblick fast vergessen. Mit anderen Worten: Wir müßten einen anderen, dicken Band schreiben.[2] Hier muß der grobe Überblick über Typen des Praxisbezugs in der Soziologie in Kapitel 10 reichen.

Die unabdingbare, zentrale Frage nach der gesellschaftlichen Bedeutung soziologischer Denkweisen soll jedoch nicht völlig ausgelassen werden. In Form einer *Unterfrage 3a* werden knappe Hinweise auf Anwendungs- und Wirkungsbereiche des jeweiligen Ansatzes gegeben.

Wie könnte man auf diesem Hintergrund mit unserem Buch arbeiten?

a) Man könnte ein Kapitel durcharbeiten und die elementaren Begriffe und Thesen so durchdiskutieren, daß sie sich auf die Bestandteile unseres einfachen, »theoretischen« Schemas 2 beziehen lassen. Lexika zur Soziologie könnten unterstützend wirken.[3]

b) Danach ließe sich die im Kapitelanhang angegebene Literatur zunächst unter Fragestellungen aufarbeiten, wie wir sie mit dem Schema 2 verbinden.

c) Dann ist es u.E. vielleicht schon möglich, Fragen zu behandeln, die nach unserer Auffassung eine herausragende Bedeutung in soziologischen Diskussionen haben müßten:
Was bedeuten die Einsichten und Thesen, die im Rahmen der einzelnen Ansätze vertreten werden, für die Erweiterung der Denk- und Handlungsmöglichkeiten eines jeden einzelnen Subjekts? Gelingt beispielsweise der Nachweis, daß mit ihnen von gesellschaftlichen Vorgängen die Rede ist, von denen auch der Leser betroffen ist, ob er es will, weiß oder nicht?
Welche gesellschaftliche Funktion ist den einzelnen soziologischen Denkweisen zuzutrauen? Welche »praktische Bedeutung« haben sie in der Wirklichkeit? (Wobei selbst wieder mit soziologischen Mitteln zu klären wäre, was »praktisch« jeweils heißt: »technisch nützlich«, »einflußreich bei Gruppen«, »kritisch wirksam«.)

Den Lesern, die einen Versuch wie den unseren nicht als ganzen

---

2 Wir müßten vor allem das Problem lösen: Wie informiert man über die Wirkung einer Disziplin, deren Grundauffassungen als nicht bekannt unterstellt werden?

3 Siehe z.B. a) Fuchs u.a.: *Lexikon zur Soziologie,* Reinbek 1975; b) *Evangelisches Staatslexikon* (hg. von H. Kunst u.a.), Stuttgart/Berlin 1966

verwerfen (»theoretisch nicht komplex genug«, »nicht mit empirischem Material angereichert«, »trotz aller Rederei praxisfern« etc. etc.) wären wir für Verbesserungsvorschläge (per Adresse des Verlags) außerordentlich dankbar. Was immer von unserem Produkt zu halten sein mag: Es ist schwer gefallen, es leicht zu machen.

Kapitel 2
Wir alle spielen Theater – Wehe, wenn einer aus der Rolle fällt!

Tagebuch des Lehrers Markus Schmitt

Markus Schmitt unterrichtet Deutsch und Geschichte an einem Gymnasium in einer hessischen Kleinstadt. Seine Planstelle hat er noch nicht lange und die Verhältnisse an der Schule sind ihm noch nicht so vertraut wie den »alten Hasen«. Er ist 28 Jahre alt, verheiratet und hat eine Tochter von 6 Jahren.

Montag, den 23.2.19..

– Um 7.30 Unterricht in der 10a. Auf dem Lehrplan steht Kleists »Michael Kohlhaas«. Wir müssen bald eine Klassenarbeit schreiben. Wir haben nochmals über das Verhalten von Kohlhaas gesprochen. Die Diskussion war schwierig. Die Schüler finden den Text langweilig, von Kojak sind sie anderes gewöhnt. »Wozu diese ollen Kamellen«, fragten sie. Nur weil sie wissen, daß wir eine Klassenarbeit schreiben, machen sie halbwegs mit. Ich habe mich abgezappelt, um die Aktualität von Kleist zu demonstrieren.

– Um 8.20 Geschichte in der gleichen Klasse. Wir müssen laut Lehrplan über die industrielle Revolution sprechen. Merkwürdig, wie sehr sich die politischen Anschauungen der Schüler verändert haben. Da vertritt einer, ohne daß viele Einwände kommen, die Meinung: »Viele Arbeiter waren selbst daran schuld, daß es ihnen nicht gut ging. Die Tüchtigen sind auch damals schon hochgekommen. Heute geht es aber allen Arbeitern gut und die fleißigen kriegen immer noch eine gute Position.« Ich muß aufpassen, sein Vater ist Stadtrat.

Die Diskussion war recht lebhaft. Sie richtete sich auf den Zusammenhang von Industrie und Umweltproblemen. Davon hört man was in Zeitung und Fernsehen. Es ist schwer, auf die »industrielle Revolution« und ihre Folgen zurückzulenken.

– Um 9.30 Sprechstunde. Ein schweres Problem. Ferdinand M. ist im Deutschen schlecht. Er macht unglaublich viele Fehler. Ich spreche mit seiner Mutter, wie man ihm helfen kann. Der Vater arbeitet in einer Fabrik und verdient nicht viel. Sie will trotzdem versuchen, dem Sohn Nachhilfestunden zukommen zu lassen. Ich kann ihn nicht dauernd drannehmen und motivieren. Es gibt so viele Schüler in der Klasse.

– Um 10.05 eigentlich Freistunde. Ich mußte zum Schulleiter. Mir war gleich klar, was der wollte. Ich habe den Streikaufruf der GEW unterschrieben, obwohl ich gar nicht in der Gewerkschaft bin. Er teilte mir mit, daß eine gute Zusammenarbeit und Harmonie im Kollegium bestünde. Solche Praktiken wie bei den radikalen Frankfurter Gesamtschullehrern seien hier nicht üblich. Er gibt mir den guten Rat, etwas zurückhaltender zu sein, ich wisse doch, was das Beamtenrecht und das Regierungspräsidium zum Streik beamteter Staatsdiener sagten.

Ich muß das schlucken. Hier gibt es keine Kollegen, mit denen man Interessenpolitik von Lehrern diskutieren kann. Der Kumi droht obendrein noch mit Gehaltsabzügen. Bei den Kollegen merke ich, daß sie mich für einen Störenfried halten.

Hier können wir die Schilderung, die Markus Schmitt von Problemen seiner Berufstätigkeit gibt, abbrechen und uns die Frage stellen, wie eine bestimmte soziologische Denkweise, nämlich die *Rollentheorie,* seine Berufssituation erfassen würde.

Im Theater gibt es Personen, die andere Personen darstellen. Der Schauspieler Mayer-Günzenburg spielt heute im Schauspielhaus den Wilhelm Tell; er spielt eine Rolle. »Schauspieler« ist die **Position**, die er im System der Berufe unserer Gesellschaft mehr oder minder gut ausfüllt, »Wilhelm Tell« ist die **Rolle**, die er auf dem Theater spielt. (*Position* und *Rolle* werden von manchen Rollentheoretikern so unterschieden: »Position« ist gewissermaßen der statische Aspekt einer Rolle, eine Stellung im System sozialer Beziehungen. »Rolle« ist die dynamische Seite des gleichen Phänomens, entweder das Bündel von Erwartungen an das tatsächliche Verhalten der Rollenspieler in einer Position oder das tatsächliche, »dynamische« Rollenspiel.)

Markus Schmitt hat natürlich auch eine Position im Berufssystem: die des *Lehrers* für Deutsch und Geschichte. Eine Position, so sagt der Rollentheoretiker, ist eine Stelle im System der verschiedenartigen Aufgaben, die ein Einzelner, ein Individuum, in einer Gesellschaft einnehmen kann. Selbstverständlich gibt es nicht nur Berufspositionen, sondern auch die Position der Mutter in der Familie, des Vorsitzenden im Skatklub usw. Eine Position ist also gleichsam eine Stelle im System der Aufgaben und Tätigkeiten einer Gesellschaft, die von verschiedenen Subjekten ausgefüllt werden kann.

Die Soziologen, von denen wir gerade sprachen, meinen nun, daß wir alle Theater spielen. Das heißt: Auch im wirklichen Leben übernehmen wir in bestimmten und ganz verschiedenen Positionen die entsprechenden *Rollen.* Wer schreibt das Drehbuch?

Wenn Markus Schmitt in die Rolle des Lehrers schlüpft, dann hat er bestimmte Rechte und Pflichten. Er muß im Unterschied zu einem

Arbeiter nachmittags nicht immer an seinem Arbeitsplatz sein. Seine Aufgabe ist es, den Kindern Deutsch und Geschichte beizubringen. Wenn er eine Rolle im gesellschaftlichen Leben spielt, wenn er die Berufsrolle des Lehrers übernimmt, macht er mehr oder minder ausgiebig von seinen Rechten Gebrauch, übernimmt er mehr oder minder nachdrücklich seine Pflichten – und er spielt seine Rolle unter der Aufsicht einer ganzen Menge von Regisseuren. Der Rollentheoretiker nennt sie **Bezugsgruppen**. Das sind die Gruppen, auf die er während seiner Tätigkeit dauernd achten muß.

Schüler
Eltern
Kollegen
Schulleiter
Ministerialbürokraten
(Kumi, Reg.-Präs.)

wurden in seinem Tagebuch genannt.

Diese Bezugsgruppen haben bestimmte **Erwartungen** gegenüber seinem Verhalten. Sie erwarten von ihm, daß er bestimmte Dinge tut, andere unterläßt. Sie sind die Regisseure für sein Rollenspiel im wirklichen Leben. Sie schauen darauf, daß er das tut, was man ihrer Meinung nach in seiner Position tun *sollte,* sie haben **normative Erwartungen.** Sie wären auch überrascht, wenn er plötzlich etwas ganz anderes unternimmt als es ein Inhaber seiner Position gemeinhin tut, sie haben **antizipatorische Erwartungen**.[1] Sie erwarten (normativ), daß er den Kindern richtige Grammatik beibringt; sie erwarten (antizipatorisch), daß er seinen Unterricht nicht auf der Laute begleitet. Die Schüler wären maßlos erstaunt, hörten sie von ihrem Deutschlehrer im Unterricht plötzlich einen Gesangsvortrag. Der Schulleiter erwartet offensichtlich von Markus Schmitt, daß er sich »als Lehrer« in seiner Position politisch zurückhält.

Markus Schmitt und seine Kollegen bilden wiederum für die Schüler eine wichtige Bezugsgruppe, die bestimmte Erwartungen gegenüber dem Schülerverhalten hegt. Markus Schmitt erwartet, daß die Schüler die Charaktereigenschaften von Michael Kohlhaas erkennen und darüber eine Arbeit schreiben.

1 »Antizipatorisch« deswegen, weil gleichsam vorweggenommen, vorausgesagt wird, was einer in seiner Position tun wird.

Das Drehbuch hat also sehr viele Seiten und – je nach Bezugsgruppe – ganz verschiedene Kapitel. Man spielt in unseren Positionen tatsächlich Rollen, weil man einen vorgegebenen Text – die Rechte und Pflichten, die sich mit einer Position verbinden – nicht nur lernen, sondern auch darstellen muß. Allein – Mayer-Günzenburg, der Doppelrollenspieler, kann nach geraumer Zeit aus seiner Rolle als Wilhelm Tell schlüpfen. Er braucht nicht ständig nach Äpfeln zu schießen. Markus Schmitt hat seine Rolle als Lehrer nicht einfach abgestreift, wenn er die Schule verläßt. Berufsrollen kleben ganz schön fest. Man stelle sich nur vor, er würde außerhalb der Schule dabei erwischt, wie er auf einer Demonstration Schmähreden gegen den Kultusminister hält! Dann drohten ihm unter Umständen härtere **Sanktionen** als ein unerfreuliches Gespräch mit dem Schulleiter.

»Sanktionen« sind die Reaktionen, die ein Rollenverhalten bei den Bezugsgruppen hervorruft. Erfüllt jemand seine Aufgaben »pflichtgemäß«, dann kann er vielleicht positive Sanktionen erwarten: Markus Schmitt wird zum Oberstudienrat befördert. Weicht er von den Erwartungen ab, dann muß er **negative Sanktionen** befürchten: z.B. ein Verbot der Ausübung seines Berufs als Lehrer, wenn er auf einer Veranstaltung gegen Berufsverbote auftritt. Je nach Intensität der Erwartungen, die bei den Bezugsgruppen herrschen, können die negativen Sanktionen verschieden hart ein. Der Soziologe Ralf Dahrendorf (Bezugstext 2) unterscheidet drei Arten von Erwartungen:

Kann – Erwartungen
Soll – Erwartungen
Muß – Erwartungen

Kann-Erwartungen bedeuten die schwächste Form der Erwartung. Irgendwie erwartet man, daß einer etwas mehr als seine Pflicht tut. Er kann das gewiß unterlassen, aber wenn er es trotzdem tut, dann steigert er das Ansehen, das er bei seinen Bezugsgruppen genießt. Markus Schmitt bräuchte sich nicht so intensiv um die Belange jenes schlechten Schülers zu kümmern, bemüht er sich trotzdem, dann werden ihn die Eltern für einen guten Lehrer halten.

Soll-Erwartungen bezeichnen schon den harten Kern seiner Pflichten, ohne daß sie in Form von Rechtsregeln festgelegt sein müßten. Markus Schmitt soll den Kindern Deutsch, nicht Singen beibringen.

Muß-Erwartungen bedeuten die Pflichten, für die verbindliche Regelungen festgelegt sind. Der Schulleiter formuliert »Muß-Erwartungen«, wenn er den Kollegen Schmitt darauf aufmerksam macht, daß das Beamtengesetz das Streikrecht ausschließt.

Ein Positionsinhaber als Rollenspieler hat es also schwer. Die Inhalte seines Drehbuches reichen vom Gesetzestext bis zu den kleinen Ansprüchen, die andere in Form von »Kann-Erwartungen« an ihn stellen. Der Regisseure gibt es so viele, wie man Bezugsgruppen ausmachen kann, die ihre Aufmerksamkeit auf die Position richten, die untersucht wird: die sogenannte **focal position**.

Wenn der Lehrer Schmitt aus der Rolle fällt, dann kann er mit negativen Sanktionen rechnen. Nicht nur das – im Grunde kann er es keinem recht machen. Die Schüler erwarten von ihm, daß sein Unterricht »lebendig« und so aktuell wie die TV-Serie »Kojak« ist. Die Eltern erwarten von ihm, daß er zu den Themen, die er im Geschichtsunterricht behandelt, klare Aussagen macht. Nur erwarten die einen, daß sie »konstruktiv« sind, die anderen, daß sie das »kritische Verständnis« als Staatsbürger wecken. Der Schulleiter erwartet von ihm, daß er sich strikt an den (vom Schulleiter verbindlich interpretierten) Inhalt der Erlasse und Gesetze hält...

Die Rolle ist also ein Bündel von Erwartungen, das sich auf den Inhaber einer Position richtet.

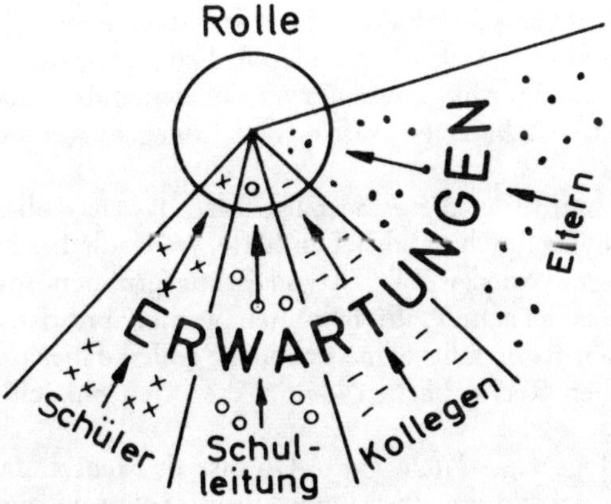

Abbildung 1
Rollensegmente und Intrarollenkonflikte. Die Rolle als Bündel von Erwartungen.

Jede Art dieser Erwartungen bestimmt – von der jeweiligen Bezugsgruppe her gesehen – einen Ausschnitt aus der Gesamtrolle (Gesamtposition) »Lehrer«. Je nach Bezugsgruppe: Eltern, Schülern, Kollegen usw. wird durch deren Erwartungen ein **Rollensegment** festgelegt. Die Unannehmlichkeiten rühren daher, daß sich die Erwartungen widersprechen können. Die Schüler wollen, daß der Lehrer Schmitt möglichst gute Noten gibt, die Eltern, daß er die Anforderungen erhöht usf. Kurz: Aus den widersprüchlichen Erwartungen, die die einzelnen Segmente seiner Rolle ausmachen, entstammen Konflikte, **Intrarollenkonflikte.** Die eine Bezugsgruppe will Hü, die andere will Hott – das hält das stärkste Pferd nicht aus! »Die mannigfaltigen und verschiedenartigen Rollenerwartungen mit ihren Spannungen, Diskrepanzen und ihrer Interpretationsbedürftigkeit verwirren und entmutigen den Lehrer. Er empfindet sich belastet und in vielen Fällen permanent überfordert, so daß seine Frustrationstoleranz oft überschritten wird. Rollenüberlastung (Rollenstreß) und Rollenkonflikte können zu einem verfestigten Rollenverhalten führen, das mit Anpassung, Aggression, ausweichendem Verhalten und dergleichen beschrieben werden kann.« (P. Klose, Bezugstext 1, S. 83)

Aber damit nicht genug: Markus Schmitt ist nicht nur Lehrer, er ist auch Vater einer 6jährigen Tochter. Er hat eine Vaterrolle, eine Rolle als Ehegatte, eine Freizeitrolle als Skatbruder etc. Wenn er nun zum Kollegen Maier geht, der seiner Tochter in der Grundschule das Rechnen beibringen will und diesem etwas über seinen Unterrichtsstil sagt, dann können sich seine beiden Rollen: Vater, Kollege reiben. Es ergibt sich ein Konflikt zwischen verschiedenen Rollen, ein **Interrollenkonflikt**. Als Vater bestraft er den Kollegen, wenn dieser aus der Rolle fällt!

Markus Schmitt, der dieses Scenario liest, das ein Rollentheoretiker zu seinem Tagebuch geschrieben hätte, stellt mit Erstaunen fest, was aus ihm geworden ist. Er ist von Bezugsgruppen umstellt, die auf sein Rollenspiel achten, ihn belohnen, wenn er brav ist, bestrafen, wenn er aus der Rolle fällt. Seine Probleme sollen daher rühren, daß er es nicht allen Recht machen kann. Aber »Ich bin Ich!«, sagt er sich.

Der Soziologe sagt: Nicht ganz! Du bist als Mensch der Inhaber einer riesigen Anzahl von Positionen. Dein **»role-set«** umfaßt Positionen wie Lehrer, Vater, Staatsbeamter, Ehegatte, Kollege, Autofahrer usf. usf. In diesen Positionen erhältst Du Rechte und übernimmst

Du Pflichten, Du spielst eine Rolle wie viele andere, die in eine gleichartige Position einrücken. Es ist Dir anzuraten, sie gut zu spielen. Denn wehe, wenn Du aus der Rolle fällst. Dann wird von den Bezugsgruppen, die Dein Verhalten beobachten, ein Feuerwerk von Sanktionen abgebrannt. Passe Dich an und bleibe gesund!

Die Inter- und Intrarollenkonflikte, die nicht zu umgehen sind, weil so viele Gruppen so Verschiedenes, teilweise Widersprüchliches, von Dir wollen, mußt Du irgendwie taktisch ausbalancieren. Darin besteht Deine Leistung als »Ich bin Ich«.

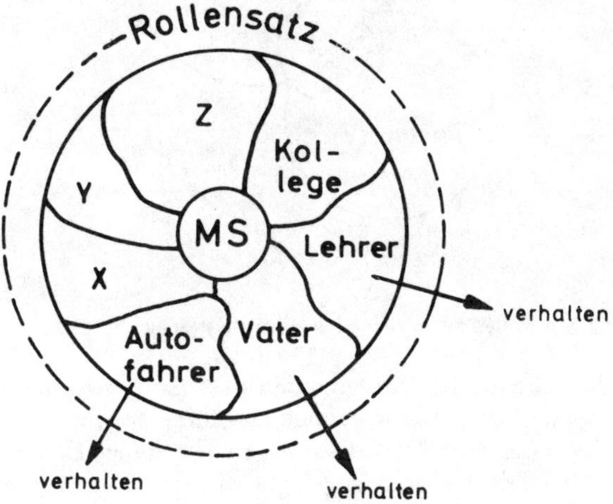

Abbildung 2
Der Rollensatz (role-set) einer Person.
x, y, z = beliebige andere Rollen.

Das Subjekt ist demnach eine Zusammenfassung zahlreicher Einzelrollen (vgl. Abb. 2, S. 25).
Aber die wenigsten Menschen leben allein. Schon die kleinste Familie ist eine *Gruppe*, in der die verschiedenen Mitglieder verschiedene Rollen spielen: Vater, Ehemann, Mutter, Hausfrau... Gleichzeitig ist kaum einer mit all den Teilen seiner Rollen in solche **Primärgruppen** eingeschlossen, in denen man sich ständig von Angesicht zu Angesicht sehen kann. Für die Mitglieder der Primärgruppe gibt es zahllose Rollen, die »draußen« gespielt werden müssen. Selbst das Kleinstkind, das in der Klinik auf die Welt kommt, kann schon (vergleichsweise passiv) eine »Patientenrolle« spielen.

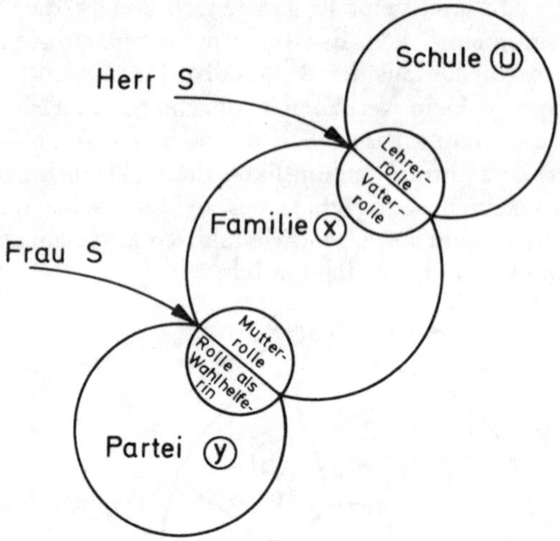

Abbildung 3
Verteilung von Rollen auf verschiedene Organisationen.

Mit verschiedenen Rollensegmenten oder ganzen Rollen kann man in ganz verschiedene **Institutionen** eingebunden sein. *Eine Institution ist ein »Satz« (set) von Rollenerwartungen, der sich auf ein bestimmtes, in Regeln (Muß-Erwartungen) festgelegtes Vorgehen, Verfahren, der Mitglieder einer Gruppe bezieht.* Die Heirat ist beispielsweise die Institution, durch die eine Ehe offiziell zsutande kommt. In der Schule wäre eine Notenkonferenz eine Institution.

Im alltäglichen Sprachgebrauch, aber auch bei Soziologen, wird der Begriff der »Institution« oft gleichlautend mit dem der »Organisation« verwendet. Dann heißt es, die Schule sei eine »Institution, und gleichzeitig, sie sei eine **Organisation.** *Aber* Organisation *soll hier ein soziales Gebilde heißen, in dem bestimmte Rechte und Pflichten zusammengefaßt wurden, um allgemeine, klar umrissene Ziele zu erreichen.* »Das bezweckte Produkt kann aus materiellen Erzeugnissen, Dienstleistungen, Entscheidungen oder Informationen bestehen, und die Beteiligten können auf die unterschiedlichste Art und Weise daran Anteil haben.« (Goffman, *Asyle,* Frankfurt 1973, S. 171)

Eine Organisation dient also dem Verfolgen von Zwecken, hat bestimmte Funktionen – so wie der Schule im allgemeinen die Funktion beigemessen wird, Kinder zu bilden oder auszubilden. Dazu bedarf es der Zusammenfassung bestimmter Positionen, deren Inhaber ihre Rollen entsprechend den an ihre Position geknüpften Erwartungen spielen. Die Lehrerrolle wird hauptsächlich in der Organisation »Schule« ausgeführt.

Mit irgendwelchen Teilen seines Gesamt-Rollen-Sets hängt man immer in irgendwelchen Organisationen oder Institutionen. Unter dem (bildlichen oder tatsächlichen) Dach einer Organisation können auch ganz verschiedene Bezugsgruppen zusammengefaßt sein. Ihre Mitglieder sind ja selbst bestimmte Subjekte, die ihre Rollen auszufüllen haben. In der Schule: Kollegen, Schulleiter, Schüler, Hilfspersonal u.a.

Nicht alles, was einem in der Schule zustößt, stößt einem wegen der Einflüsse von Bezugsgruppen zu. Eine Organisation kann allein durch ihr Vorhandensein oder durch ihre Ordnung, die am Ort x anders ausfallen kann als am Ort y, Einfluß auf ihre Mitglieder ausüben. An einer Gesamtschule hätte es für Markus Schmitt bei an sich gleichen Bezugsgruppen durchaus andere Probleme geben können. Man sieht: Die Bezugsgruppen sind nicht allmächtig, sie sind gar nicht der letzte Bezugspunkt!

Ein großer Teil der Erwartungen, die die Bezugsgruppen an einen richten, sind nach der Auffassung mancher Rollentheoretiker ohnehin Ausdruck von Werthaltungen und Verhaltensvorschriften, die überall in unserer Gesellschaft und nicht nur in einigen, besonderen Bezugsgruppen Geltung besitzen. Viele **Normen**, also verpflichtende Erwartungen, haben sich die Bezugsgruppen, mit denen man gerade zu tun hat, gar nicht ausgedacht. Sie sind überliefert und gelten in vielen ähnlichen Bezugsgruppen unter ähnlichen Umständen. Und nur wenn sich die Leute an solchen durchgängigen Normen und Werthaltungen ausrichten, »orientieren«, kommt es ansatzweise zu *gemeinsamen* Handlungen.

Man stelle sich das Chaos vor, das herrschte, würde die Bezugsgruppe B heute dies, morgen jenes von einem erwarten. Oder was wäre, müßte man von vergleichbaren Bezugsgruppen am einen Ort dies und am anderen genau das Gegenteil erwarten? Durchgängige, verbindliche Normen sind es, die das gesellschaftliche Getriebe halbwegs zusammenhalten.

Durchgängig verbindliche Normen und Werte sind es auch, anhand derer man abschätzen kann, was ein anderes Subjekt tun wird.

Zur **Integration**, zu einem Zusammenhalt der verschiedenen Hand-

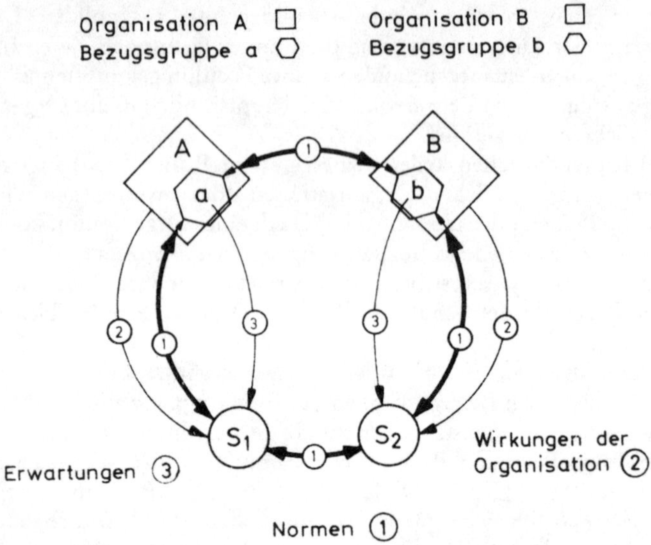

Abbildung 4
Gesellschaftliche Normen, als der Kitt, der alles zusammenhält.

lungen und Vorgänge in der Gesellschaft kommt es also durch die Anerkennung der Normen unserer gemeinsamen Kultur. Ohne solche für die verschiedenen Bezugsgruppen verbindlichen Grundwerte würden sich die Leute gegenseitig die Köpfe einschlagen!

Menschen streben nach ihrem Vorteil (»Gratifikation«) und versuchen Nachteile zu vermeiden, – so heißt es bei Talcott Parsons –, aber die Integration bliebe sehr brüchig, würde jeder einzelne in jedem einzelnen Fall auskalkulieren, ob es für ihn von Vorteil ist, eine Norm anzuerkennen. Je mehr er sie »verinnerlicht« hat, je stärker sie mit seiner ganzen Persönlichkeit verbunden ist, desto wirksamer ist die Integration der Gesellschaft durch Werte.[2]

Natürlich geht nicht alles so reibungslos, wie es jetzt aussehen mag. Ständig entstehen Konflikte, weil einzelne und Gruppen ihre Interessen zu ihrem Vorteil gegen die anderen durchsetzen wollen. Ständig gibt es Abweichungen von der Norm, die Mechanismen **sozialer Kontrolle** auf den Plan rufen. So sollen ja die Sanktionen, die von den Bezugsgruppen

2 Das ist ein zentrales Argument bei dem »Klassiker« Talcott Parsons.

ausgehen, die Abweichenden wieder auf den rechten Pfad des Ganzen bringen. Allerdings, wenn sich die Konflikte häufen und kaum noch einer einen Vorteil erzielt, wenn er sich an die Regeln der Bezugsgruppen, der Institutionen und Organisationen, letztlich der Kultur hält, dann kann es auch vorkommen, daß das gesamte Wertsystem unter Druck gerät. Und wenn die Werte, die das Ganze zusammenhalten, sogenannte *Grundwerte,* sich verändern, dann kann man sagen, es habe ein grundlegender **sozialer Wandel** stattgefunden. Wertewandel ist die letzte Ursache sozialer Veränderungen.

Als ein solcher Grundwert gilt in unserer Gesellschaft z.B., daß jeder – gleiche Startbedingungen vorausgesetzt – nach seiner Leistung vorankommen soll. Dieses Prinzip ist auch, so paradox das klingen mag, für einige Rollentheoretiker der eigentliche Ursprung der Ungleichheit unter den Menschen:

Positionen, so haben wir gehört, sind Stellen in unserer Gesellschaft, mit denen sich bestimmte Rechte und Pflichten verbinden. Betrachtet ein Soziologe diese Rechte und Pflichten als Erwartungen von Bezugsgruppen an das Verhalten des Positionsinhaber, dann untersucht er eine *soziale Rolle.* Die Rechte bedeuten »positive Sanktionen«, die Einhaltung von Pflichten wird mit »negativen Sanktionen« überwacht.

Nun sieht man Positionen im allgemeinen nicht als gleichrangig an. Ein Lehrer genießt in unserer Gesellschaft ein höheres Ansehen als ein Hilfsarbeiter, er hat einen höheren **Status**. Wie kommt es dazu? Die Antwort einiger Rollentheoretiker geht davon aus, daß es Positionen gibt, die höhere Anforderungen an den Rollenspieler stellen als andere.[3] Für manche Positionen – wie etwa die des Lehrers – bedarf es längerer Vorbereitung, umfangreicherer Kenntnis und höherer Verantwortungsbereitschaft als bei anderen. Diese Positionen sind wichtig für unsere Gesellschaft und müssen, wenn die Talente knapp sind, einen Anreiz für jemanden bieten, die ganzen Mühen und Risiken auf sich zu nehmen, die zur Vorbereitung auf sein »Rollenspiel« nötig sind. Ein solcher Anreiz, eine solche positive Sanktion ist – neben höherem Einkommen – auch das Ansehen, **Prestige**, das sich mit der Position verbindet. Aufgrund solcher »differentieller Entlohnungssysteme« kommt es zu einer Schichtung der Positionen

3 Der folgenreichste Aufsatz zu diesem Punkt stammt von: Kingsley Davis und W. Moore: *Einige Prinzipien der sozialen Schichtung,* in: H. Hartmann (Hg.): Moderne amerikanische Soziologie, Stuttgart 1967, S. 397 ff.

nach Ansehen, zur Ausbildung **sozialer Schichten**. Und der Sachverhalt, daß die besonderen Leistungen besonders belohnt werden, macht das ganze Gebilde zu einer »geschichteten Leistungsgesellschaft«.

Also ergibt sich – im Idealbild der Schichttheorie – eine merkwürdige Konsequenz: Jeder wird *gleich* behandelt, nämlich entsprechend seiner Leistung für das Ganze belohnt (»Leistungsprinzip). Aber es gibt Anforderungen, die eine längere Ausbildung (*Schulbildung* z.B.) voraussetzen und einen größeren, vor allem komplizierteren Arbeitsaufwand verlangen. Damit Menschen sich die Mühe machen, solche Positionen zu erreichen, muß es einen Anreiz geben: das ist neben dem Ansehen (*Prestige*) vor allem das *Einkommen*. Da der eine – je nach Leistung – mehr, der andere weniger von diesen »Belohnungen« erhält, ergibt sich ein *ungleich* verteiltes, »geschichtetes« System der genannten Vorteile. Schulbildung, Einkommen und Prestige sind denn auch die Hauptkriterien, mit deren Hilfe zahlreiche Soziologen die Schichtstruktur einer Gesellschaft bestimmen wollen.

Würde es dem Markus Schmitt gefallen, wenn das Ansehen des Lehrerberufes in der Gesellschaft sänke? Würden seine Forderungen nach Gehaltserhöhung dann gesteigerte Aussichten auf Erfolg haben?

»Ich bin Ich!« hatte Markus Schmitt dem Rollentheoretiker entgegengehalten. Aber der gießt nochmals Wasser in den Wein: Wenn es stimmt, daß sich der Gesellschaft als Ganze auf die genannte Weise nach Schichten abstuft, dann mußt Du damit rechnen, daß selbst dieser ganz allgemeine Sachverhalt Dein besonderes Leben beeinflußt! Du gehörst einer bestimmten Schicht an und das bestimmt beispielsweise Deinen Lebensstil! Wenn der Soziologe über die Gesamtgesellschaft redet, dann redet er immer noch über Dich! Die Frage ist nur, ob es wirklich stimmt, daß wir in einer »geschichteten Leistungsgesellschaft« leben.

Über die rollentheoretische Form der Besserwisserei

Am Ende eines jeden Kapitels wollen wir die Besonderheiten und Ansprüche der jeweiligen soziologischen Denkweisen so aufnehmen, wie wir sie im ersten Kapitel in einigen Schemata umrissen haben. Wir schlüpfen jetzt in die Rolle eines *Wissenschaftstheoretikers der Sozialwissenschaften.* Das heißt: Wir sprechen über das, was der Rollentheoretiker über Subjekt und Gesellschaft sagt, wir *sprechen über seine Theorie*.

Im Griechischen heißt »über« = »meta«. Unser folgendes Tun könnte man also etwas hochtrabend als »Metatheorie« der Rollentheorie beschreiben. Wir machen jedoch im Grunde nicht mehr, als anzuzeigen, wie die Rollentheorie Bestandteile unseres Schemas aus dem ersten Kapitel ausfüllt. Unser Rollentheoretiker hat eine ganze Batterie von Begriffen vorgebracht, mit deren Hilfe das Verhalten des Lehrers Markus Schmitt an jenem Montag *beschrieben* werden könnte. Diese Begriffe sind in einigen Fällen gar nicht so weit vom alltäglichen Sprachgebrauch entfernt. Wenn man »Berufsrolle« hört, kann man sich schon etwas darunter vorstellen, ohne den Soziologen zu befragen. Viele denken dann an die Aufgaben, die man in einer Stellung erfüllen muß. Im Alltag redet man zwar selten von »Erwartungen von Bezugsgruppen«, ... aber daß die Leute unser Verhalten beobachten und uns Ärger bereiten, wenn wir etwas tun, was ihnen nicht paßt, das haben wir bestimmt schon erlebt.

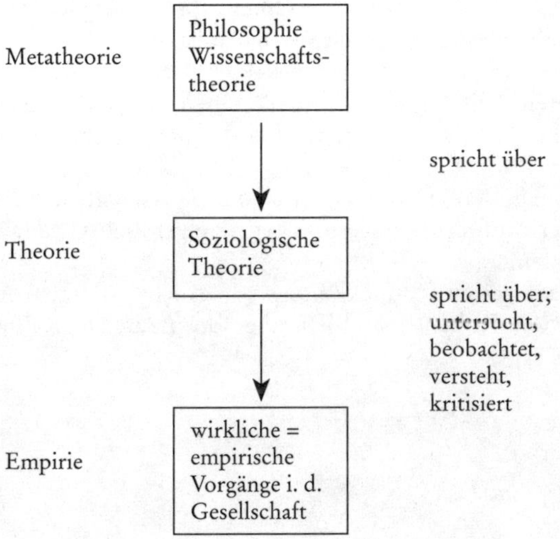

Abbildung 5
Ebenen wissenschaftlichen Sprechens

Etwas anders sieht es aus, wenn uns der Soziologe *Erklärungen* für ein Verhalten vorführt. Dann kann es leicht geschehen, daß er den Leuten etwas aufzeigt, was ihnen gar nicht so klar war. Dann wird beispielsweise die etwas resignative Grundhaltung des Lehrers Markus Schmitt auf die Besonderheiten seines *Intra-Rollenkonflikts* zurückgeführt. Schmitt wäre dann unter Umständen genauer über die vielen Bezugsgruppen, Institutionen und Organisationen informiert, die Einfluß auf sein Verhalten nehmen (vgl. die Ansprüche der Soziologie: Punkt (1), Kapitel 1, S. 17). Vielleicht weiß er anhand der Kenntnis seiner »Intra«- und »Interrollenkonflikte« nun auch, wo die allgemeinen Wurzeln des Übels liegen und wo er mit seinen Gegenmaßnahmen ansetzen kann (vgl. die Erkenntnisansprüche des Soziologen: Punkt (2), Kapitel 1, S. 17 f.). Unter Umständen begreift er auch, in welchem Maße seine Berufstätigkeit von Vorgängen abhängig ist, die außerhalb der Organisation »Schule« in der Gesellschaft als Ganze ihren Ursprung haben (vgl. Punkt (3), Kapitel 1, S. 17). Möglicherweise hat er dann auch ein besseres Einsehen in die Probleme jenes Schülers, welcher so schlechte Leistungen in Deutsch bringt. Er erkennt plötzlich genauer, daß dessen Art zu reden und die Menge seiner Fehler etwas damit zu tun haben, daß der Schüler zuhause den Dialekt der Unterschicht spricht und in der Oberschule die Sprache der Mittelschicht lernen soll.

Aber wenn er vom Rollentheoretiker lernt, daß wir in einer »geschichteten Leistungsgesellschaft« leben, wird er weniger auf die Idee kommen, Probleme aufgrund der *Macht*stellung von Gruppen im Ganzen der Gesellschaft zu suchen. Wer in irgendeinem gesellschaftlichen Bereich: der Politik, der Wirtschaft, der Kultur, oben steht, der müßte nach dieser Theorie eigentlich zu den besten, zur *Elite* zählen.

Schauen wir uns, unabhängig von solchen Fragen, noch einmal an, was der Rollentheoretiker über die Leute im Rahmen unseres Schemas sagt:

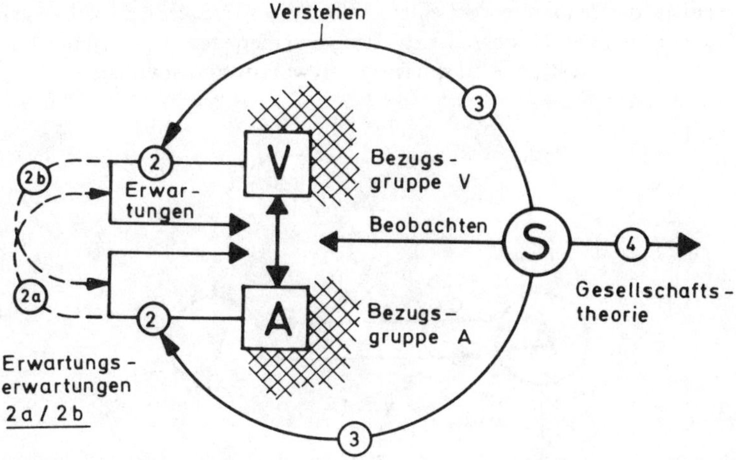

Schema 3

A und V sind zwei beliebige Rollenspieler, wobei A der Inhaber der »focal position« sein soll, die untersucht wird. V wird zum Mitglied einer einflußnehmenden Bezugsgruppe, von der Erwartungen an A ausgehen. Diese Erwartungen bestimmen ein Rollensegment von A. A als Person, als *Subjekt,* ist gleichsam ein Bündel vieler derartiger Rollensegmente und Rollen. Aber dieses Bild der Beziehung zwischen A und V ist auf eine gewisse Weise einseitig. V ist für A Mitglied einer Bezugsgruppe und damit jemand, der A mit positiven Sanktionen belohnen und mit negativen bestrafen kann. Mit anderen Worten: V als Mitglied einer Bezugsgruppe hat normative und antizipatorische Erwartungen an A. *Aber das gilt umgekehrt auch für A!* Ändern wir die »focal position«, betrachten wir nun die Position von V, dann ist A *gleichzeitig* jemand, der einer Bezugsgruppe von V angehört und das Verhalten von V positiv und negativ sanktionieren kann. A und V stehen in einem *Wechselverhältnis* der Belohnung und Bestrafung zueinander! Wenn man voraussetzt, daß keiner den anderen wirklich überwältigen kann, muß sich A in bezug auf V wenn irgend möglich so verhalten, daß V mit *positiven Sanktionen* auf sein Verhalten antwortet – und das gilt, umgekehrt, auch für V. V muß zusehen, daß sein Verhalten eher positive Sanktionen bei A hervorruft. Und die Chance, günstige Reaktionen beim anderen hervorzurufen, erhöht sich natürlich, wenn man schon ein wenig von dem weiß, was der andere von einem selbst erwartet, wenn man Erwartungen hinsichtlich dessen Erwartungen einem selbst gegenüber hegen kann. Zutreffende **Erwartungs-Erwartungen** stabilisieren eine soziale Beziehung.

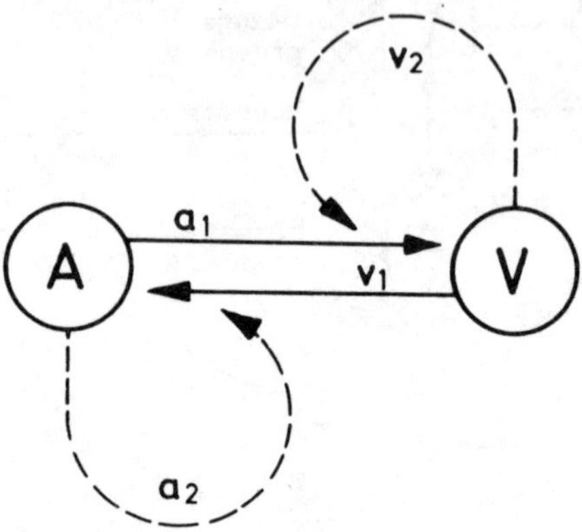

Abbildung 6
Erwartungs-Erwartungen
a1: Erwartungen an das Verhalten von V
a2: Erwartungen an die Erwartungen von V

A hegt nicht nur normative und antizipatorische Erwartungen hinsichtlich des tatsächlichen Verhaltens von V (= a_1), er hegt auch Erwartungen hinsichtlich der Erwartungen, die V gegenüber seinem (= A's) Verhalten hegt (= a_2). Er nimmt in den Erwartungs-Erwartungen die Sanktionen des anderen vorweg und kann sie damit fördern oder umgehen und das gilt umgekehrt auch von V aus gesehen (= v_1 bzw. v_2). Der Rollentheoretiker deutet also die Linie ② aus unserem Schema 2 als System von Erwartungen und »Erwartungs-Erwartungen«.

Er beobachtet (Linie ①) tatsächliches Rollenhandeln auf der Grundlage wirksamer Erwartungen. Darüber wie die Erwartungen zu verstehen sind (Linie ③), sagt er vergleichsweise wenig aus. Für ihn *wirken* gleichsam die Sanktionen, die Bezugsgruppen ausüben, als *soziale Kontrolle* für abweichendes Verhalten. Sie wirken im Sinne der »Anpassungsförderung« an das gewünschte Rollenhandeln.

Wo kommen die Erwartungen her? Zunächst werden sie von Bezugsgruppen gehegt und durchgesetzt. Aber Bezugsgruppen sind nicht das Letzte. In vielen Fällen vollziehen sie die Normen und Werthaltungen, die in der Gesellschaft als ganzer anerkannt werden (Linie ④). Gesellschaft ist das Gefüge der durch allgemein anerkannte Werte zusammengehaltener Positionen, Institutionen und Organisationen, in denen Rollensegmente und Rollenbündel zusammengefaßt sind. Werte und Normen halten das Ganze zusammen, die Anerkennung bestimmter Werte wie des Leistungsprinzips ist auch ausschlaggebend dafür, daß sich das Ganze in Schichten gliedert.

Man kann sagen, daß die Linie ④ auf drei Grundfragen allgemeiner Gesellschaftstheorie führt, die wir im Schlußteil eines jeden Kapitels aufnehmen:

1. Was hält die Gesellschaft zusammen, was stiftet ihre Einheit (Probleme der **sozialen Statik**)?
2. Wie entwickelt und verändert sich die Gesellschaft (Probleme der **sozialen Dynamik**)?
3. Wie sehen die Vorstellungen darüber aus, was man als Subjekt in einer Gesellschaft tun kann (**Praxisbegriff**)?

An diese dritte Frage müßten sich auch Überlegungen anschließen, welchen »Nutzen« soziologische Informationen haben, was man auf der Grundlage der jeweiligen soziologischen Denkweise angesichts sozialer Probleme erreichen kann.

Wir haben im ersten Kapitel angedeutet, daß wir diese Frage nur am Rande behandeln können (für einige ergänzende Hinweise hierzu vgl. Kapitel 10). Andererseits könnte unsere Darstellungsweise beim einen oder anderen Leser einen falschen Eindruck erwecken. Dadurch, daß wir die soziologischen Denkweisen an so einfachen, alltäglichen, ja banalen Beispielen erläutern, könnten unter Umständen erhebliche Zweifel an der »praktischen Bedeutung« der einzelnen Ansätze auftauchen.

Um wenigstens anzudeuten, daß die jeweiligen Positionen, auch die Rollentheorie, durchaus folgenreicher sind, als man nach der Lektüre unserer einführenden Kapitel ahnen kann, möchten wir im Rahmen dieser dritten Grundfrage wenigstens *Hinweise* auf gesellschaftliche Problemfelder geben, in denen soziologische Überlegungen Verwendung finden. Man kann die einzelnen Verwendungs- und Verwertungsformen soziologischer Auffassungen und Einsichten begrüßen oder beklagen, es gibt sie in einem erstaunlichen Ausmaß.

Wenn wir uns jetzt an die Darstellung der Rollentheorie erinnern: Was sagt sie zu den drei Grundfragen, die sich mit der Linie ④ unseres Schemas verbinden lassen?

Frage 1: *Was hält die Gesellschaft zusammen, was stiftet ihre Einheit?*
Antwort: Allgemeine Werte und Normen, die nicht nur für eine Bezugsgruppe verbindlich sind, bedingen die Integration der Gesellschaft.

Frage 2: *Wie entwickelt und verändert sich die Gesellschaft?*
Antwort: Niemand folgt den Erwartungen buchstabengetreu oder kann das Verhalten und die Erwartungen eines anderen voll auskalkulieren. Jeder will seinen Vorteil erreichen und dadurch gibt es ständig Abweichungen von der Norm. Die Abweichler sollen durch Mechanismen der sozialen Kontrolle wieder auf den rechten Pfad gebracht werden. Aber wenn niemand mehr so recht zufrieden sein kann, dann gerät das allgemeine Normensystem selbst unter Druck. Der Kitt wird weich, das Ganze wandelt sich.

Frage 3: *Wie sieht die allgemeine Vorstellung von den Handlungsmöglichkeiten der Subjekte in der Gesellschaft aus?*
Antwort: Im Grunde steht der Einzelne ständig vor dem Problem, so zu handeln, daß ihm positive Sanktionen nicht entzogen und keine negativen angedroht werden. Sollen sich für ihn die Probleme nicht verschärfen, muß er ständig (bewußt oder unbewußt) »ausrechnen«, welche Folgen sein Tun bei den anderen, den Bezugsgruppen hervorruft. Seine Handlungsstrategie ist gleichsam die einer Art »klugen Anpassung«. »Anpassung« deswegen, weil er dauernd mit den Erwartungen der anderen rechnen muß und es nur in den selteneren Fällen auf den Bruch ankommen lassen kann. »Klug« deswegen, weil dem Rollentheoretiker das Handeln oftmals wie ein Ausbalancieren der verschiedenen, teilweise widersprüchlichen Erwartungen vorkommt.

Unterfrage 3a: *Wo finden Einsichten der Rollentheorie Verwendung, welche gesellschaftliche Bedeutung hat die Rollentheorie?*
Antwort: An dieser Stelle möchten wir einen sehr weiten Begriff von »Pädagogik« einführen. Wir bezeichnen mit »Pädagogik« nicht nur *Theorien der Erziehung*, die bei den Soziologen »Sozialisationstheorien« heißen. Wir fassen unter »Pädagogik« auch all die *tatsächlichen praktischen* Veranstaltungen zur Erziehung von Menschen. Kin-

der, Jugendliche, Erwachsene werden in den verschiedensten gesellschaftlichen Organisationen (und Institutionen) erzogen: in der Familie, in Kindergärten, Schulen, Hochschulen, Betrieben, Organisationen der Erwachsenenbildung...

Von der Rollentheorie kann man jedenfalls sagen, daß sie einen beachtenswerten Einfluß im Bereich einer so weit verstandenen »Pädagogik« hat – und zwar auf verschiedene Weisen: Pädagogen sind Rollenträger, die bei der gesellschaftlichen Aufgabe der Bildung und Ausbildung anderer mitwirken. Man weiß aus soziologischen Untersuchungen, daß die Rollentheorie bei Lehrern verschiedener Schulstufen recht beliebt ist. Es deutet einiges darauf hin, daß *Begriffe und Thesen der Rollentheorie Teile des Situationsverständnisses von Lehrern beeinflussen können*.

Ein anderes Beispiel liefert die Bedeutung des *Rollenspiels* als Mittel der Erziehung.[4] Beim Rollenspiel sollen Kinder zusammen mit anderen z.B. das durchspielen, vorspielen, was zu den Aufgaben, also den Erwartungen in irgendeiner gesellschaftlichen Position gehört. Sie spielen das Verhalten Erwachsener oder anderer Kinder durch. Den verschiedenen Formen des Rollenspiels wird beispielsweise zugetraut, daß sie »Erziehungsmängel« wie Schwierigkeiten bei der Kommunikation, bei der Zusammenarbeit mit anderen, bei Aggressivität, Lustlosigkeit, Isolierung usw. abbauen. Kein Wunder, daß selbst Politiker dies als nützliche Soziologie ansehen. So findet sich denn auch im Beschluß der ständigen Konferenz der Kultusminister der Länder vom Dezember 1967 die folgende Empfehlung:

»Das darstellende Spiel in der Schule bewirkt eine Bereicherung von Unterricht und Erziehung, wenn es dort angewendet wird, wo mit seiner Hilfe ein pädagogisches Ziel leichter oder gründlicher verwirklicht werden kann. Es ist geeignet, die schöpferische Eigentätigkeit anzuregen, die Phantasie zu wecken, das Wissen um die eigenen Fähigkeiten und ihre Grenzen zu vertiefen und Erfahrungen über den Menschen und die Umwelt zu vermitteln...« (Zit. bei Haug, S. 48)

4 Darstellung und Kritik bei Frigga Haug: *Erziehung und gesellschaftliche Produktion: Kritik des Rollenspiels*, Frankfurt/New York 1977, bes. S. 48 ff.

Anhang zu Kapitel 2

I. Bezugstexte

1. Peter Klose: *Das Rollenkonzept als Untersuchungsansatz für die Berufssituation der Lehrer.* In: Kölner Zeitschrift für Soziologie und Sozialpsychologie, Jahrgang 1971, Heft 23, S. 78-97
2. Ralf Dahrendorf: *Homo Sociologicus – Ein Versuch zur Geschichte, Bedeutung und Kritik der Kategorie der sozialen Rolle.* Köln/Opladen, verschiedene Auflagen eines 1958 in der Kölner Zeitschrift für Soziologie und Sozialpsychologie erschienenen Aufsatzes.

II. Ergänzungstexte

Zu dem Klassiker Talcott Parsons, der die vorliegende Form der Rollentheorie stark beeinflußt hat, erwähnen wir als Zusammenfassung: St. Jensen: *Talcott Parsons,* Stuttgart 1980.

III. Klassiker

1. Talcott Parsons: *Kategorien der Sozialstruktur.* St. Jensen (Hg.): Theorie sozialer Systeme, Opladen 1976, S. 177 ff.

IV. Übersichten

E. Becker/J. Ritsert: *Auf der Weltbaustelle – Einführung in die Sicht der Condition Humaine bei Talcott Parsons,* in: dies.: Drei Beiträge zur fröhlichen Wissenschaft, Studientexte zur Sozialwissenschaft, hg. am FB Gesellschaftswissenschaften der J.W. Goethe-Universität, Sonderband 1, Frankfurt/M. 1989, S. 98-143.

V. Stichworte (»→« bedeutet einen Verweis auf andere Stichworte)

Bezugsgruppen: Die Gruppen, die → Erwartungen gegenüber dem Inhaber einer → Position, damit seinem Rollenverhalten in dieser Position, hegen.

Erwartung: a) Annahme eines Handelnden darüber, was ein anderer Handelnder tun wird → antizipatorische Erwartung bzw. was er billigerweise tun sollte → normative Erwartung.
b) Annahmen einer Bezugsgruppe über das, was ein Positionsinhaber tun wird oder tun sollte.

Erwartung, antizipatorische: Auffassung eines Handelnden darüber, was andere tun werden.

Erwartung, normative: Auffassung eines Handelnden darüber, was andere tun sollten.

Erwartungs-Erwartung: Annahme eines Handelnden über die Erwartungen, die ein anderer Handelnder über das Tun des ersten hegt (hegen könnte).

Kann-Erwartung: Erwartung, etwas zu tun, was über das unbedingt Notwendige hinausgeht.

Soll-Erwartung: Nicht unbedingt rechtlich festgelegte Pflichten eines Rollenträgers.

Muß-Erwartung: Rechtlich festgelegte Pflichten eines Rollenträgers.

Focal-Position: Die → Rolle, die den Bezugspunkt einer soziologischen Untersuchung abgibt.

Institution: Ein Satz von Rollenerwartungen, der sich auf ein bestimmtes, in Regeln festgelegtes Vorgehen, Verfahren, der Mitglieder einer Gruppe bezieht.

Integration: Ausdruck für die Annahmen, die hinsichtlich des Zusammenhangs, der Einheit einer Gesellschaft gemacht werden.

Interrollenkonflikt: Widersprüche zwischen den → Erwartungen, die *verschiedene* Rollen festlegen.

Intrarollenkonflikt: Widersprüche zwischen den → Erwartungen, die die Segmente *einer* Rolle festlegen.

Norm: Eine verbindliche Forderung an das Verhalten eines Positionsinhabers. Manchmal auch: Die Regelmäßigkeiten seines Verhaltens.

Organisation: Eine soziale Einrichtung, in der Positionen zur Verwirklichung gesellschaftlicher Ziele zusammengefaßt sind.

Position: Stelle in einer Gesellschaft, mit der sich bestimmte Rechte und Pflichten verbinden.

Prestige: Das Ansehen, das der Inhaber einer → Position genießt.

Primärgruppe: Gruppe, deren Mitglieder in vorwiegend intimen und emotional bestimmten direkten und häufigen Kontakten zueinander stehen.

Rolle: Rechte und Pflichten des Inhabers einer → Position unter dem Gesichtspunkt der → Erwartungen, die Mitglieder von → Bezugsgruppen an sein Verhalten haben.

Role-Set: Die Menge der Rollen, die ein Subjekt in der Gesellschaft spielt.

Rollensegment: Ausschnitt aus einer Rolle, der durch die → Erwartungen einer besonderen → Bezugsgruppe bestimmt ist.

Sanktion: a) positive: Rechte und Belohnungen beim Rollenverhalten in einer Position.
b) negative: Bestrafungen für Abweichungen vom »pflichtgemäßen«, erwarteten Rollenverhalten.

Schicht: Abstufung der Gesellschaft nach dem Ansehen (→ Prestige), das → Positionen in der Gesellschaft genießen sowie nach dem Grad der Schulbildung und der Höhe des Einkommens.

Soziale Dynamik: Fragen nach der Entwicklung einer Gesellschaft.

Soziale Kontrolle: Wirkung der → Sanktionen auf abweichendes Verhalten.

Soziale Statik: Fragen nach der Einheit einer Gesellschaft.

Status: Stellung einer → Position in der → Prestige-Hierarchie einer Gesellschaft.

Kapitel 3
Über den Austausch guter Eindrücke

Der soziologische Gehalt des Banalen – Szenen des Alltags

A und V, sagen wir: Angelika und Veronika, gehen auf verschiedenen Straßenseiten in einer Großstadt spazieren. Früher sind sie zusammen in die Schule gegangen und sie waren befreundet. Aber sie haben sich für lange Zeit »aus den Augen verloren«.

A schaut zufällig auf den anderen Gehsteig hinüber und erkennt V. A will V auf sich aufmerksam machen; denn sie kann wegen der vielen Automobile nicht gleich über den Fahrdamm rennen. Sie fuchtelt mit den Armen und schreit: »Hallo!« Einige Leute fühlen sich von diesem Ruf angesprochen. Weil es Frankfurter sind, denken oder sagen sie nach näherem Hinsehen: »Da spinnt aane!« A schreit unverdrossen: »Hallo Veronika!« V hört ihren Namen und schaut sich unsicher um. Die Leute haben die Zeichen entschlüsselt. Sie haben begriffen, daß A jemand anderen rufen will und gehen weiter. V sieht die fuchtelnde und schreiende A. Sie erkennt sie, freut sich und rennt über den Damm. Ein Autofahrer kann mit einer reflexartigen Bewegung des Steuerrades gerade noch einen Unfall vermeiden. A und V begrußen sich: »Wie geht's?« Sie eilen in die nächste Kneipe, tauschen alte Erfahrungen aus und reden über ihren jeweiligen Werdegang. Zum Schluß wird ein neues Zusammentreffen vereinbart; die Absicht einer Wiederherstellung der Freundschaft besiegelt.

Was soll das? – Es ist der Stoff, aus dem die Interaktionisten ihre Theorien machen!

Die Rollentheoretiker (Kapitel 2), so meinen sie, zeichneten ein viel zu starres Bild von unserem Handeln. Wir seien nicht bloß Darsteller, die nach Vorschriften handeln, welche man in einem von außen vorgegebenen Drehbuch finden kann. Die Normen und Werte der Drehbücher seien allesamt nicht so genau festgelegt, daß man ihre klare Beachtung unmittelbar belohnen und ihre Verletzung ohne Umstände bestrafen könnte. Man müsse zunächst einmal davon ausgehen (wir beziehen uns dabei hauptsächlich auf die Thesen von H. Blumer, Bezugstext 1), daß die Subjekte dauernd ganz verschiedenen Situationen gegenüberstehen, in denen sie etwas tun oder lassen müssen. Nehmen wir den oben beschriebenen Fall 1: A und V wollten sich vielleicht nur Schaufenster ansehen oder etwas einkaufen. Sie laufen durch die Straßen und haben wie alle Großstädter bei solchen Gelegenheiten keinen besonderen Kontakt. Man weicht den anderen Passanten eher wie einem Hindernis aus.

Plötzlich ändert sich die Situation für A dramatisch. Sie sieht ihre ehemalige Schulkameradin und erinnert sich an alte und angenehme Beziehungen zu einer anderen, an Freundschaft. Nun hat sie ein ganz anderes Bild von der Situation. Es geht ihr nicht mehr darum, die Auslagen der Warenhäuser anzusehen, sie will eine alte Freundin begrüßen. Deswegen fängt sie an zu schreien und mit den Armen zu fuchteln.

Für die anderen, eiligen Passanten ist das etwas Ungewöhnliches. Man ist daran gewöhnt, daß die Leute auf der Verkaufsstraße einer Großstadt am späten Samstagvormittag durch die Straßen und z.B. ins nächste Kaufhaus eilen. Plötzlich durchbricht eine Person dieses allgemeine Eingestimmtsein durch Geschrei und Gebärden. Das gewohnte Bild wird gestört.

Man stelle sich nur vor, die verwunderten Passanten wären ernsthaft der Meinung: »Da brüllt und fuchtelt eine Irre!« Was wäre wohl geschehen, wäre ihre Deutung der Situation, **Situationsdefinition**, tatsächlich die gewesen: »Hier tobt eine Irre!« Man hätte die Ordnungsmacht gerufen und A wäre nicht in der Kneipe, sondern – wenn A vor Schreck ernsthaft getobt hätte – in einer Zelle gelandet. Mit anderen Worten: Wenn die Passanten die Situation tatsächlich so und nicht anders gesehen hätten, dann wäre etwas ganz anderes geschehen als das, was »in Wirklichkeit« geschah.

Das, was in der sozialen Wirklichkeit vor sich geht, kann also davon abhängig sein, was die Menschen in und über eine Situation meinen, wissen, glauben. Das tatsächliche Geschehen kann von den »Definitionen der Situation« abhängig sein, die man für richtig hält und nicht nur von festen Normen und Werten!

Man nehme zum zweiten an, V hätte die Gesten der A falsch aufgefaßt. V hätte vielleicht geglaubt: »Da droht eine mit den Fäusten!« Aufgrund dieser Deutung der Situation hätte V sich schnell aus dem Staub gemacht, anstatt unaufmerksam über den Damm zu laufen. Wir müssen also davon ausgehen, sagt der Interaktionist[1], daß wir einem ständigen Fluß von Situationen begegnen, in denen wir aktiv zu handeln haben. Dabei kalkuliert man nicht bloß, welchen Erwartungen in Bezugsgruppen man entsprechen sollte, man handelt aufgrund seiner Einschätzung der Situation, des Bildes, das man sich von ihr macht. Ist es »Toben«, »Grüßen«, »Rufen«, was der komische Typ A da veranstaltet?

Diese ganz alltäglichen Vorgänge, so muß man beachten, laufen weitgehend anhand **signifikanter Symbole** ab. Zu diesen muß man ja beispielsweise das Gestikulieren von A rechnen. Wenn sie die Arme in die Luft wirft und winkt, dann macht sie eine nicht-sprachliche **Geste**, die die Aufmerksamkeit einer anderen erwecken soll. Die andere wiederum versteht die Bedeutung der Geste als *Winken*. Zusammen mit der sprachlichen Äußerung, man kann auch sagen, der sprachlichen (verbalen) Geste: »Hallo, Veronika!« versteht sie die Bedeutung des Tuns ihres Gegenüber, sie versteht was diese will – und rennt über den Damm. Die verbalen und nonverbalen Gesten werden zu einem Zeichen, Symbol, für das gewünschte oder tatsächliche Tun von A, das V entschlüsseln kann, um daraufhin ihr Handeln auszurichten. Non-vokale und vokale (verbale) Gesten[2] zusammengenommen, stellen »signifikante Symbole« dar, durch die eine **Interaktion**, eine Wechselbeziehung zwischen Subjekten hergestellt, beeinflußt, verändert werden kann.

Der Autofahrer, der der unachtsamen V gerade noch mit einer »Reflexbewegung« ausweichen konnte, vollzieht eine »nicht-symbolische Interaktion« (vgl. Blumer, S. 88). Wenn er allerdings anschließend den deutschen Autofahrergruß entbietet, nämlich V den Vogel zeigt, dann bedient er sich einer »non-verbalen Geste«. V könnte natürlich glauben, der Autofahrer kratze sich nur an der Stirn. Man muß also die Bedeutung, den »subjektiv gemeinten Sinn« der Handlung (die Absicht) der anderen entschlüsseln können, um mit ihr in Interaktion treten zu können.

---

1 Vgl. Blumer (Bezugstext 1), S. 96: »Man muß den Definitionsprozeß des Handelnden erschließen, um sein Handeln zu verstehen.«

2 Der Ausdruck »vokale Geste« findet sich bei dem Klassiker des symbolischen Interaktionismus, bei George Herbert Mead: *Geist, Identität und Gesellschaft*, Frankfurt/M. 1968, z.B. S. 85.

Nach Auffassung der symbolischen Interaktionisten handelt man in der Mehrzahl der Fälle aufgrund der **Bedeutung**, die Dinge in der Umwelt für einen haben. »Ding« ist dabei ein Begriff für alles, dem man in einer Situation begegnen kann. Das können Naturgegenstände wie Steine, hergestellte Objekte, aber auch andere Menschen und Organisationen sein. Und je nach unseren Absichten und Meinungen in der Situation können die gleichen »Dinge« verschiedene Bedeutung haben. Entscheidend für eine Interaktion ist, daß man wissen muß, welche Bedeutung ein Handelnder selbst einem »Ding«, etwa dem Tun seines Gegenübers zuerkennt, um zu verstehen, was es ist, was er gerade tut. Die gleiche Armbewegung kann für den einen »Kratzen«, für den anderen »Beleidigung« sein. Die Interaktionisten betonen ausdrücklich, daß derartige Bedeutungen den »Dingen« nicht auf die gleiche Weise eigentümlich sind wie etwa die Farbe Grün den Blättern eines Baumes eigentümlich ist. Die Bedeutung entsteht aber auch nicht ausschließlich durch die körperliche und seelische Grundausstattung unseres Körpers als Organismus. Von der Farbe »Grün« kann man sagen, sie entstünde durch die Einwirkung von Lichtwellen bestimmter Länge auf unsere Netzhaut und die Weiterleitung eines Nervenimpulses an eine bestimmte Hirnstelle. »Grün« hat zentral etwas mit unseren körperlichen Eigenheiten zu tun und stellt eine Empfindung dar, die ein Psychologe an einer einzelnen Person genauer studieren kann. Die Bedeutung, von der die Interaktionisten reden, ist weder nur »draußen an den Dingen«, noch bloß »drinnen im Subjekt«. Es gehört zu den weiteren, zentralen Annahmen dieser soziologischen Denkweise, daß die Bedeutungen, die in vokalen und nichtvokalen **Gesten** zum Ausdruck kommen, der sozialen Wechsel- oder Austauschbeziehung (Interaktion) zwischen verschiedenen Subjekten entstammen.

»Die Bedeutung eines Dinges für eine Person ergibt sich aus der Art und Weise, in der andere Personen ihr gegenüber in bezug auf dieses Ding handeln.« (Blumer, S. 83)

Nicht allein dies: In den Wechsel- und Austauschbeziehungen zwischen den Personen werden schon vorgegebene Bedeutungen ständig erneuert, erweitert, verändert. Man kann gar nicht davon ausgehen – wie die Rollentheoretiker meinen – daß, wenn eine Bedeutung (der **Sinn**) einer Handlung in einer Bezugsgruppe einmal festgelegt sei, es in sozialen Beziehungen nur noch um die reine Anwendung der Bedeutung ginge und um Kontrollen, ob nicht gegen den »eigentlichen Sinn« der Handlung verstoßen werde.

Man muß im Alltag ständig ein Stück *Interpretation* der Bedeutung leisten, die die vokalen und nichtvokalen Gesten einer anderen für einen haben. So hundertprozentig ist nie ganz klar, was es bedeutet, was der oder die andere da gerade tut. Es handelt sich also bei der Verwendung von signifikanten bedeutungsvollen Gesten eher um einen ständigen Interpretationsvorgang für die Bedeutung, den gemeinten Sinn der Handlung einer anderen.

Vielleicht lohnt es sich, das nochmals anhand eines kleinen Szenarios deutlich zu machen. Dieses Szenario könnte den Titel haben: »Verkehr in einer fremden Kultur«; denn für die wechselnden Beziehungen zwischen Menschen hätten wir statt »interactio« auch das lateinische Wort »commercium« wählen können. Dieses meinte nämlich ursprünglich nicht nur den Handelsverkehr (Kommerz), sondern auch das Umgehen oder Umspringen von Menschen miteinander bei geselligem oder ungeselligem Beisammensein. Außerdem beginnt unsere Inszenierung wieder mit dem Straßen-Verkehr – diesmal in einer fremden Stadt.

Verkehr in einer fremden Kultur

Agatha ist Londonerin, Veronika eine Frankfurterin, die durch London bummeln. Wie der Zufall so spielt, steht an der Ecke, an der sich A und V gleich begegnen werden, der Mensch S. Der Zufall spielt munter weiter: S gehört zur Zunft der Soziologie und vertritt energisch die Denkweise des Interaktionismus. Daraus kann leicht eine »folie à trois« entstehen; denn die Szene spielt sich gleichzeitig auf den drei Ebenen der Abbildung 5 (Seite 35) ab: Es kommt zu einer unmittelbaren Interaktion zwischen A und V (Stufe des tatsächlichen Vorgangs in der Gesellschaft), S beobachtet, beschreibt und erklärt diese Szene mit Hilfe der Begriffe und Hypothesen jener soziologischen Denkweise des Interaktionismus (Stufe der Theorie und Forschung) – und wir Schlaumeier blicken von ganz oben auf den Zusammenhang von A, V und S herunter!

Wir sind jetzt also allesamt an der besagten Ecke in London angelangt. Ringsum braust der mörderische Autoverkehr einer Großstadt. V hat sich immer noch nicht so ganz daran gewöhnt, daß der englische Fahrstil durch eine ganz besondere **Regel** *(Muß-Erwartung) beeinflußt wird: In England gilt das Linksfahrgebot! V ist von den Normen ihrer eigenen kontinental-europäischen Kultur so geprägt, daß sie beim Überqueren des Fahrdamms immer erst nach links schaut, obwohl die angelsächsischen Blechkisten zuerst von rechts kommen!*

V schaut nach links, betritt den Fahrdamm, während von rechts auf ihrer Seite ein flinker Angelsachse heranbraust. Dieser kann gerade noch – reflexartig – das Steuer herumreißen und um V herumkurven, ohne ganz auf die Gegenfahrbahn zu geraten. Im Gegensatz zu einem coolen Engländer fährt er wild hupend davon. Gleichzeitig springt V zu Tode erschrocken zurück, stößt mit A zusammen und diese um. S notiert's mit Staunen:

Kommentar des Interaktionisten S:

Das ist ja die Relation R aus Schema 1 (S. 15) in der Reinkultur einer »Verhaltenssequenz«. D.h.: Der Ablauf des Geschehens läßt sich vom ersten Schritt des »Organismus« V[3] auf die Fahrbahn bis zum Sturz des »Organismus« A als reine Reiz-Reaktionsbeziehung ansehen:

Modell 1

Reiz		Reaktion
1. Runde: V tritt auf den Damm	→ r	– Der Autofahrer erschrickt; – Er reißt das Steuer herum; – Er umkurvt V
		↓
Reaktion		Reiz
2. Runde: V springt geistesgegenwärtig auf den Gehsteig zurück	← r	Das plötzliche Auftauchen des Autos von rechts
↓		
Reiz		Reaktion
3. Runde: V stößt mit A zusammen	→ r	A stürzt auf den Gehsteig (Gong!)

Es ist nicht so, daß diese Ereigniskette *gleich* einer Ursachen-Wirkungsfolge wäre. Kultur als ein System von Situationsdeutungen, Normen und Regeln spielt durchaus eine Rolle. Denn die gefährliche Szene wäre gar nicht zustandegekommen, hätte V nicht die Verkehrsregeln in England falsch eingeschätzt. Doch die Grundstruktur der Szene ist und bleibt die von Reizen (Verhaltensursachen) und Reaktionen (Verhaltenswirkungen), wobei alles fast nach dem Prinzip von Ursache und Wirkung abläuft. Doch ob man das Geschehen nun so verhaltenstheoretisch (behavioristisch) ansehen mag oder nicht, es wirft ein schlagendes Licht auf die Relation R aus Schema 1 (S. 15):

3 S bedient sich hier des Jargons von G.H. Mead, der Verhalten und Handeln im Ausgang von Reiz-Reaktionsbeziehungen zwischen lebenden Organismen studiert (vgl. J. Ritsert: *Anerkennung, Selbst und Gesellschaft,* in: Soziale Welt Nr. 31 (1980), Heft 1, S. 288-310).

Als Theoretiker darf ich, S, mir die Relation R, eine soziale Beziehung wie die zwischen A und V, gar nicht *statisch* denken; so als wäre gleichsam ein Band im Raum zwischen A und V ausgespannt! R ist dynamisch; R bedeutet eine zeitliche Abfolge von wechselseitigen und wechselnden Beeindruckungen (Reizen-Reaktionen) zwischen A und V. Nicht »Beziehung«, sondern »Interaktion« bzw. »Interaktionssequenz« ist der richtige Ausdruck für R! Im Modell 1 hat diese Interaktion im Kern den Charakter einer Wechselwirkung zwischen A und V!

Die Szene ändert sich; sie wird zunächst zum Tribunal. Passanten stürzen herbei und A ist ausgesprochen sauer. Sie hat sich weh getan und tut dies lautstark durch »expressives Handeln« kund. Sie äußert also ihren Unmut mit englischen Vokabeln, die für Sprachkundige eigentümlich nach Flüchen – wenn auch nicht vom Kaliber der Londoner Docks – klingen. V ist nun auf eine ganz andere Art erschrokken als zuvor. Jetzt führt nicht die Lebensgefahr zu einem Adrenalinausstoß und schneller körperlicher Reaktion, V wird vielmehr bei ihrem Gewissen gepackt. Denn in England wie auf dem Kontinent verspürt man und frau im allgemeinen Gewissensbisse, wenn sie jemand ungewollt umschmeißen.

S kann einige einschneidende Veränderungen im bisherigen Geschehen auf dem Gehsteig beobachten: Mehrere Passanten zögern mit ihren Schritten, bleiben stehen, drehen sich um... S geht sogar soweit zu behaupten, in einigen Fällen hätten sich die **Perspektiven** von Passanten geändert! Denn dem Kollegen Charon folgend, versteht S unter Perspektive ein System von Symbolen (Sprachzeichen; Sprachregeln; Sinngehalten der Sprache), mit dessen Hilfe wir Tag für Tag unsere Eindrücke von Sachverhalten und Ereignissen äußerst wählerisch (selektiv) und von Vielem absehend (abstraktiv) ordnen.[4] Perspektiven bedeuten Blickrichtungen auf eine Situation. Sie verstehen sich mithin als **Situationsdeutungen,** welche den Akteuren etwas unter Absehung von vielem Anderen und vielen anderen Merkmalen *als etwas* hervorstechen lassen. Zu den wesentlichen Bestandteilen unserer Perspektiven gehören:

a) **Vorstellungen** (beliefs) über die Art einer Situation und die Weise damit umzugehen. Wenn wir den Sturz als »Tolpatschigkeit« deuten, werden wir anders handeln als bei einer Definition der Situa-

4 J.M. Charon: *Symbolic Interactionism – an introduction, an interpretation, an integration,* London 1979, Kapitel 1.

tion als »Unfall«. Diese Vorstellungen können der gesamten Spannbreite von allgemeinsten Weltanschauungen (z.B. einer Weltreligion) über kulturspezifische Deutungsmuster (»British gentleman«), mit Bezugsgruppen geteilten Orientierungen (»Ich als Studentin«), bis hin zu Selbstbildern (»Ich als Tolpatsch vom Dienst«) reichen.

b) Zu den Perspektiven lassen sich auch die **Klassifikationsschemata** rechnen, welche wir benutzen, um die ganze Welt oder auch irgendeinen Einzelfall zu sortieren und zu strukturieren. (Vorurteile sind emotionsgeladene und oft feindselige Sortierraster für Menschengruppen.) **Werte** geben unseren Urteilen eine zustimmende oder ablehnende Richtung. Sie stellen zudem Kriterien dar, wodurch wir etwas ästhetisch als schön oder häßlich, moralisch als gut oder schlecht, erkenntnistheoretisch als wahr oder falsch beurteilen. Sie lassen sich begrifflich meist nicht sehr klar von

c) **Normen** unterscheiden. S hat sich gegen den absehbaren Widerstand anderer Kolleginnen und Kollegen dafür entschieden, Normen ganz allgemein nicht als Kriterium für Urteile, sondern als sanktionsgestützte Erwartungen an menschliches Handeln (Kap. 2) zu verstehen. »Normen« im engeren Sinn verstehen sich als Erwartungen, die Bezugsgruppen an Akteure richten.

d) Schließlich sollen noch **Ziele** und **Zwecke** (Absichten) als Bestandteile von Perspektiven erwähnt werden. Je nachdem, welchen Zweckvorstellungen jemand anhängt, wird er oder sie Gegenstände anders betrachten. Dieser schlichte Sachverhalt erinnert uns an die mögliche Rückbindung von Perspektiven an **Motivationen**. (Triebe, Neigungen, Abneigungen, Bedürfnisse.) Wegen der Schlüsselrolle, die Perspektiven in der wissenschaftlichen Perspektive (Denkweise) des *Interaktionismus* spielen, kann S durchaus behaupten, die Perspektiven einiger Passanten hätten sich geändert. Denn manche Flaneure deuten die Situation tatsächlich als harmlosen »Unfall« und halten sich an die Normen der Hilfsbereitschaft, die sie verinnerlicht haben. Sie geben ihre Absicht, einzukaufen, vorübergehend auf und greifen stattdessen A im buchstäblichen Sinn unter die Arme.

S kann also das Geschehen im Rahmen seiner Denkweise interpretieren. Wenn wir von Fragen nach der **Motivation** von Handlungen absehen, dann hat er sich folgender elementaren Figur interaktionistischen Denkens bedient: Feststellung der Perspektiven interagierender Subjekte → Perspektiven beeinflussen die Wahrnehmung von Situationen → Dadurch wird die Handlung in der Situation beeinflußt (Charon 1979, S. 7).

Inzwischen paßt das Geschehen auf dem Bürgersteig immer weniger in den Rahmen des Modells 1. A macht V (in Englisch!) einige Vorhaltungen. V, obwohl der englischen Sprache durchaus mächtig, versteht in ihrer Aufregung zunächst kein Wort. Sie stammelt (auf Deutsch!) einige Sätze der Entschuldigung. A, die aus Wales kommt, vernimmt die teutonischen Laute und antwortet auf Keltisch. Fast südländisch gestikulierend deutet sie zudem auf ihre stark verschmutzte Kleidung aus echt englischer lambswool. V ist inzwischen wieder klaren Sinnes und spricht mit dem schönsten Oxfordakzent, dessen sie fähig ist. »I am very sorry! I had to avoid a possibly fatal collision with a car!« Auch A hat inzwischen begriffen, daß sie es mit einer Ausländerin zu tun hat. Sie setzt ihre freundlichste Miene auf und macht V mit einem leichten Waliser Akzent klar, daß alles doch wohl halb so wild ist. Beide unterhalten sich noch ein wenig in englischer Sprache. Am Ende des Gesprächs haben beide ihre bisherigen Absichten und Pläne geändert: sie beschließen gemeinsam in ein Pub zu gehen. Ihr Kneipengespräch wird sich dann später als der Beginn einer festen Freundschaft erweisen.

Analyse des Interaktionsten S: Mit dem Sturz von A und V beginnt eine Szene von Ereignissen, zu deren Beschreibung und Erklärung Modell 1 nicht mehr ausreicht. Zunächst stehen oder liegen sich A und V ziemlich fremd gegenüber. Sie wissen so gut wie nichts voneinander. Dennoch haben sie einige feste Erwartungen an das Handeln der jeweiligen anderen. Sie werden nicht gleich mit Tätlichkeiten rechnen. Auch die *Erwartungs-Erwartungen* der Rollentheoretiker sind im Spiel: Sie werden unterstellen, daß die jeweils andere die Erwartung hegt, daß die interkulturelle Norm der Höflichkeit anerkannt wird. Sie werden natürlich auch Vermutungen über die vorherigen oder weiteren Absichten der Gegenüber hegen: A mag sich beispielsweise sagen: »Die wollte das gar nicht!« Sie werden zudem gemeinsam davon ausgehen, die Partnerin am Geschehen sei irgendeiner Sprache – und sei es nur der Zeichensprache mit den Händen, also des Gestikulierens – mächtig. Kurz: Bevor ihre Interaktion nach dem Sturz überhaupt richtig in Gang kommt, bringen beide schon Gemeinsamkeiten und Differenzen ihrer jeweilien *Perspektiven* in die Szene ein. A hält V z.B. am Anfang für eine Landsfrau.

Für die weitere Analyse der Struktur von Interaktionen klammern wir jedoch diesen Vorrat an gemeinsamen oder abweichenden Situationsdeutungen so weit wie möglich aus oder ein. Wir wollen also so tun, als müßten A und V ihre Beziehung ohne feste Anhaltspunkte dafür aushandeln, was sie voneinander wirklich zu halten haben. A spricht Deutsch – und V versteht kein Wort. Auch hinsichtlich der Körpersprache der anderen ist sie nur auf unsichere Vermutungen angewiesen. Sie glaubt jedenfalls dem Mienenspiel der anderen (nicht-sprachliche Geste) entnehmen zu können, daß diese keine feindlichen Absichten hegt. Die sprachlichen Gesten von V mißversteht A allerdings gründlich als walisischen Dialekt. Schon diese Szenenfolge am Anfang macht einen wichtigen Aspekt deutlich: Auf jede Geste der einen stehen der anderen verschiedene Möglichkeiten offen, eine Antwort zu geben. (Auch eine Handlung wie Wegrennen wäre eine Aktion mit Sinn und Bedeutung für die andere: »Aha! Die hat Angst!«) A ist an den Geboten (Normen) der Höflichkeit orientiert und zeigt aufgrund ihrer ganzen Haltung (Körpersprache), daß sie gutwillig ist. Ihr Walisisch ist für V allerdings völlig unverständlich. A hätte an sich allerdings auch ganz anders handeln können. Sie hätte beispielsweise das Friedensangebot ablehnen und ihre Gesten zu Drohgebärden verschärfen können.

Eine Reaktion ist stets in ein Spektrum von Alternativen eingebettet, egal, ob die Interaktionspartnerinnen daraus bewußt oder unbewußt auswählen! Das gilt (sicherlich in verschiedenen Graden, die oft etwas mit Macht oder Ohnmacht zu tun haben) für beide Seiten. V könnte nach der walisischen Ansprache beispielsweise denken: »Ich versteh' zwar nix; aber unser Handlungsproblem ist gelöst. Ich grüße nochmal und mache mich auf die Socken.« Doch V versetzt sich stattdessen in die Rolle einer Engländerin, die noch nicht richtig gemerkt hat, daß sie es mit einer Kontinentaleuropäerin zu tun hat. V beginnt, sich der englischen Sprache zu bedienen usw. usf... S betont an dieser Stelle die besondere Rolle, welche der Begriff der **Rollenübernahme** (taking the role of the other) für seine interaktionistische Denkweise spielt. Rollenübernahme taucht schon bei den berühmten *Erwartungs-Erwartungen* auf (Kap. 2). Ich hege Erwartungen darüber, was die anderen von mir erwarten. Dadurch versetze ich mich gleichsam an deren Stelle. Ich stelle mir vor, wie ich handeln würde, wenn ich die Rolle der anderen zu spielen hätte (wie würde ich mich als Engländerin gegenüber Ausländern verhalten?). Wie sagt doch der Kollege Charon so schön: Rollenübernahme besteht in der Fähigkeit, »außer sich zu geraten, und phantasievoll die Welt in den Rollen anderer zu sehen...« (Charon 1979, S. 97). Mit einem Hauch von Trauer in der Stimme gibt S allerdings Widersachern aus dem Schulgebäude des »kritischen Rationalismus« (Kap. 6) zu, daß »Rollenübernahme« allenfalls ein »deskriptiv« (zur Beschreibung) tauglicher Begriff ist. Bei Erklärungen bringt er oft nicht viel. Denn auf die Frage: »Gut! Wie aber kommt es zur Rollenübernahme?« lautet die Antwort gar mancher Interaktionisten: »Durch die Übernahme von Rollen!« Doch wenn wir uns anhand der Szene zwischen A und V die Elementarstruktur eines zweiten Interaktionsmodells klarmachen, worin »Gesten«, »Auswahlmöglichkeiten aus Alternativen« bei Reaktionen sowie »Erwartungs-Erwartungen« ein besonderes Gewicht haben, kommen wir vielleicht etwas weiter.

Modell 2

Interaktion

Aktion von A →	←	Re-Aktion von V
1. Runde:		
a: Freundliche Miene	→	a: Erwartung an »höfliches« Verhalten anderer und Erwartung,
	←	daß, Erwartung, daß die Gegenüber das von einem selbst erwarten
b: Deutsche Worte der Entschuldigung	→	b*: V versteht kein Wort Deutsch
		↓
2. Runde:		
c*: A versteht keinen Ton	←	c: V setzt eine freundliche Miene auf und spricht Walisisch
d: A hegt die Erwartung, es mit einem »native speaker« zu tun zu haben		
↓		
3. Runde:		
e: A spricht V in Englisch an	⇄	e: V versteht jedes Wort und antwortet ...
4. bis n-te Runde.		
A	⇄	V

Freundlicher Dialog

Letzte Runde (Stadium der »endgültigen Handlung« (G.H. Mead)):
Neubegründung einer dauerhaften Beziehung

Erläuterung der Zeichen

a, b, c...n bedeuten die tatsächlichen (bewußt oder unbewußt ausgewählten) Handlungstypen aus dem Spektrum, die zu *Gesten* für die Gegenüber werden

⇄ Richtung der Einflüsse oder Eindrücke

a* b* = Erwartungen, Einstellungen, Perspektiven, Reaktionsmöglichkeiten..., die nicht unterstützt werden, zu Dissens, Mißverständnissen, Frust etc. führen.

S will dieses schlichte Modell gewiß nicht überschätzen. Aber ihm lassen sich durchaus einige elementare Thesen und Grundbegriffe der Denkweise des Interaktionismus entnehmen:

Zunächst einmal beschreibt es einen Prozeß der *accomodation* (Mead)[5]. Es zeigt uns, wie Leute auf dem Boden einer unsicheren Ausgangssituation durch Interaktionen mit einem Handlungsproblem klarkommen. Doch das Modell verträgt sich auch mit dem entgegengesetzten Endergebnis: Es hätten u.U. auch der Buchstaben mit Sternchen immer mehr werden können. A hätte beispielsweise statt mit freundlicher Miene mit verschärften Drohgebärden reagieren und V darauf ihrerseits mit Zorn antworten können... Die »endgültige Handlung« wäre damit zum Konflikt geworden.

Für uns ist es jedoch wichtig, auf die Rolle von **Symbolen** bei der Interaktion zu achten. Wie der Klassiker G.H. Mead lehrt: Zum Austausch von »Gesten« kommt es schon beim Verhalten niederer Lebewesen. Wenn ein Hund die Zähne fletscht und im tiefsten Brustton einen anderen Flohtransporter anknurrt, dann ist das für den rüdesten Rüden ein Zeichen von Angriffsbereitschaft, eine Drohgebärde. Er reagiert darauf auf seine Weise im Spektrum seiner Möglichkeiten: Zum Beispiel durch eigenes Knurren oder aber mit einer Unterwerfungsgeste. »Feindselige Hunde bedienen sich einer solchen Gestensprache. Sie umkreisen einander, jaulen und schnappen, warten auf eine Möglichkeit zum Angriff. Das ist ein Prozeß, aus dem sich Sprache entwickeln kann, d.h. eine bestimmte Haltung eines Individuums, das in einem anderen Reaktion auslöst, die wiederum eine andere Einstellung und eine andere Reaktion auslöst und so immer weiter.« (Mead 1968, S. 53)

In ihrer ursprünglichen Form sind **Gesten** also Laute oder Gebärden, welche wie ein Auslöser für die Reaktion eines anderen Organismus wirken. Der arme andere Hund sieht das Fletschen der Zähne und hört das Knurren; er zieht den Schwanz ein, senkt den Blick (Unterwerfungsgesten!) und haut ab. (Fluchtreaktion) Da paßt alles

---

5 Auf den Fall der »accomodation« paßt auch Meads Phasenmodell der Handlungsentwicklung: 1. Phase: »Impuls«. Ein gestörtes Verhältnis des »Organismus« zu einer Umwelt wird ihm zum »Problem« und damit zum Handlungsanstoß. 2. Phase: »Perzeption«. Definition der Situation. 3. Phase: Manipulation. Handeln in bezug auf die Bestandteile der Situation. (Auch Probehandeln »im Kopf« als Denken oder Planen). 4. Phase: Consummation: Ein neues – ausgeglichenes – Verhältnis ist erreicht; das Problem ist bewältigt (s. z.B. J.H. Turner 1988, S. 31 ff.).

noch gut in's Modell 1. »Der Begriff Geste kann mit jenen Anfängen gesellschaftlicher Handlungen gleichgesetzt werden, die als Reize für die Reaktionen anderer Wesen dienen.« (Ebd., S. 83)

Doch im Falle des Hin und Her menschlicher Interaktionen erweitern sich elementare Gesten, deren wir uns ebenfalls weiter bedienen (Beispiel: »Gesichtsverziehen« als non-vokale Geste), zu *signifikanten* **Symbolen.** Signifikante Symbole sind »Gesten, die einen Sinn haben...« (Ebd., S. 115) Beide Begriffe: »signifikantes Symbol« und **Sinn** können wir uns mit Hilfe des Modells 2 klarmachen: In der ersten Runde wissen A und V nicht so recht, was sie voneinander zu halten haben. Es beginnt ein umständliches Hin und Her, wobei manche Erwartungen frustriert, Mißverständnisse provoziert, aber auch Einverständnisse erzielt werden (a bzw. a*). Die Endgültige Handlung E entsteht in der n-ten Runde auf dem Wege des Austauschs von Eindrücken und Einflüssen, wobei sprachliche und nicht-sprachliche Gesten das entscheidende Mittel des Austauschs darstellen. Das Ergebnis E stellt sich am Ende als »freundschaftliche Beziehung« ein und heraus. Wenn sich A und V nun das nächste mal begegnen, müssen sie nicht wieder den ganzen umständlichen Prozeß des Hin und Her durchlaufen, worin sie gelernt haben, miteinander zurechtzukommen.

Die erste Geste, die »gesetzt« wird – etwa die freundliche Miene oder ein bestimmter Tonfall des schlichten Ausrufs »Hallo!« – zeigt schon gleich sowie für alle weiteren Begegnungen (also situationsübergreifend!) die endgültige Handlung E an. Unter anderem dadurch wird eine elementare Geste des Modells 1 zu einer *signifikanten* Geste des Modells 2 und das heißt: zu einem **Symbol.** Ein Symbol erspart den Vollzug von Interaktionsprozessen vom Typ der *accomodation;* es zeigt die erwartbare endgültige Handlung E sofort an; es ist nur im Verhältnis zu Interaktionsfolgen zu erfassen, worin es entsteht und verwendet wird; es liefert jedoch einen die Ursprungs- und Einzelsituation überschreitenden (»allgemeinen«) Anhaltspunkt für E; es liefert auf diese Weise auch die Grundlagen für Handlungserwartungen, wenn wir den »Organismen« Gedächtnis nachsagen dürfen.

Man kann daran sogar erkennen, wieso Symbole eine normative (handlungsverpflichtende) Kraft aufweisen: Wenn sich ein Symbol einmal als Anhaltspunkt für E zwischen Akteuren eingespielt hat und jede – an sich immer mögliche – Abweichung von diesem Indikator beim Gegenüber Enttäuschung von Erwartungen, Frust und womöglich die Bereitschaft im Gefolge hat, mit Konfliktstrategien zu antworten, dann kann es unangenehm für A oder V werden. Die anderen reagieren mit größter Wahrscheinlichkeit ganz schön sauer.

Also: »Ein Symbol ist nichts anderes als der Reiz (= die Geste in der 1. Runde – d. Vf.), dessen Reaktion = das Endergebnis E – d. Vf.) schon im vornherein feststeht.« (Ebd., S. 224) Und was hat das alles mit **Sinn** zu tun? Die Antwort auf diese Frage steckt ebenfalls schon im Modell 2: »... die Beziehung zwischen einem gegebenen Reiz – als einer Geste – und den späteren Phasen der gesellschaftlichen Handlung, deren frühere (wenn nicht erste) Phase die Geste darstellt, ist der Bereich, in dem Sinn oder Bedeutung entsteht und existiert.« (Ebd., S. 115) So merkwürdig das auch klingen mag, dem Elementargehalt einer Interaktion entspricht zugleich die Grundbestimmung von Sinn:

»Die Geste eines Organismus, die Resultate der gesellschaftlichen Handlung, in der die Geste eine frühe Phase darstellt, und die Reaktion eines anderen Organismus auf sie, das sind die relevanten Faktoren in einer dreifachen oder dreiseitigen Beziehung zwischen Geste und erstem Organismus, Geste und zweitem Organismus sowie Gesten und anschließenden Phasen der jeweiligen gesellschaftlichen Handlung; diese dreiseitige Beziehung ist die Grundsubstanz von Sinn oder zumindest die Substanz, aus der sich Sinn entwickelt.« (Ebd., S. 115 f.)

Ein Interaktionszusammenhang besteht also im Minimum aus drei Grundbeziehungen: 1. Beziehung zwischen Organismus A und der von ihm »gesetzten« Geste; 2. Beziehung zwischen Geste und Organismus B; 3. Beziehung der Geste zum Gesamtablauf des Hin und Her bis zur endgültigen Handlung E. Sinn bedeutet signifikante Gesten und diese wiederum verstehen sich als **Symbole.** Symbole müssen allerdings zumindest die oben erwähnten Merkmale wie z.B. »Allgemeinheit« (über Einzelsituationen hinausgehende Bedeutung) aufweisen. »Sinn« besteht für S damit in »der dreiseitigen Beziehung zwischen der Geste eines Individuums, einer Reaktion auf diese Geste durch ein zweites Individuum und der Vollendung der jeweiligen gesellschaftlichen Handlung, die durch die Geste des ersten Individuums eingeleitet werde« (ebd., S. 121) – wobei die Grundmerkmale von Symbolen stets mitzudenken sind.

Wenn wir unter *Zeichen* allein die physikalische Seite von Ausdrücken, also Linien (z.B. »Buchstaben«), Töne (Laute) oder Körperbewegungen (Gebärden) verstehen, dann ist die menschliche **Sprache** ein nach Regeln (Syntax; Logik; Grammatik) geordneter Zusammenhang von Zeichen und signifikanten Gesten (Sinn), also von Symbolen, die in Interaktionen entstehen und verwendet werden. Sprachlicher Sinn liefert den Grundstoff von Perspektiven. Manche Interaktionisten setzen daher *Perspektive* gleich dem *handlungsleitenden sprachlichen Sinn* und diesen gleich der *Situationsdeutung*.

Erwartungen und Erwartungserwartungen (Kap. 2) gehören ebenfalls zu den Perspektiven. Das commercium zwischen A und V hat ja auch gezeigt: Erwartungs-Erwartungen sichern einen gleichsam davor, etwas handfest zu *tun*, was den anderen zu einer unangenehmen Reaktion bewegen könnte. Man nimmt mit den Erwartungen, die man hinsichtlich der Erwartungen hat, die ein Gegenüber uns gegenüber haben könnte, gewissermaßen vorweg, was die andere von einem tatsächlich wollen könnte (erwartet). Das geschieht – wie wir gesehen haben – wesentlich auch dadurch, daß man die Rollen der für uns **bedeutsamen Anderen** *(significant others)* übernimmt (antizipiert). Indem man ihr mögliches Tun und ihre absehbaren Erwartungen beim eigenen Handeln schon vorausplant, baut man in sich gleichsam die Rollen der bedeutsamen Anderen auf. Je fester und dauerhafter dieser Aufbau gegenseitiger Rollenerwartungen ist, desto fester sind sie mit einem als Person verhaftet. Sie stiften unser **soziales Selbst**, das G.H. Mead »Me« nennt. Man sieht auf diese Weise das eigene Sein mit den Augen all der Rollenträger, die für das eigene Handeln wichtig sind, mit den Augen der *»verallgemeinerten Anderen«* (generalized others).

Spätestens an dieser Stelle könnte Markus Schmitt wieder ins Szenario kommen und die Frage aufwerfen, was dann noch vom Selbst übriggeblieben sei. Als »soziales Selbst« ist man doch offenkundig nur die Rückspiegelung der Erwartungen all der bedeutsamen und des verallgemeinerten Anderen. Aber: »Ich bin Ich«!, ich habe eine **Identität**, das Bewußtsein einer unverwechselbaren Eigenheit im Verlauf meiner bisherigen Entwicklung und Erfahrung.

Für die Interaktionisten bin ich offensichtlich auch nur ein Bündel von Rollen, das durch die Ansprüche der anderen an mein Verhalten festgelegt wird. Ich habe ein »soziales Selbst«, aber keine Eigenheit, keine Identität. Aber *ich* kann doch erkennen, was mich beeinflußt. Ich kann sogar begreifen, welche Rollen ich in einer Gesellschaft spiele oder nicht – ich kann über mein »soziales Selbst« nicht nur reden, ich kann es unter Umständen sogar beeinflussen und gestalten. *Ich* als Subjekt (bei Mead: »I«) bin es, der die vielen Ansprüche an meine Person zusammenhält und mich nicht einfach zu einer Marionette all der bedeutsamen Leute werden läßt, die etwas von mir wollen.

Nun, antwortet der Interaktionist, es ist schon die Hauptaufgabe der Gesten, »die Anpassung zwischen den in die jeweilige gesellschaftliche Handlung eingeschalteten Individuen im Hinblick auf das Objekt oder die Objekte zu ermöglichen« (Mead, S. 85), in bezug auf die man handelt. Aber wir wissen auch etwas über die verschiedenen Tricks, in denen sich das Selbst als die Eigenheit der Person ausdrückt. Man erinnere sich nur: als Subjekt steht man dauernd vor der Aufgabe, die Erwartungen, die die anderen auf das eigene Rollenverhalten richten, aktiv zu interpretieren. Die Normen und Erwartungen bei Interaktionen sind nie so recht eindeutig. Sie sind oftmals auch sehr widersprüchlich. Die einen wollen Hü, die anderen wollen Hott. Da muß man abwägen und ausgleichen. Man muß sogar bei der Beziehung zu einem anderen an die Erwartungen von Leuten denken (an Mitglieder des »generalized Others«), die in der aktuellen Situation gar nicht anwesend sind. Hinzu kommt, daß man für sein Gegenüber selbst ein »bedeutsamer Anderer« ist und daher seine eigenen Absichten, Erwartungen, Einschätzungen verdeutlichen muß. In vielen Fällen muß man auch darauf achten, daß der Gegenüber nicht die blanke Anpassung an seine Erwartungen erwartet, sondern eine »differenzierte« Reaktion – oder sogar Widerstand. Kurz: Als Selbst, als selbständiges Subjekt vollziehen wir einen ständigen Balanceakt angesichts unklarer, widersprüchlicher, ständig im Fluß befindlicher Erwartungen anderer.

Wir können aber auch **Rollendistanz** üben. Dann zeigen wir nach außen, den anderen, daß wir bereit und in der Lage sind, Rollenverpflichtungen (in gewissen Grenzen) abzustreifen und/oder mit eigenwilligen Handlungsformen anzureichern. Rollendistanz zeigt schon der Knabe, der eigentlich zu alt ist (Erwartung an Altersrollen!), um auf einem Karussellpferd zu reiten und es trotzdem gern tut (Beispiele bei Goffman, Ergänzungstext 2).

Die Stärke des Selbst zeigt sich sogar in den kleinen, banalen Ausbruchsversuchen aus den Verpflichtungen, die einem eine Organisation auferlegt. In jeder Organisation wird vom Mitglied erwartet, daß es sich den Zwecken, Aufgaben der Organisation unterwirft. Man kann sagen, daß die in einer Organisation gehegten Verhaltenserwartungen eine Art (Ideal-) Bild vom Handelnden festlegen, ihm gleichsam ein soziales Selbst vorschreiben (ein Beamter in einer Behörde sollte xy sein und uv tun).

»Indem er an einer Aktivität in der Anstalt teilnimmt, übernimmt der einzelne die Verpflichtung, sich in diesem Augenblick für diese Aktivität zu engagieren. Durch diese Orientierung und durch diesen Aufwand an Aufmerksamkeit und Mühe paßt er seine Haltung sichtbar der Anstalt und der von dieser gehegten Vorstellung von ihm selbst an.« (Goffman, *Asyle*, S. 183)

Die Organisation hat eine Vorstellung vom (pflichtgemäß) Handelnden, an diese paßt man sich zwangsläufig an, wenn man sich auf die vorgesehenen Aktivitäten einläßt. Aber die meisten Rollenträger in einer Organisation lassen stets auch eine gewisse Reserve durchblikken, während sie gleichzeitig als Rollenträger den Verpflichtungen nachkommen. Die Musiker im Orchestergraben, von denen korrektes Aussehen, genaues, klassisches Spiel erwartet wird, spielen (sorgfältig verborgen) zwischen ihren Einsätzen Schach oder hören sich eine Fußballreportage an. Sie schweifen »häufig, obgleich physisch auf der Stelle bleibend, von ihrer Arbeit ab und beweisen damit heimlich ihre Zugehörigkeit zu einem Selbst wie zu einer Welt, die vom Publikum weit entfernt ist« (Goffman, *Asyle,* ebd.).

Primäre Anpassung bedeutet die Übernahme der Pflichten und des »sozialen Selbst«, das eine Organisation für ihre Mitglieder bereitstellt. **Sekundäre Anpassung** nennt Goffman das Verhalten, bei dem die Mitglieder der Organisation unerlaubte Mittel anwenden oder unerlaubte Ziele verfolgen. Sie stellt eine Möglichkeit dar, wie sich Subjekte den Rollen und dem sozialen Selbst entziehen, die von der Organisation für es vorgesehen sind.

Wenn wir Markus Schmitts trotziges »Ich bin Ich!« so nüchtern wie der Interaktionist S auffassen, dann behalten wir nicht nur unseren Führerschein, sondern wir können auch behaupten: Hinter unseren alltagsweltlichen Handlungen steckt gar kein so großartiges »autonomes Subjekt« oder **Selbst** wie uns dieser idealistische Pädagoge lehrt. Im Grunde geht es den Beteiligten nur um das geschickte Management guter Eindrücke auf für sie bedeutsame Andere! Wenn wir mit denen zurechtkommen wollen, müssen wir uns ständig bemühen, gute Eindrücke zu schinden und uns wohlgefällig in Szene setzen. Goffman, der der Dramaturgie des alltagsweltlichen Erscheinungsbildes einer Person in allen Einzelheiten nachgegangen ist[6], spricht denn auch von **impression management**. Im Alltag sind wir alle ausgebuffte Fassadenputzer und Experten für das Schinden guter Eindrücke!

6 S.E. Goffman: *Das Individuum im öffentlichen Austausch, Mikrostudien zur öffentlichen Ordnung*, Frankfurt/M. 1974.

Erhellung des Alltäglichen?
Erinnern wir uns an das Schema 2 aus dem ersten Kapitel:

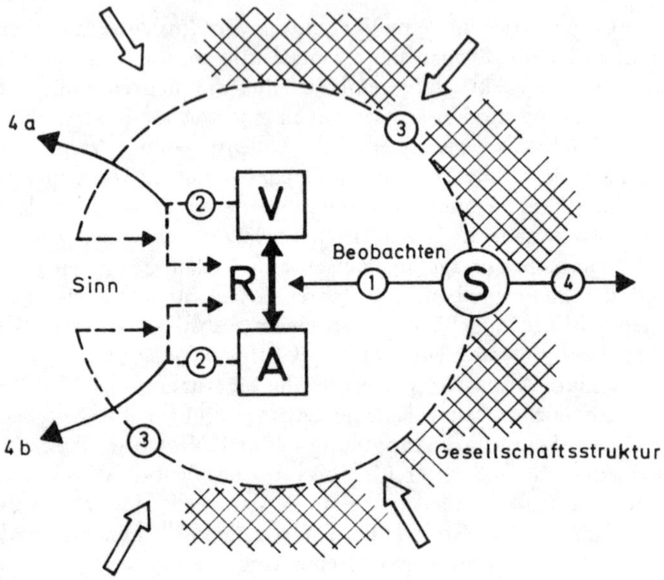

Schema 4
Soziologischer Betrachter und die Interaktion zweier Subjekte

Übertragen auf die Annahmen der Interaktionisten, lassen sich die 4 Grundlinien des Schemas (knapp zusammenfassend) folgendermaßen begreifen:
Linie ①: Der Soziologe S sieht mit seinen Augen eigentlich nur »non-verbale Gesten«. Mit seinen Ohren hört er zwar die »vokalen« Gesten, aber die zugehörigen »Bedeutungen«, die sich mit beiden Arten von Gesten verbinden, kann man nicht so »beobachten« wie man eine Farbe sieht oder einen Ton hört. Die gleiche Geste, der gleiche Laut kann für die Beteiligten an einer Interaktion ganz verschiedene Bedeutung haben. Der Soziologe muß also auch aufpassen, ob die Gesten, die er beobachtet, für V und A das gleiche bedeuten wie für ihn, denn sonst betrachtet er unter Umständen etwas, was gar nicht geschieht.

Linie ③: Der Soziologe muß die Bedeutung einer Geste verstehen können. Er versteht, daß A den V grüßen will, daß dessen Handlung einen »Gruß« darstellt. Wie bringt er dies überhaupt fertig?

S ist selbst ein Mitglied der Gesellschaft, in der sich die Interaktion R abspielt. Er selbst hat die Erwartungen und Verhaltensmuster gelernt, die man im allgemeinen in typischen Situationen hat oder bei anderen vermutet. Auf diese Weise wendet er beim »Verstehen« im Grunde nur die Regeln der Bedeutungserzeugung und Bedeutungsentschlüsselung an, denen die Akteure im Alltag selbst, wenn auch oft »automatisch« folgen. Er wendet sie allerdings planmäßig und in präzisierter Form an.

Linie ②: Wie wir gesehen haben, ist eine zentrale Annahme der Interaktionisten, daß die Akteure für sich selbst ständig Verstehensakte vollbringen müssen. Sie »setzen« bedeutungsvolle Gesten und entschlüsseln die Bedeutung der Gesten, die die anderen setzen. Rollenübernahme können die Leute im Alltag nur leisten, weil sie im Grunde (»virtuell«) den Regeln der Bedeutungsfestlegung für Handlungen (bzw. den Regeln der Bedeutungsaufschlüsselung) folgen können, denen auch ihr Gegenüber folgt.

»Verstehen« heißt, Regeln (des Setzens von signifikanten Symbolen) folgen können, denen auch andere folgen. Man »versteht« ja auch »vokale Gesten«, Sprache, weil man wie viele andere bestimmten Regeln der Verwendung von Ausdrücken und der Erzeugung von Sätzen folgen kann.

Linie ④: Im Rahmen all dieser Annahmen wird auch begreiflich, daß manche Interaktionisten sagen, der Soziologe verwende bei seinen Untersuchungen bewußt und präzisierend nur die Regeln, die man im Alltag immer schon verwendet. Aber was macht nun die Gesamtheit, die Einheit der Gesellschaft aus?

Gesellschaft ist ein Problem der »Verkettung« von Einzelinteraktionen wie R (Blumer, S. 96 ff.). Am Beispiel von A und V haben wir gesehen, wie eine begrenzte Anzahl von Subjekten ihre Handlungen aufeinander abstimmen. Dadurch entsteht »gemeinsames Handeln« der Beteiligten. Solche gemeinsamen Handlungen können zu größeren Komplexen, Mustern, verkettet sein und vom Soziologen wie ein selbständiges Gebilde untersucht werden. Das heißt: Er kann sich solche Handlungsmuster anschauen, ohne darauf zu achten, ob nun x, y oder z an diesem Handlungskomplex beteiligt sind. Man denke nur an die Institution der Heirat, über die man wie ein »soziales Ding« reden kann, ohne darauf zu achten, wer nun gerade heiratet.

Gesellschaftstheorie (Linie ④) *ist das Problem der Verkettung von gemeinsamen Handlungen zu sozialen Gebilden.* Blumer erwähnt drei Grundfragen derartiger Verkettungen:

1. »Der überwiegende Teil sozialen Handelns in einer menschlichen Gesellschaft, besonders in einer in sich gefestigten Gesellschaft, besteht in der Form sich wiederholender Muster gemeinsamen Handelns.« (Ebd., S. 97)

Hier liegt der Akzent auf der Wiederkehr, der Wiederholung von verfestigten, mit vorgefertigten Deutungen versehenen Handlungen. Was bei einer Heirat zu tun ist, das ist recht klar definiert und wiederholt sich in seiner Grundstruktur.

2. Es gibt lange Ketten von Handlungen, in denen die eine auf der anderen aufbaut. »Wir sind mit diesen großen und komplexen Netzwerken von Handlungen vertraut, die eine Verkettung und Interdependenz verschiedener Handlungen von verschiedenen Personen beinhalten – wie sie zum Beispiel in der Arbeitsteilung gegeben ist, die sich vom Getreideanbau durch den Bauern bis letztlich zum Verkauf von Brot in einem Laden erstreckt...« (ebd., S. 99)

3. »Eine dritte wichtige Anmerkung ist zu machen, daß nämlich jeder Fall gemeinsamen Handelns, gleichgültig, ob er erst neu entwickelt war oder schon lange bestand, notwendigerweise aus dem Hintergrund früherer Handlungen der Teilnehmer hervorgeht.« (ebd., S. 100)

Die Leute erfinden ihre Handlungsmuster nicht völlig neu, immer gibt es Erfahrungsbestände, auf die man auch in einer ungewohnten Situation zurückgreifen kann.[7]

Wie ändert sich die Gesellschaft?

Interaktion ist ein ständiger Vorgang der Interpretation nie völlig klarer und oft widersprüchlicher Erwartungen. In diesem Interpre-

---

7 Übersichtliche Hinweise auf Grundannahmen des Interaktionismus angesichts des Prozesses der gesamtgesellschaftlichen Strukturierung finden sich bei I.H. Turner (1988, S. 150 ff.), Turner nennt dort 6 Teilprozesse der Strukturierung: 1.) *Kategorisierung* (Fundamentale Muster der Situationsdeutung). 2.) *Regionalisierung* (Raumauffassungen, die für Interaktionen bedeutsam sind, z.B. »Enge«). 3.) *Normierung* (Orientierung des Handelns an Normen, die beim Handeln immer wieder durch Urteilskraft auf Situationen bezogen werden müssen und dadurch selten starr und klar sein können). 4.) *Ritualisierung* (Stereotypisierte Verhaltensmuster). 5.) *Routinisierung* (Gewohnheiten). 6.) *Stabilisierung des Ressourcentransfers* (z.B. durch Austauschvorgänge).

tationsprozeß durch die Beteiligten ändert sich die Bedeutung langsam aber stetig. Damit unterliegen aber auch die Verkettungen gemeinsamen Handelns einem ständigen Veränderungsprozeß.

Wie stellt sich das Handeln des Subjekts in der Gesellschaft dar?
Es kann sich den Ansprüchen und Erwartungen der anderen nie völlig entziehen. Vieles, was das Subjekt kennzeichnet, ist Ausdruck seiner Beziehung zu bedeutsamen Anderen oder des Anspruches, den die verschiedenen Organisationen, in denen man lebt, an einen stellen.

Insofern gibt es deutliche Berührungspunkte zwischen Rollentheoretikern und Interaktionisten. Aber für die Interaktionisten ist das einzelne Subjekt nicht einfach die Marionette der anderen, die durch Zuckerbrot und Peitsche, Lohn und Strafe bei der Stange gehalten wird. Jeder einzelne steht dauernd vor der Aufgabe, die unklaren und widersprüchlichen Ansprüche der anderen an das eigene Rollenverhalten nicht nur »auszubalancieren«, sondern auch aktiv zu interpretieren und zu beeinflussen. Die Handlungsstrategie des Subjekts ist auch gar nicht so sehr die der »klugen Anpassung« (vgl. o. S. 32), sondern eher die der Bewahrung eines Stücks *Identität* im Netzwerk der sozialen Beziehungen. Der Interaktionismus – so könnte einer seiner Anhänger argumentieren – macht uns nicht zuletzt die vielen kleinen, alltäglichen Tricks und Inszenierungen klar, mit deren Hilfe wir unser »Ich bin Ich« bewahren und sichern.

Man soll, so wird der Interaktionist sagen, die zahlreichen, alltäglich von uns vorgenommenen Handlungen nicht unterschätzen, mit deren Hilfe wir so etwas wie »Ausbruchsversuche«[8] und Widerstand gegen den Druck der Institutionen und Organisationen, letztlich des gesamten Netzwerkes sozialer Beziehungen zustandebringen. Aber darin erschöpft sich die *praktische Bedeutung* des Interaktionismus gewiß nicht: Theoretiker, die von einem Modell symbolisch gesteuerter Interaktionen und Kommunikationen ausgehen, beschäftigen sich häufig mit den Vorgängen, die zur Bedrohung und Zerstörung der Identität eines Individuums führen.

So wurde beispielsweise die Vermutung geäußert, daß eine Geisteskrankheit wie die Schizophrenie durch eine Art »Beziehungsfalle« bei Interaktionen und Kom-

8 Siehe dazu das interessante Buch von Stanley Cohen/Laurie Taylor: *Ausbruchsversuche – Identität und Widerstand in der modernen Lebenswelt,* Frankfurt/M. 1977.

munikationen in bestimmten Familien zustandekommt.[9] Ein Kind macht mit einem Mitglied oder mehreren Mitgliedern seiner Familie ständig die folgende Erfahrung: Es wird ihm, wenn es eine bestimmte Handlung unternimmt, eine scharfe Strafe angedroht: »Wenn Du nicht ordentlich bist, bekommst Du Prügel!« Gleichzeitig zeigen die Bezugspersonen (Vater, Mutter, auch Geschwister) durch *Gesten* – z.B. Körperhaltung, Bewegungen, stimmlichen Ausdruck etc. – an, daß die Strafe keine Strafe sein soll (»Denk gar nicht an das, was Du nicht darfst«). Einerseits wird das Kind bestraft, andererseits erhält es gleichzeitig (latent) Liebesbeweise. Das Kind weiß, weil dies dauernd hin- und hergeht, überhaupt nicht mehr, woran es ist. Oder eine vom Streß geplagte Mutter gibt dem Kind dauernd sprachliche Liebesbeweise und zeigt ihm gleichzeitig an, wie lästig es ihr ist. Das kann, so lautet die Vermutung, Schizophrenie fördern. Zur Therapie muß also die ganze Familie herangezogen werden.

Insgesamt läßt sich ein Einfluß interaktionistischer Annahmen bei einer Reihe von Verfahren zur Therapie von Persönlichkeitsstörungen, Identitätskrisen nachweisen. Auch zahllose Programme zur *Gruppendynamik,* also für therapeutische Versuche, in denen psychische Probleme durch Arbeit in und mit einer Gruppe bewältigt werden sollen, sind von Thesen über »symbolisch vermittelte Interaktion« abhängig.

Die Interaktionisten können auch recht kritische Überlegungen und Verfahrensweisen zu Problemen *abweichenden Verhaltens,* z.B. Kriminalität, Drogenabhängigkeit etc., vortragen. Manche von ihnen vertreten die Auffassung, Kriminalität sei eher ein Problem der Art und Weise, wie gesellschaftliche Organisationen (z.B. die Justiz) bestimmte Handlungen *definieren.* »Kriminell« ist nach dieser Auffassung, der sogenannten *Labeling-Theorie* (von engl. label = Etikett), eine Handlung nicht »an sich«, sie wird als kriminell *etikettiert,* wenn sie von den Normen und Regeln der bestehenden Institutionen abweicht.

Da der symbolische Interaktionismus sich sehr stark auf die Interaktion und Kommunikation einzelner Personen in Gruppen stützt, im Grunde eine Erweiterung der Rollentheorie darstellt, versteht es sich wohl von selbst, daß er auch in der *Pädagogik* seine Bedeutung hat (vgl. Brumlik, *Der symbolische Interaktionismus und seine pädagogische Bedeutung,* Frankfurt 1973).

---

9 Eine umfangreiche Dokumentation dieser Überlegungen findet sich bei Bateson/Jackson und anderen: *Schizophrenie und Familie,* Frankfurt/M. 1969.

Anhang zu Kapitel 3

I. Bezugstexte

1. Herbert Blumer: *Der methodologische Standort des symbolischen Interaktionismus,* Teil I, Seite 80-101, in: Arbeitsgruppe Bielefelder Soziologen: Alltagswissen, Interaktion und gesellschaftliche Wirklichkeit, Bd. 1, Reinbek 1973
2. Erving Goffman: *Asyle. Über die soziale Situation psychiatrischer Patienten und anderer Insassen,* Textauszug Seite 171-201, Frankfurt 1973

II. Ergänzungstexte

1. Erving Goffman: *Wir alle spielen Theater. Die Selbstdarstellung im Alltag,* München 1969
2. J.M. Charon: *Symbolic Interactionism. – An introduction, an interpretation, an integration,* Englewood Cliffs 1979
3. K.J. Tillman: *Sozialisationstheorien. Eine Einführung in den Zusammenhang von Gesellschaft, Institution und Subjektwerden,* Reinbek 1989, S. 129-152.

III. Klassiker

George Herbert Mead: *Geist, Identität und Gesellschaft,* Frankfurt 1968

IV. Übersichtsbände

J.H. Turner: *A Theory of Social Interaction,* London 1988

V. Stichworte

Anpassung, primäre: Ausdruck von Erving Goffman für die Bereitschaft eines Subjektes, die in einer Organisation verlangten Pflichten zu erfüllen.

Anpassung, sekundäre: Ausdruck von Erving Goffman für ein Verhalten, bei dem das Mitglied der Organisation unzulässige Mittel einsetzt und Zwecke verfolgt, um Erwartungen der Organisation zu umgehen.

Bedeutsamer Anderer: Der Rollenträger, an dem ein Handelnder sein Tun und seine Erwartungen ausrichtet. Als »verallgemeinerter Anderer« gleichsam die Abstraktion der Anforderungen aller bedeutsamen Anderen.

Bedeutung: Das, worauf Symbole verweisen, was sie anzeigen sollen.

Geste: Sprachliche oder nichtsprachliche Äußerung eines Subjekts, die anzeigt, was die Person, an die sie gerichtet ist, tun soll; was die Person, die die Geste setzt, tun will; was die angestrebte gemeinsame Handlung ist. Auf diese Weise zeigt sich die → Bedeutung einer Handlung.

Identität: Eigenheit und Einheit eines Subjekts in der Mannigfaltigkeit seiner gegenwärtigen und vergangenen Erlebnisse und Erfahrungen, angesichts der Verschiedenheit und Widersprüchlichkeit von Rollenerwartungen.

Impressionsmanagement: Ausdruck von Erving Goffman für die Versuche eines Subjekts, bei anderen Eindruck zu schinden, Dramaturgie des Aufrechterhaltens eines Selbstbildes in der Interaktion mit → bedeutsamen Anderen.

Klassifikationsschemata: Sortierraster für Personen, Situationen und Interaktionen

Normen: Erwartungen an eine Person wie sie handeln *soll*.

Perspektive: → Situationsdeutung. Selektive und abstrahierende Betrachtung von etwas *als* etwas.

Rollendistanz: Die Fähigkeit eines Rollenspielers, ein Stück Abstand von der Übernahme von Rollenerwartungen anderer anzuzeigen.

Rollenübernahme (Role-Taking): Die Fähigkeit, oft auch Notwendigkeit, die Erwartungen zu antizipieren, die ein anderer hinsichtlich des eigenen Rollenspiels hegt.

Selbst: Die Fähigkeit des Selbstbewußtseins und selbstbestimmter Handlungen.

Sinn: Nach Mead die Beziehung zwischen einer → Geste, dem Ablauf einer Interaktion mit mindestens einem Gegenüber und dem endgültigen Ergebnis der Interaktionen, das erinnert wird.

Situationsdeutung: Auffassung, die die an einer Interaktion Beteiligten an dieser Interaktion haben.

Sprache: Nach Regeln geordneter Zusammenhang von Zeichen und signifikanten Gesten (→ Sinn), also von → Symbolen, die in Interaktionen entstehen und verwendet werden.

Symbol: Gesten, die das Ergebnis einer Interaktion anzeigen, ohne daß der Prozeß der Interaktion wieder durchlaufen werden muß. Symbole sind situationsüberschreitende non-verbale und/oder verbale Gesten und Anhaltspunkte mit normativer Kraft.

Werte: Kriterien der Beurteilung von Sachverhalten nach »schön-häßlich«, »sittlich-unsittlich« bzw. »wahr oder falsch«. Werte sind Dimensionen von Urteilen.

Ziel/Zweck: Ziel: Durch eine Person angestrebter späterer Zustand und/oder Ereignisse. Zweck: Absichten (Ziele), die von einer Person mit Mitteln verfolgt werden.

Kapitel 4
Die eigenen Stammesgenossen als Wilde

Ein Happening in der Kneipe[1]

Eine junge Frau A betritt ein Speiselokal.[2] Ein älterer Herr V, ein Gast, ist gerade auf dem Weg zu seinem Tisch. Die Frau A spricht ihn, den Gast V, an:

Frau A: *Ich hätte gerne einen Tisch an der Westseite, einen ruhigen Platz, wenn es möglich ist. Und wie sieht die Speisekarte aus?«*

Der Gast V schaut sich verstört um und peilt den Ausgang des Lokals an.

Gast V: *»Äh, äh, gnädige Frau, sicherlich.«*

Frau A: *»Sicherlich gibt es noch etwas zu essen. Was empfehlen Sie mir heute?«*

Ein Kollege und guter Bekannter des völlig verwirrten älteren Herrn, ein gewisser S betritt das Speiselokal, und auch er stürzt auf den verdatterten V zu und ruft:

S: *»Sind Sie doch so nett und führen sie mich an einen Tisch.«*

V, der Gast, zeigt nun alle Anzeichen völliger Verwirrung. Er errötet und fängt an zu stottern: »Aber... sie... ich... o je.«

S: *»Es kostet Sie nur einen Augenblick, mich an einen Tisch zu führen und meine Bestellung aufzunehmen.«*

V stutzt, geht steif zum nächsten leeren Tisch, hält einen Stuhl bereit, damit S sich setzen kann, verbeugt sich leicht und murmelt: »Ganz zu ihren Diensten«, eilt zur Tür, hält an, dreht sich um und sieht mit verwirrtem Blick auf die Szene zurück.

---

1 Hier handelt es sich um ein für unsere Zwecke umfrisiertes Beispiel von Harold Garfinkel. Es ist abgedruckt in: Weingarten/Sack/Schenkein: *Ethnomethodologie. Beiträge zu einer Soziologie des Alltagshandelns,* Frankfurt/M. 1976, S. 51/52.

2 Sie tut das im Auftrag des Soziologen S, der ein Experiment machen möchte!

Dem Interaktionisten S (Kap. 3) werden wir sicherlich abkaufen, daß es sinnvoll sein kann, ganz alltägliche Szenen mit aller Sorgfalt zu untersuchen. Doch diese Interaktion zwischen A, V und S in der Kneipe hat eher etwas von einem Happening an sich – und das, wo wir uns soviel Mühe geben, die Soziologen ernsthaft als ernsthafte Leute zu beschreiben! Man mag's vielleicht nicht glauben, aber das Happening beschreibt die Arbeitsweise einer Gruppe von Sozialforschern mit ganz seriösem Outfit. Das Happening stellt tatsächlich eine empirische Studie, eine planmäßige Untersuchung dar, die von einer Gruppe von Ethnomethodologen durchgeführt wird.

Hätte der A seinen Freund V für ein »ethnomethodologisches Experiment« mißbrauchen wollen, hätte er auf dessen Frage: »Wie geht's?« antworten können: »Wie geht's mit was? Meiner Gesundheit, meinen Geldangelegenheiten, meinen Aufgaben für die Hochschule, meinem Seelenfrieden, meinem...« Niemand wird darüber verwundert sein, daß V angesichts einer derartigen Antwort rot im Gesicht wird, die Kontrolle verliert und schreit: »Hör zu! Ich unternahm gerade den Versuch, höflich zu sein. Offengestanden kümmert es mich einen Dreck, wie es mit dir steht.« (vgl. Garfinkel [Fußn. 1], S. 207) Was ist hier geschehen?

In unserem Alltagsleben ist es oft so, daß man Beziehungen zu anderen ohne große Überlegungen eingeht. Man braucht nicht lange darüber nachzudenken, wie man mit einem Kellner in einem Lokal zu einer »gemeinsamen Definition der Situation« kommen kann. Der »interpretative Prozeß«, von dem die Interaktionisten reden, läuft mittels äußerst knapper Gesten ab. Man kommt rein, setzt sich an einen Speisetisch und rechnet damit, daß ein beliebiger Inhaber der Berufsposition »Kellner« möglichst bald mit der Speisekarte auftauchen wird. Die Bedeutung des Tuns sowohl des Kellners als auch des Gastes ist weitgehend unproblematisch, selbstverständlich – es sei denn, der Herr Ober hätte beispielsweise den Daumen in der Suppe.

Es gibt also in der Alltagswelt Deutungen der Situation, die von allen Anwesenden annähernd auf die gleiche Weise vorgenommen werden und die wie automatisch wirksam sind. Auch die Organisation »Restaurant« legt wie selbstverständlich gewisse Erwartungen hinsichtlich der Merkmale und des Verhaltens der Beteiligten fest. Es wird erwartet, daß Leute kommen, die Hunger und/oder Durst haben und bereit sind, sich vom Personal bedienen zu lassen. Indem jemand an den einschlägigen Handlungen einer Organisation teilnimmt, übernimmt er auch die Verpflichtung, sich in diesem Augenblick für diese Handlung zu engagieren.

Der Soziologe Harold Garfinkel hat sich Gedanken darüber gemacht, wie man derartige Selbstverständlichkeiten im Umgang miteinander aufknacken kann. Wie erfährt man genaueres über sie? Wie kommt man an sie heran? Um derartige Fragen zu beantworten, veranstaltete er seine berühmt-berüchtigten **Krisenexperimente.** Das Happening schildert ein solches Experiment: A behandelt den *Gast V* im Auftrag des Soziologen S wie einen Kellner. Für V bricht im wahrsten Sinn des Wortes eine Welt zusammen. Schlagartig wird sein ganzes System eingespielter Erwartungen an die »Dinge« in seiner besonderen Situation infragegestellt. Nichts stimmt mehr! Man behandelt ihn im Restaurant plötzlich ganz anders »als es üblich ist«. Er ist doch Gast und eine Verrückte fragt ihn nach einem Tisch an der Westseite! Die Erwartungen und sein Bild von der Situation brechen zusammen und damit seine Fähigkeit, zu handeln, zu interagieren. Er entflieht dem schauerlichen Spiel.

Für die Ethnomethodologen zeigt sich in solchen Krisenexperimenten wie sehr das, was man für seine stabile soziale Umwelt hält, von eingespielten, gemeinsam anerkannten, wie selbstverständlich wirksamen Situationsdeutungen und Erwartungen abhängig ist. Es zeigt sich aber auch, wie zerbrechlich diese so fest erscheinende soziale Welt, unsere gemeinsame Kultur, für den einzelnen ist. Eine radikale Umdeutung der eingespielten Bedeutungen, der verbindlichen Symbolik und schon kommt es zur Krise und Aggression. Der Wunsch nach gutem Eindruck wird durch das angriffslustige Wort ersetzt: »Offengestanden kümmert es mich einen Dreck, wie es mit dir steht«. Kurz: Der Ethnomethodologe behandelt seine eigenen Stammesgenossen (ethnos) so methodisch-systematisch wie der beobachtende Ethnologe die Wilden. Gereizt durch solche Eingriffe, so glauben einige Ethnomethodologen, kann man plötzlich die Möglichkeiten der sozialen Umwelt mit ganz anderen Augen sehen, verschüttete Bedeutungen ergreifen, wirkliche Neueinschätzungen vornehmen.

Wir brauchen diese Höhenflüge nur mitzumachen, dann landen wir bei einem soziologischen Denkstil, welcher die »soziale Realität« als Produkt unserer ständigen Akte der Sinngebung, der Situationsdefinition, der Interpretation des Handelns anderer oder als Resultat alltagsweltlicher Sprechhandlungen erscheinen läßt. Skeptiker bezeichnen ihn mitunter als »definitionssoziologisch« – weil die gesellschaftliche Wirklichkeit allein als Ergebnis von Definitionspraxen der Alltagsakteure erscheint. Anhänger sprechen stattdessen auch von »konstruktivistischen« Denkweisen.[3]

Die soziale Konstruktion der Wirklichkeit

In unserer Gesellschaft können wir einiges erleben. Manchmal müssen wir uns auch einiges ausdrücklich durch den Kopf gehen lassen. Dann wird unser persönlicher Erlebnisstrom zu einem Bewußtseinsstrom. Gewiß: Manchmal würde uns das, was wir Tag für Tag so tun, nur richtig klar, wenn wir unser Unbewußtes durchstöberten oder von Experten auf Möbelstücken wie einer Couch entrümpeln ließen. Einer der Kirchenväter des Interaktionismus (Kap. 3) *und* der Ethnomethodologie, Alfred Schütz, verankert seine Denkweise tatsächlich im Erlebnis- und/oder Bewußtseinsstrom der je einzelnen Personen.[4] Er will soziologische Probleme und Sachverhalte bis zu den fundamentalen »Tatsachen des Bewußtseinslebens zurückverfolgen« (Schütz 1974, S. 9).

Es versteht sich, daß bei dieser Ausgangslage auch ein etwas anderer Sinnbegriff herausscheint als bei den interaktionistischen Modellen: Der Strom unserer Erlebnisse fließt schlicht und einfach dahin, ohne daß wir groß darüber nachdenken. In dem Maße jedoch, wie der Träger des Erlebens, Ego, Einzelheiten in diesem Strom mit Aufmerksamkeit bedenkt, bewußt heraushebt und auf eine gewisse Weise fest-stellt, wird daraus **Sinn.**[5] Wir erleben halt nun einmal

3 Der Begriff »Konstruktivismus« kann allerdings sehr leicht in die Irre führen: Es gibt den sog. »Erlanger Konstruktivismus«, der logische, mathematische und physikalische Operationen und Operatoren aus Elementarformen von Dialogen zwischen »Proponenten und Opponenten« ableiten will. Es gibt den »radikalen Konstruktivismus« als Ansatz zur Untersuchung von Hirn- und Bewußtseinsprozessen. Es gibt den »Konstruktivismus« in der Kunst. Es gibt den »Konstruktivismus« sogar als Schimpfwort *von* Ethnomethodologen, wenn sie sich mit dem Theorie- und Methodenverständnis der »objektiven« Sozialforschung auseinandersetzen.

4 Inzwischen hat er sich mit diesem Ansatz den als tödlich empfundenen Vorwurf eingehandelt, er verführe »egologisch«, nämlich immer im Ausgang von den Bewußtseinsvorgängen des einzelnen Subjekts (Ego).

5 »Sinn ist... die Bezeichnung einer bestimmten Blickrichtung auf ein eigenes Erlebnis, welches wir, im Dauerablauf schlicht dahinlebend, als wohlumgrenz-

mehr als uns in gezielter Aufmerksamkeit jeweils bewußt ist. Was aber schwimmt da alles im Strom unseres Erlebens? Ganz gewiß die Bestandteile dessen, was *Perspektive* oder *Situationsdeutung* genannt wird. Schütz sagt stattdessen zwar **Wissen** oder Wissensvorrat, der uns zugängig ist (stock of knowledge at hand), versteht darunter jedoch auch nicht bloß Kenntnisse, Fähig- und Fertigkeiten. Zum Beispiel *Relevanzstrukturen* (wie Werte oder Normen) gehören ebenfalls dazu.

Kein einzelnes Ego verfügt natürlich über all die Wissensvorräte, welche die Menschheit im Verlauf ihrer Geschichte angehäuft und von Generation zu Generation weitergereicht hat. Außerdem besteht dieser Vorrat gewiß nicht aus einer einheitlichen Perspektive, sondern er baut sich aus einer bunten Mannigfaltigkeit von Situationsdeutungen auf. Da gibt es beispielsweise bewußter und gezielter organisierte Sinnsysteme wie die der *Wissenschaft,* die ja ihrerseits in mannigfaltige Disziplinen und Schulen zerfällt; das Sinnsystem des Theaters usw. Es gibt aber auch die Erlebniswelt im Alltag mit ihren vielen unbedachten Haltungen, Einstellungen, Routinen, Rezepten... Suchen wir gleichwohl nach einem einheitlichen Begriff für das Gegen- und Zusammenspiel, für die Entstehung, den Bestand, die Veränderung dieser vielfältigen Erlebnis- bzw. Sinnbereiche, dann bietet sich der Begriff der *Lebenswelt* an, den der Philosoph E. Husserl in die Welt gesetzt hat (Vgl. Eickelpasch/Lehmann 1983, S. 49-51). Die Erlebnis-Sinn-Vorräte der Menschengattung bilden in Gestalt der **Lebenswelt** einen Unter- und Hintergrund, dessen Bestandteile wir niemals vollständig »thematisieren« (bewußt machen) können, in dem jedoch jeder besondere Erlebnisstrom und ein jedes spezifische Sinnsystem »verwurzelt« ist – auch die Wissenschaft.[6]

Manchmal zeichnet Schütz auch unter den vielen Erlebnis- und Sinnsystemen in der Lebenswelt die Alltagswelt als tragenden Hin-

---

tes nur in einem reflexiven Akt aus allen anderen Erlebnissen herausheben können. Sinn bezeichnet also eine besondere Attitüde des Ich zum Ablauf seiner Dauer.« (Schütz 1974, S. 54)

6 Nach Husserl müssen wir einsehen, daß auch »Wissenschaft eine menschliche Geistesleistung ist, welche historisch und auch für jeden Lernenden den Ausgang von der als seiend allgemeinsam vorgegebenen, der anschaulichen Lebensumwelt voraussetzt, welche aber auch fortwährend in ihrer Übung und Fortführung diese Umwelt in ihrer Jeweiligkeit des Sichgebens für den Wissenschaftler voraussetzt« (Husserl 1976, S. 123).

ter- und Untergrund aus. Ob Lebens- oder Alltagswelt, es ist die Frage: Lassen sich innerhalb dieser Welten Bestandteile erkennen, ohne die sie nirgendwo und zu keiner Zeit aufgebaut, aufrechterhalten und weitergegeben werden könnten? Das wären dann *Strukturen* oder unvermeidliche Aufbauprinzipien der Lebenswelt.[7] Schütz betrachtet die Funktionsweise der strukturellen oder historisch verschiedenartigen Elemente der Lebens- und/oder Alltagswelt im Ausgang vom »Wissensvorrat« des einzelnen (alltagsweltlichen) Subjekts. Dieser Vorrat besteht für ihn im Kern aus eingespielten Situationsdeutungen, Routinen und Rezepten, die wir weitgehend unhinterfragt in Anspruch nehmen. Schütz spricht in diesem Zusammenhang auch von unserer »natürlichen Einstellung« – das meint einen Resonanzboden von Sinn, den wir wie selbstverständlich annehmen und der uns (wenn auch nicht immer!) hält und trägt.

Wenn vom Wissensbestand des Ego ausgegangen wird, fragt es sich nicht bloß, wie Ego herausfinden kann, was in anderer Leute Kopf vorgeht (Problem des fremdpsychischen Verstehens[8]), sondern ganz grundsätzlich: Wie schafft es Ego überhaupt, halbwegs dauerhafte Beziehungen zum ständigen Nicht-Ich (zur Dingwelt) und zum anderen Ich (alter ego) herzustellen, aufrechtzuerhalten und abzubrechen?

Eine unter den verschiedenen Antworten von Schütz auf diese gute Frage lautet: durch Idealisierungen und **Typisierungen.** Fragen wir uns nicht ständig: Was ist denn das für ein merkwürdiger Typ? Je weniger wir in der Lage sind, uns in vielfältigen Interaktionsfolgen ein wirklich konkretes Bild vom jeweiligen Gegenüber zu machen, desto nachhaltiger und bedenkenloser greifen wir auf Erwartungen über *typische* Reaktionsmöglichkeiten, Motive, Einstellungen, Ansichten beim alter Ego zurück. Am Ende kommt uns die Aktion der Gegenüber nur wie ein zufälliges Exemplar eines allgemeinen Typus von Handlungen vor. Solche Typisierungen müssen sich aneinander

---

7 Husserl spricht auch von einem »lebensweltlichen Apriori« bzw. von einem »universalen (!) rein lebensweltlichen Apriori« sowie von den »Strukturen der Lebenswelt« (1976, S. 143).

8 *»Jede Erfahrung von Fremdseelischem«* ist nach der Grundthese von Schütz' Verstehenstheorie *»auf der Erfahrung meiner je eigenen Erlebnisse von diesem Alter ego fundiert.«* (Schütz 1974; 147) Dabei spielt nach Schütz für uns im Alltag die »Generalthese des alter ego« eine entscheidende Rolle. Sie besteht in der Grundannahme, daß der Erlebnis- und Bewußtseinsstrom eines anderen strukturell nicht grundsätzlich vom eigenen unterschieden ist (ebd., S. 157 ff.).

abschleifen, sollen wir nicht bitterböse Überraschungen erleben. Andererseits werden dem einzelnen Subjekt in seiner Lebenswelt mehr oder minder eingespielte Typisierungen durch kulturelle Überlieferungen an die Hand gegeben, mit deren Hilfe es an der Konstruktion von Intersubjektivität, am Aufbau einer gemeinsamen sozialen Welt mit einigen Aussichten auf Erfolg Anteil nehmen kann.

Harold Garfinkel, der Namensgeber für die Ethnomethodologie, schließt in vielen Punkten an A. Schütz an – nicht jedoch an der Verankerung der soziologischen Denkweise im Erlebnis- und Bewußtseinsstrom von Freund Ego![9] Den entscheidenden Bezugspunkt der Überlegungen bilden stattdessen sprachlich-deutende Handlungen. Der Schlüsselbegriff, woran sich dieser Zusammenhang von Sprechen, Handeln und Aufbau (Konstruktion) einer gemeinsamen sozialen Welt festmacht, heißt **accounting.** Er ist schwer zu übersetzen – am besten vielleicht mit *darstellen* oder *Darstellung.* Dabei müssen wir allerdings eine entscheidende Doppelbedeutung fest im Auge behalten: »Darstellen« heißt einmal »praktisch in Szene setzen«, zum anderen auch »(sprachlich symbolisch) präsentieren für andere«. Wir könnten uns A und V jetzt also als Laiendarsteller auf der Sprechbühne des Alltags vorstellen. Auf ihre Aufführungen beziehen sich in der Tat die ethnomethodologischen Untersuchungen. Sie sollen uns nämlich die »Alltagsaktivitäten als Methoden der Gesellschaftsmitglieder« klarmachen, »mit deren Hilfe sie eben diese Aktivitäten sichtbar, vernünftig und mitteilbar für alle praktischen Zwecke, d.h. als Organisationsformen von üblichen Alltagsaktivitäten nachvollziehbar (accountable – d. Vf.) machen« (Garfinkel 1967, S. 7).

Alltagshandlungen sind Darstellungspraktiken (accounting practices). Wir bedienen uns in den Situationen oder Lebensumständen (»settings«) des Alltags einer Fülle von Verfahren (»methods«), mit deren Hilfe wir die Alltagswelt bzw. spezifische Situationen immer wieder von neuem, aber auch neu hervorbringen. Wir setzen die alltäglichen Begebenheiten durch Prozesse der Interaktion in Szene. Doch im gleichen Zuge stellen wir sie auch für andere dar. Wir bringen sie den anderen durch die Inszenierung zur Kenntnis und stoßen sie damit zu ihrer Anteilnahme an der Aufführung an. Das Skript für die Bühnenauftritte ist in den seltensten Fällen genau festgelegt.

9 Im Anschluß an Husserl wird die Schützsche Denkweise als die der »Phänomenologie« bezeichnet.

Denn die Inszenierungen bedeuten immer auch eine Veränderung des Skripts, das ihnen in loser Form zugrunde liegt.

Ergebnis dieses Vorgangs, den wir gleichzeitig als einen Prozeß der Verwendung, Veränderung und Mitteilung von »Sinn« verstehen können, sind »soziale Welten«, Sinnbezirke in der Lebenswelt, »die wie die Alltagswelt oder die Lebenswelt verstanden werden, nämlich nicht als kulturell (starr und fest – d. Vf.) definierte Orte, sondern als Versuche, Sinn herzustellen« und anderen zu präsentieren (vgl. Weingarten u.a. 1976, S. 327). Wir können dem Begriff des **accounting** (der Darstellung) mithin eine dreifache Bedeutung entnehmen:

1. Die alltagsweltlichen Verfahren stellen die Sinnbereiche der Alltagswelt dar, sie *sind* sie!
2. Sie stellen die Lebensformen in alltagsweltlichen Äußerungen für andere dar; *sie machen sie erfahrbar.*
3. Die Verfahren machen die Lebensumstände als »sinnvoll«, d.h.: als üblich, nachvollziehbar, wiederholbar erfahrbar. Sie lassen sie als ganz normal, wenn nicht »vernünftig« erscheinen.

Ethnomethodologie ist die Wissenschaft von den Darstellungsmethoden beim »sinnhaften Aufbau« der Alltagswelt.

Indexikalität und Reflexivität – Wir meinen mehr, als wir sagen

A bewohnt eine Villa auf der Anhöhe. V ist seine Nachbarin. An einem schönen klaren Morgen lehnen sie beide am Grenzzaun ihrer Grundstücke und blicken eine abschüssige Straße hinunter. A sagt gedämpften Tones: »Es geht bergab!« V überblickt die gesamte Situation und versteht diese Ansprache auf Anhieb. Sie antwortet kurz und schmerzlos: »Ja«!

Wir Leserinnen und Leser haben bestimmt mehr Schwierigkeiten mit dieser platt und lakonisch klingenden Konversation. Uns kann also nur eine genauere **Konversationsanalyse** dieses Dialogs weiterhelfen.[10] Wieso hat Frau V den Nachbarn A verstanden, obwohl der

10 Zur Rolle von Konversationsanalysen in der Ethnomethodologie s. W. Sharrock/B. Anderson: *The Ethnomethodologists*, Chichester/London/New York 1986, S. 60 ff.

Analytiker S mit dem Inhalt der Aussage: »Es geht bergab!« ziemlich wenig anzufangen wußte? Gewiß – auch wir »verstehen« diesen Satz. So können wir etwa folgenden Aussagensinn (semantischen Gehalt) dahinter vermuten: A und V unterhielten sich nach der Lektüre der Morgenzeitung über die derzeitige Konjunktur – oder? Warum haben A und V keine so großen Probleme mit dem »oder« wie wir? Nun, sie verfügen vor allem über ein ansatzweise gemeinsames Wissen über die gesamte Situation, worin der ungemein sinnträchtige Satz von A geäußert wurde. Vielleicht haben sie am Tag zuvor über den Gesundheitszustand eines anderen Nachbarn geredet und setzen nun ihre Konversation mit aller Selbstverständlichkeit fort? Dann sagt (meint) der Satz von A für V mehr als A unmittelbar ausspricht! Sie bezieht das Gespräch vom Vortag über den Gesundheitszustand des Nachbarn in die gegenwärtige Situation ein. Und A geht zweifellos mit aller Selbstverständlichkeit davon aus, daß V stillschweigend den Zusammenhang »mitdenkt«, worin die Ursprungsäußerung eingebettet ist. Umgekehrt: Nur dadurch, daß sie das tatsächlich tut, kann Frau V mit einem lakonischen Laut der Bestätigung, mit: »Ja!« antworten, ohne daß A deshalb verblüfft ist. Es könnte aber genausogut sein, daß im Augenblick ein Kind die Straße hinunterläuft und Herr A das überflüssigerweise feststellt. Dann könnte der Tonfall, in dem das »Ja!« geäußert wird, auch andeuten, daß Frau V dies für eine ausgesprochen überflüssige Bemerkung hält. Für sie hat sich dann das von Garfinkel erwähnte Aufzeigen von Normalität zur überflüssigen Erwähnung einer Trivialität verkehrt.

Für uns ist es nur möglich, dahinter zu kommen, welcher Sinn in der Konversation her- und dargestellt wurde, wenn wir etwas über den ganzen Hintergrund, den sog. »pragmatischen Kontext« der Konversation herausfinden. Zur Kennzeichnung dieses Phänomens, daß alltagssprachliche Sätze viel mehr meinen als sie sagen, daß wir immer den Gesamtzusammenhang bedenken müssen, worin sie geäußert werden, wählen Ethnomethodologen den Begriff der **Indexikalität.** Wir müssen im Alltag ständig Bestandteile der gesamten Gesprächssituation mitbedenken, um den Sinngehalt, die »Gegenstände«, die Stichhaltigkeit der Sätze sowie die Absichten der Gesprächspartner halbwegs zuverlässig buchstabieren zu können. Wer den Kontext nicht kennt, kann mit diesen indexikalischen Äußerungen viel weniger anfangen. Ist es da nicht einsichtig, von einer ständigen »Konstruktion der sozialen Wirklichkeit« durch die sprachbegabten Mitspieler zu sprechen? Sie müssen die Situationsdefinitionen oder Perspektiven in der Interaktion mit bedeutsamen Anderen immer wieder neu aushandeln, weil stets die Eigenheiten der jeweiligen Situation (des Kontextes) eine große Rolle spielen, wenn es darum geht, mit Anderen durch Sprechhandlungen zu einer Beziehung zu kommen – selbst wenn es am Ende eine Beziehungskiste sein sollte!? Gewiß. Wir sind nicht gezwungen, unbelastet von allen Vorvermutungen in Konversationen einzusteigen. Wir können auf unseren Wissensvorrat (stock of knowledge at hand), dabei nicht zuletzt auf **Typisierungen** zurückgreifen. Denn ohne die Fähigkeit, gleichzeitig von Einzelheiten (Indices) der Situation abzusehen, brächten wir es auf der anderen Seite auch nicht fertig, eine Interaktion in Gang zu setzen und in Gang zu halten. Aber es ist nach der Ansicht der Ethnomethodologen schlechthin falsch, an die Untersuchung von Interaktionen mit einem Modell heranzugehen, das feste und klare Sprach- und Handlungsregeln voraussetzt. In dieser Hinsicht überziehen manche Rollentheoretiker das Bild! (Kapitel 2)

Neben **Indexikalität** ist auch der Begriff der **Reflexivität** gut geeignet, um die ethnomethodologische Perspektive eines »sinnhaften« (mit alltagssprachlichen Mitteln bewerkstelligten) Aufbaus der Lebenswelt zu illustrieren. **Reflexivität** meint zunächst den ganz harmlosen logischen und/oder wirklichen Sachverhalt der Rückbezüglichkeit von x auf y. Es gehört zu den Grundeinsichten, daß sich viele, wenn nicht die meisten gesellschaftlichen Sachverhalte gar nicht hinlänglich von einem abgehobenen Beobachterstandpunkt des Experten S aus betrachten lassen (vgl. Kap. 1). Es gibt zahllose Phänomene in der gesellschaftlichen Wirklichkeit, die bereits durch die Interpretationen und Charakterisierungen der Personen, mit denen sich der Soziologe befaßt, vorstrukturiert bzw. vorinterpretiert sind. Wäre der Fachbegriff »Wahlverhalten« seinem Sinngehalt nach von all dem völlig losgelöst, was für die Laien selbst als »Wahl« gilt, dann würde der Experte vielleicht über die Ortsverlagerung von zettelschleppenden Organismen (z.B.) zu Holzkisten mit Schlitz, nicht jedoch über eine »Wahl« reden. Er hat die Situation nicht aus der Teilnehmerperspektive oder vom Aktorstandpunkt aus geklärt. Deswegen sagt Schütz über das Soziologendeutsch, es enthielte Konstruktionen, insbesondere Typisierungen des zweiten Grades: S bastelt Konstruktionen der sinnhaften Konstruktionen, welche die in der Sozialwelt Handelnden vollziehen. Anders gesagt: Die sublimsten Fachbegriffe und -aussagen der Soziologie sind inhaltlich auf die Sinnsphären der Lebens- oder Alltagswelt »zurückbezogen«.

Manchmal taucht der Begriff der **Reflexivität** auch im Zusammenhang mit einem Verfahren (Vorgehen) auf, dessen sich nach Ansicht der Ethnomethodologen Laien *und* Experten angesichts der unvermeidlichen Indexikalität unserer Sprechhandlungen bedienen müssen: A äußert seinen dunklen Satz: »Es geht bergab!« A meint damit – ohne es zu sagen – das ganze Geflecht von Ereignissen und Situationsdeutungen, das A und V als »Krankheit des Nachbarn C« geläufig ist. V erinnert sich an das gestrige Gespräch und damit an den *Kontext* der Ursprungsaussage von A. Damit gewinnt diese für V einen viel differenzierteren Gehalt als nur den einer vieldeutigen Metapher des Bergabgehens. Doch gleichzeitig verändert oder erweitert sich durch die Konversation der ursprüngliche Kontext! Denn die Aussage von A vermittelt V eine über die gestrige Situationsdeutung hinausgehende Information: der Gesundheitszustand von C hat sich verschlechtert! Durch die Berücksichtigung des Kontexts differenziert sich die Einzelaussage; durch die Einzelaussage verändert (oder erweitert sich u.U.) der Kontext, worin sie steht. Diese Bewegung des Hin und Her zwischen Kontext und Einzelkonversation nennen die Ethnomethodologen die »dokumentarische Methode der Interpretation«. (Früher hieß das »hermeneutische Spirale«.)

Mitunter wird der Begriff Reflexivität benutzt, um dieses Hin- und Her der Deutungsbewegung und den darin eingelassenen Verweisungszusammenhang von Allgemeinheit (Kontext) und Einzelheit zu benennen. Ähnlich wird der Reflexivitätsbegriff verwendet, wenn er dazu dient, nochmals die Eigenheiten der **accounting practices** als Konstruktionsverfahren sozialer Wirklichkeit(en) hervorzuheben. Mit Hilfe ihrer Sprechhandlungen bauen die Akteure soziale Beziehung auf oder ab. Aber im gleichen Atemzug präsentieren sich diese Handlungen auch bedeutsamen Anderen zur Interpretation. Reflexivität bezeichnet in diesem Fall die Einheit von symbolischer Interaktion, Interpretation und Konstruktion sozialer Beziehungen.

Wie festgefügt haben wir uns diese Einheit vorzustellen? Ist alles, was in einer Gesellschaft der Fall ist, gleich den vielfältigen Vollzügen oder Ergebnissen von »Darstellungen«? Die »definitionssoziologische« oder »konstruktivistische« Antwort lautet schlicht und einfach: »Ja!« Doch wenn es eine Vielfalt dieser Praktiken gibt, können wir nachfragen: »Lassen sich die verschiedenartigen, wenn nicht gar konkurrierenden Darstellungspraktiken bzw. interaktionsleitenden Perspektiven überhaupt miteinander vergleichen und rational gegeneinander abwägen?« Die Antwort heroischer Ethnomethodologen lautet: »Im Prinzip: Nein!« Denn uns steht jederzeit die Reflexivität als Darstellungsstrategie offen. Wir sind grundsätzlich in der Lage, jede beliebige Alternative in unsere Sinnsysteme (Perspektiven) einzubauen oder zurückzuweisen. Wir können jeden Gegenentwurf von Sinn durch solche Strategien der »reflexiven Absicherung« entweder vereinnahmen oder zurückweisen. Ethnomethodologen betrachten daher ihre eigene Denkweise als eine reflexive Sinnprovinz, die durch Strategien der reflexiven Absicherung dicht gemacht wird. Aber wie ist es mit dem Prinzip der Reflexivität selbst; das wird doch auch reflexiv abgesichert? usw. usf. Das Resultat ist eine Art Eiertanz der »Reflexivität der Reflexivität« oder – wie Mehan/Wood (1975; S. 152 ff.) ausdrücklich feststellen – Ethnomethodologie auf dem Trip zur Paranoia.

Die Konstruktion Amerikas

Alle an Schütz' Projekt oder an der Ethnomethodologie Beteiligten sind sich in einem Punkt weitgehend einig: Die **situierten Praktiken** der Alltagsmenschen auf dem Boden ihrer **Perspektiven** (Situationsdeutungen) bilden den maßgeblichen Bezugspunkt für das soziologische Geschäft. Den situierten Praktiken entsprechen die Darstellungen in bestimmten Situationen, wodurch diese Situationen in einem Zuge inszeniert und anderen kenntlich gemacht werden. Nur soll sich der wissenschaftliche Experte nicht einbilden, sein eigenes Tun sei einer ethnomethodologischen Untersuchung als situierte Praxis entzogen! Daß es so untersucht werden kann und muß, ist ein anderes Beispiel für Reflexivität! Es gehört zu den erfrischendsten Merkmalen der Ethnomethodologie, auf diese Weise kräftig an jenem Sockel lebensenthobener Sachlichkeit und Vernunft zu rütteln, worauf die Wissenschaften von Laien und Experten gleichermaßen gestellt werden.

Garfinkel hat einmal gesagt, Ethnomethodologie dürfe auf keinen Fall mit Ironie verwechselt werden; sie enthielte sich nach dem Prinzip der **ethnomethodologischen Indifferenz** jeder Bewertung von Darstellungen z.B. als irrational und versuche auch nicht, irgendetwas – beispielsweise die grundsätzliche Indexikalität von Sprachspielen – mit Mitteln von Fachsprachen zu »heilen«. Wenn man bedenkt, wieviel Studenten schon auf dem Campus mit Hilfe von **Krisenexperimenten** »garfinkelt« wurden, ist dies zweifellos eine äußerst ironische Behauptung. Warum auch nicht?

In fröhlichen Wissenschaften können Ironie und sachliche Einsichten Hand in Hand gehen! Der *Konstruktivismus* z.B. stellt eine Denkweise dar, welche den Wissenschaftsbetrieb als eine situierte Praxis untersucht, deren Teilnehmer soziale Welten (Situationen) auf der Grundlage ihrer Situationsdefinitionen konstruieren, d.h. herstellen und präsentieren. Dabei kann es zu verblüffenden Studien kommen, deren Verhältnis zur Ironie zumindest undurchsichtig ist. So haben sich Konstruktivisten beispielsweise mit der Frage beschäftigt, was eine umwälzende wissenschaftliche Entdeckung wäre, ohne die kein Physiker den Nobelpreis bekäme (Bezugstext 2: S. 58-61).

Warum soll nicht auch die Entdeckung Amerikas durch Columbus als situierte Praxis untersucht werden?[11] Abgesehen davon, daß kühne Seefahrer lange vor Columbus in Amerika landeten, abgesehen davon auch, daß er nach Indien wollte und gar nicht mit einer neuen Welt rechnete, kostete es ihn große Mühe, seinen Zeitgenossen sein Vorhaben als »Entdeckungsfahrt« und das Ergebnis als »sensationelle Entdeckung« plausibel zu machen. Keine »Entdeckung« ist eine, wenn sie signifikante Andere nicht *als* solche definieren. Columbus mußte vor seiner Fahrt und nach seiner Rückkehr einen richtigen Propagandafeldzug starten, um eine Bestätigung seines Selbstbildes als »Entdecker« und seiner Leistung als »Entdeckung« zu finden.

Woolgar (Bezugstext 2) zieht daraus zwei für den Konstruktivismus kennzeichnende Folgerungen: 1. Entdeckungen stellen einen langen Prozeß und kein Einzelereignis dar! Es handelt sich um einen Prozeß des Planens, Antizipierens, der Suche nach institutioneller Zustimmung für einen Anspruch oder eine Definition (daß eine Entdeckung gemacht wurde). 2. Auch nachdem Columbus von drüben zurück kam, war seine »Entdeckung« noch lange nicht »konstruiert«. Er glaubte weiter, in Indien gewesen zu sein, und erst Amerigo Vespucci konnte seinen Landsleuten die Einschätzung abringen, daß eine neue Welt entdeckt worden sei. Der Kontinent wurde bekanntlich nicht »Columbia«, sondern »Amerika« genannt. Erst am Ende all dieser Definitions- und Redefinitionsprozesse stand Columbus (genau genommen: fälschlich) weithin als erster »Entdecker Amerikas« da!

Ist der »neue Kontinent Amerika« nichts weiter als das Ergebnis von Propaganda und der Durchsetzung von Definitionen (Perspekti-

11 A. Brannigan: *The Social Basis of Scientific Discoveries,* Cambridge 1981.

ven) gegen konkurierende andere? Eine derartige Behauptung kommt uns in der Alltagswelt, deren Gegebenheiten wir als selbstverständlich daseiend und erfahrbar annehmen, absurd vor.[12] Können wir nicht grundsätzlich bei Entdeckungen zwischen dem entdeckten Sachverhalt (der Existenz einer Landmasse, die später zufällig den Namen Amerika erhalten hat) und dem Prozeß der Entdeckung mit all seinem Hin und Her zwischen Entdeckungsansprüchen und Situationsdefinitionen unterscheiden? Schon, schon – vorausgesetzt, wir halten uns an unser *mundanes Denken,* das mit aller Bestimmtheit davon ausgeht, Amerigo und Cristobal hätten es mit dem gleichen Objekt (dem neuen Kontinent) zu tun gehabt. Ein radikaler Konstruktivist meldet selbst an dieser Stelle noch Vorbehalte an: »... der Charakter des entdeckten Objektes ist das Ergebnis des Prozesses der Definition und Artikulation all dessen, was das Objekt ist.« Noch weniger indexikalisch: »Der Sachverhalt eines entdeckten Objekts (!!) und seiner Merkmale ist eine Errungenschaft der Ansprüche und der Definitionsarbeit des Entdekkens (und/oder Anderer).« (Bezugstext 2: S. 68) Wir folgern messerscharf: Cristobal Colon (ist der für Konstruktivisten überhaupt mit Christophorus Columbus identisch?) »konstruierte« die Westpassage nach Indien, indem er seinen Sponsoren und Landsleuten mit allen propagandistischen Tricks die Situationsdeutung nahebrachte, er habe nach seinem Segel-Törn terra firma betreten!

Wo ist die Sozialstruktur abgelieben? (Linie ④ im Schema 2)
Ethnomethodologie legt einen besonderen Akzent auf die Erforschung unserer Leistung, mit Hilfe alltäglicher Perspektiven und/oder alltagssprachlicher Regeln soziale Situationen (settings) aufzubauen, ständig als »Normalität« wiederherzustellen oder abzubauen. Aber wie sieht es mit der Struktur irgendeines gesellschaftlichen Ganzen aus, worin vielleicht alle Einzelsituationen eingebunden sind? Gegen Ethnomethodologen wird ständig der Vorwurf erhoben, an das gesellschaftliche Ganze und seine Strukturierung nach Prinzipien von Aneignung, kollektiver Macht und Ohnmacht reiche die ethnomethodologische Denkweise nicht einmal ansatzweise heran. Einige Vertreter dieser Denkweise reagieren auf diesen Vorwurf mit größter Gelassen-

12 Diese Einstellung gegenüber Dingen, Ereignissen und Abläufen in unserer Lebenswelt als »selbstverständlich daseiend und erkennbar« nennen Ethnomethodologen die Haltung (Perspektive) des *mundanen Denkens.* Schütz spricht dementsprechend von der »natürlichen Einstellung« in der Lebenswelt.

heit bzw. ethnomethodologischer Indifferenz. »*Wenn* die Erklärung des Handelns durch den Einfluß struktureller Determinanten das Ziel der Soziologie ist, dann ist es nicht das der Ethnomethodologie.« (Sharrock/Anderson 1986, S. 102) Eine solche Struktursoziologie tritt nach dieser Ansicht als Schlaumeierei auf, welche die alltagsweltlichen Phänomene im Namen einer höheren Rationalität »heilen« will.

Wie kommt es zum sozialen Wandel?
Die Idee eines ständigen Wandels der »konstruierten« Situationen und Inszenierungen wird gleichsam von vornherein in den Ansatz eingebaut. Mit ihrer Denkweise richten sich Ethnomethodologen auf der einen Seite gegen jede Gesellschaftsbetrachtung, die uns – wie der *homo sociologicus* – als Wesen erscheinen läßt, die ihre Handlungsentscheidungen je nach den Sanktionen ausrichten, welche mit vergleichsweise festen Normen und Erwartungen verbunden sind. Sie lehnen auch jenes Verständnis von symbolischer Interaktion ab, welches »Sprache« als ein System von festen Regeln für Sprechhandlungen erscheinen läßt. Allein schon durch die Indexikalität der sprachlichen Mittel, welche unser alltägliches Handeln tragen, ist alles ständig im Fluß!

Wie praktisch indifferent sind Ethnomethodologen?
Würde man den Slogan von der ethnomethodologischen Indifferenz ernst nehmen, begegneten uns Ethnomethodologen nur als stille Betrachter des ohnehin Vorfindlichen. Spätestens ein Krisenexperiment würde uns eines Besseren belehren! Aber leisten Ethnomethodologen mehr als Happenings? Einige ihrer Vertreter würden diese Frage sehr entschieden bejahen! Die Ethnomethodologie, so könnten sie argumentieren, zeigt zunächst einmal, in welchem Ausmaß unsere sozialen Beziehungen von alltäglichem Situationsverständnis und tiefsitzenden Erwartungen abhängig sind. Im Alltag ist es eine Selbstverständlichkeit, in einem Restaurant wie ein Gast behandelt zu werden. Über die Grundlagen derartiger Deutungen und Erwartungen kann uns die Ethnomethodologie informieren.

Jeder, der irgendetwas in der Gesellschaft erreichen und dabei nicht über die Köpfe der Betroffenen hinweg handeln will, muß auf die Inhalte des alltäglichen Denkens und Handelns der »kleinen Leute« Rücksicht nehmen. Darin liegt ein praktischer Gehalt der ethnomethodologischen Information. Hinzu kommt, daß man die eingespielten Alltagsdeutungen der sozialen Welt und die festsitzenden Erwartungen erst einmal erschüttern muß, bevor man jemandem zeigen kann, daß es auch ganz andere Weisen geben könnte, die Welt zu sehen und in ihr zu handeln.

Anhang zu Kapitel 4

I. Bezugstexte

1. R. Eickelpasch/B. Lehmann: *Soziologie ohne Gesellschaft? Probleme einer phänomenologischen Grundlegung der Soziologie,* München 1983, S. 63-106
2. S. Woolgar: *Science: the very idea,* London/New York 1988, S. 58-61

II. Ergänzungstexte

A. Giddens: *Interpretative Soziologie. Eine kritische Einführung,* Frankfurt/New York 1984, S. 27-64

J. Ritsert: *Gesellschaft. Einführung in den Grundbegriff der Soziologie,* Frankfurt/New York 1988, S. 116-138

III. Klassiker

A. Schütz: *Gesammelte Aufsätze* 2 Bde., Den Haag 1972 Bd. 1, S. 3-54

IV. Übersichtsbände

H. Mehan/H. Wood: *The Reality of Ethnomethodology,* New York/London/Sydney/Toronto 1975

W. Sharrock/B. Anderson: *The Ethnomethodologists,* London/New York 1986

V. Stichworte

Accounting Practices: Die von der Alltagssprache geleiteten Verfahren (Methoden), Situationen in Szene zu setzen und anderen gleichzeitig zur Deutung zu präsentieren.

Dokumentarische Methode der Interpretation: Aufsuchen von »Mustern« in der Mannigfaltigkeit von Lebensäußerungen

Ethnomethodologische Indifferenz: Die (vielleicht ironisch gemeinte) Behauptung, Ethnomethodologie betrachtete alles mit wertungsfreier Gelassenheit.

Indexikalität: Die strukturell »unheilbare« Kontextabhängigkeit sprachlicher Äußerungen. Dabei geht es nicht nur um den Kontext anderer Äußerungen, sondern immer auch um die soziale Situation der Äußerung.

Konversationsanalyse: Ethnomethodologische Untersuchung von Alltagssprechhandlungen.

Krisenexperimente: Verunsicherungsstrategie für selbstverständliche Handlungsmethoden, um die Selbstverständlichkeit (Normalität) überhaupt erst als solche erfahrbar zu machen.

Reflexivität: Selbstbezüglichkeit. In der Ethnomethodologie: Rückbezogenheit der Wissenschaftssprachen auf Alltagssprachen; der hermeneutische Zirkel der → dokumentarischen Methode der Interpretation; Ausdruck für die Einheit der Herstellungs- und Präsentationstechniken beim → accounting; selbstbezügliche Absicherungsstrategie wie bei ceteris paribus-Klauseln.

Sinn: Bei A. Schütz: Durch unsere Aufmerksamkeit aus dem Erlebensstrom herausgehobene Erlebnisse.

Situierte Praktiken: → accounting practices unter bestimmten Umständen (settings) bzw. in besonderen Situationen.

Typisierungen: Von vielen Besonderheiten absehende Erwartungen hinsichtlich des Handelns und der Einstellungen anderer Personen oder der Bestandteile von Situationen.

Wissensvorrat: Bei A. Schütz, *Stock of knowledge at hand* – die Gesamtheit der für unser Handeln relevanten → Perspektiven (Kap. 3)

Kapitel 5
Das Spielerische an der Soziologie

Die Welt der rationalen Beutegreifer auf Märkten

Eines unschönen Morgens steht A mit dem linken Fuß aus dem Bett auf. Er torkelt verschlafen zum Kühlschrank, um etwas gegen das Gefühl eines Vakuums im Magen zu tun. Im Kühlschrank gähnt ihm absolute Leere entgegen. Weil er morgens Kaffee braucht, will er zu diesem Wiederbelebungsmittel greifen. Die Kaffeedose ist leer! A überprüft seine aktuelle Barschaft. Die Geldmittel zum Einkaufen wären an sich vorhanden. Aber die Alternativen! Der Bäcker V macht zwar früh auf, seine Brötchen enthalten jedoch oft mehr Luft als Teig und der Kaffee ist bei ihm wesentlich teurer als im Supermarkt! A kommt sich wie Buridans Esel zwischen zwei Heuballen vor – er entschließt sich, mit dem Weltuntergang zu rechnen und geht zurück ins Bett.

Gleichzeitig zerbricht sich der so unfein beurteilte Bäcker V den Kopf: »Gestern ist mein Umsatz schon wieder um 2 % gesunken. Es würde mir viel nutzen, könnte ich die Kosten für neue Backmaschinen aufbringen. Da könnte ich auch die Qualität meiner Brötchen steigern und die Leute dem Supermarkt abwerben. Aber woher nehmen? Die Konkurrenz frißt mich auf!«

Obwohl diese Inszenierung einen ganz anderen Eindruck erwecken mag, A und V treten darin als vergleichsweise nüchterne Menschen auf. A weiß trotz seines einbeinigen Auftritts genau, was ihn umtreibt: **Strebungen** *(desires)* und **Gelegenheiten** *(opportunities)*. »Strebung« ist ein mildes Wort für die Gesamtheit der Vorlieben und Abneigungen **(Präferenzen)** einer einzelnen Person. Die Vorlieben wiederum bedeuten Handlungsmotive der Person, die von der Schärfe eines körperlichen Triebes (Hunger!) bis zur sanften Neigung für Poesie statt Prosa reichen können (kulturelle Bedürfnisse). »Abneigungen« sind das schlichte Gegenteil davon: Wenn A etwas nicht ausstehen kann, dann ist es die Serie »Dallas« im Fernsehen! In den Vorlieben (und Abneigungen) stecken meistens Vergleichsoperationen: Obwohl A die Intensität seiner Vorlieben nicht exakt mit dem Metermaß messen kann, eines ist ihm völlig klar: Er zieht den Kaffee dem Tee vor! (Präferenz) Aber was *nutzt* die schönste Vorliebe, wenn es keine »Gelegenheiten« gibt, die Strebungen zu erfüllen bzw. zu befriedigen? Der Hunger ist zwar da, aber der Kühlschrank ist leer! »Gelegenheiten« müssen jedoch nicht nur als zugängige oder unzugängige Güter für den **Bedarf** verstanden werden. Zu den mehr oder minder guten **Gelegenheiten** gehören im Grunde alle physikalischen (umweltlichen), rechtlichen, psychologischen, sozialen Bedingungen (in Situationen), worauf die Person beim Versuch stößt, ihren Strebungen nachzugehen oder nachzugeben.

Gelegenheiten haben einen Doppelcharakter: Einerseits können sie Bedingungen sein, die unser Handeln überhaupt erst möglich machen. A überprüft die ökonomischen Bedingungen dafür, heute morgen überhaupt etwas einkaufen zu können. Die Bedingungen sind vorhanden, so daß ihm an sich die Gelegenheit gegeben wäre, einzukaufen – wären da nicht seine Präferenzen, die ihn am Ende zu einem Gleichgewichtszustand im Bett zurücktreiben. »Gelegenheiten« können gelegentlich alles andere als Gelegenheiten, nämlich Schranken für die Strebungen des Individuums sein. Dann legen sich unseren Motiven hohe Hürden in den Weg oder die Umstände schränken unser Handeln wie eine Zwangsgewalt ein *(constraints)*. Es gibt Autoren, die setzen sogar Gelegenheiten mit *constraints* gleich! Von den Interaktionisten und Ethnomethodologen können wir allerdings lernen, daß die Gelegenheiten in vielen Fällen nicht einfach so da sind wie der leere Kühlschrank. Zum Einen müssen wir den Informationsstand der Person A über die Situation und ihre Gelegenheiten einbeziehen, wenn wir etwas über die Gründe und Ursachen ihres Handelns herausfinden wollen. Der Wissensvorrat entscheidet mit darüber, was für den Handelnden einer Gelegenheit ist oder nicht ist. Es wären aber auch die Definitionsvorgänge zu berücksichtigen, die einem beobachtenden Schlaumeier etwas als eine gute Gelegenheit erscheinen lassen, nicht jedoch den Akteuren selbst (Bezugstext 1, S. 20).

Strebungen und Gelegenheiten fallen natürlich nicht einfach vom Himmel. Es kann eine sehr gute Frage sein, welche Faktoren die Vorliebe für die Poesie gegenüber der Prosa begünstigen, wenn nicht herbeigeführt haben. Oft gibt es auch Wechselwirkungen zwischen Strebungen und Neigungen: Wenn die Trauben zu hoch hängen, sagt sich der Fuchs: Warum soll ich eigentlich so hoch springen, so leidenschaftlich gern esse ich Trauben gar nicht und bei dieser Lage schmecken sie ohnehin nach Hohenastheimer Zuspätlese, Osthang.[1]

Wie gesagt: Trotz seines benebelten Hirnes kennt A seine für die situierte Praxis am Morgen maßgeblichen Strebungen, er verfügt über wohlsituierte Präferenzen – Tee oder Kaffee ist für ihn nicht die Frage –, die nicht vorhandenen gekühlten Gelegenheiten nimmt er als constraints hin, obwohl ihm zu Beginn dieses verkorksten Tages Alternativen (Optionen) zur Verfügung stehen. Er verfügt ja an sich über die monetären *Mittel* für seine Strebung bzw. für das Bedürfnis oder *Ziel* des Kaufs von Brötchen und zwar ohne zusätzliche Arbeit gegen Entgelt! Doch seine Präferenzen liegen anders. Er zieht – im Rahmen eines Qualitäts- und Preisvergleichs – die höher hängenden Trauben, d.h. die erst später käuflichen knusprigen Brötchen und den billigeren Kaffee vor. Am Ende gibt er der Neigung, wovon er sich den größten persönlichen **Nutzen** verspricht, nach: Er kehrt zum psychologischen Gleichgewicht im Bett zurück. Sein Wissen über die Folgen dieser eigentlich ganz vernünftig klingenden Wahl ist allerdings nicht vollständig! Er bedenkt nicht, daß er zu spät auf die Arbeitsstelle bei seinem Brötchengeber kommen wird. Der macht dann in der Tat später einen Riesenputz!

Bei den Verhaltensmustern des Bäckermeisters V fällt eine vergleichbare Struktur auf. Allerdings begegnet er uns nicht als müder Alltagsmensch, sondern als professionelles Wirtschaftssubjekt. Aus seinen **Strebungen** läßt sich jene Teilmenge der **Bedürfnisse** hervorheben, welche durch hergestellte Produkte und geleistete Dienste als Mittel befriedigt werden können. Diese Mittel muß V durch Kauf (Geld!) auf Märkten erwerben. Sein dringender (ökonomischer) Wunsch ist eine Backmaschine als umsatzsteigernde Investition. Auf diese Spannung zwischen menschlicher **Strebung** und ökonomischem **Bedürfnis** sind wir schon bei A gestoßen. Von der Notwendigkeit, das Konsumgut »Brötchen« kaufen zu müssen, einmal abgesehen: Nach der einen Seite hin stellt der Wunsch nach stiller Lektüre von Poesie eine kulturelle **Strebung** dar. Nach der anderen ist diese von ihrer Eigenschaft als ökonomisch relevantes **Bedürfnis** gar nicht

---

1 S. dazu J. Elster: »Saure Trauben«, in ders.: *Subversion der Rationalität*, Frankfurt/M. 1987, S. 211-243.

abzulösen, denn den Rilke-Band mußte A kaufen. Doch zurück in die Bäckerei! A stellt offensichtlich höhere Qualitätsansprüche an die Backwaren, als sie V einzulösen in der Lage ist. »Qualität« bedeutet den Erwartungen an Brauchbarkeit entsprechende Eigenschaften eines Produktes oder einer Dienstleistung, ihren »Gebrauchswert«.

Bei Ökonomen taucht an dieser Stelle eher der Begriff des **Nutzens** auf. Der ökonomische Nutzen (Gebrauchswert) eines Produktes oder einer Dienstleistung besteht in jenen Eigenschaften, welche geeignet sind, menschliche Bedürfnisse zu befriedigen. (Manchmal wird unter Nutzen oder Gebrauchswert noch allgemeiner die Tauglichkeit – Nützlichkeit – eines Mittels zur Erreichung irgendeines beliebigen Zieles verstanden.) Oft wird jedoch ein stärkerer Akzent auf die Seite der einzelnen Personen mit ihren Bedürfnissen bzw. ihrer »Nutzenfunktion« gelegt. Dann taucht der Nutzen als Ausdruck für den Grad der Erfüllung oder Sättigung der Bedürfnisse des je einzelnen Subjekts auf. Der Gegenbegriff zu Nutzen ist der der »Kosten«.[2] Die mindere Qualität kostet den Bäcker Umsatz. Unbefriedigte Bedürfnisse nach Gütern und Diensten bilden zusammen mit der Kaufkraft (d.i. die Ausstattung von A oder V mit Geld) den **Bedarf** einer Person, den sie heute meistens als Nachfrage auf Märkten anmeldet.

Wäre unser Bäckermeister V aus dem Lehrbuch der reinen Volkswirtschaftslehre entsprungen, dann würde dies zwar nicht automatisch zur Lösung seiner praktischen Probleme beitragen, aber wir könnten nun ganz klar einen ersten Zug seiner Physiognomie als *homo oeconomicus* erkennen (Bezugstext 2).

Der begegnet uns 1. als entschlossener *Nutzenmaximierer* oder rationaler Beutegreifer auf Märkten. Ein Nutzenmaximum bedeutet zunächst den angenehmen Zustand der größtmöglichen Befriedigung von Bedürfnissen durch käufliche Güter und Dienste, den ein Wirtschaftssubjekt erreichen kann, wobei seine Präferenzen ebenso gegeben sind wie die Höhe seiner Kaufkraft und das System der Marktpreise (Tauschwerte) der Güter und Dienste. Er versucht also aus jeder ökonomischen Situation nicht nur etwas, sondern das Beste

2 Genauer genommen, wären diese Überlegungen durch die Begriffe des *Grenznutzens* und *Grenzkosten* zu ergänzen. Der Grenznutzen besteht in dem Nutzen, den die »letzte«, gerade noch meßbare Zusatzeinheit von x bringt. Der Grenznutzen sinkt. Nach 10 Glas Bier bringt der letzte Schluck nicht mehr so viel wie der erste Zug.

für sich herauszuschlagen (Optimierungsstrategie oder »ökonomisches Rationalprinzip«). Der Bäckermeister V strebt nach maximalem Profit, zu dessen Erreichung Qualitätsverbesserungen und Kostensenkungen gleichermaßen zweckdienlich (»nützlich«) erscheinen.

Allerdings ist das 2. mit dem Nutzenmaximieren nicht so einfach wie es klingt. Viele Bedürfnisse tauchen immer wieder neu auf und andere sind einfach nicht endgültig zu sättigen. Gemessen daran sind die Mittel zur Bedürfnisbefriedigung fast durchweg knapp (»Knappheitsaxiom« der nutzenorientierten Nationalökonomie). Auch der Meister V muß als Produzent streng wirtschaftlich denken (»haushalten«) und überlegen, wie er mit den vorhandenen Mitteln zu einem optimalen Produktionsergebnis bzw. maximalen Nutzen kommt. Zur Zeit liegen allerdings seine Grenzkosten über den Grenzerträgen.[3] Wenn das so weiter geht, werden ihn die anderen Beutegreifer auf den Märkten schnappen. Die Konkurrenz fegt ihn vom Markt; sie frißt ihn auf.

Als *homo oeconomicus* hätte der Bäckermeister 3. den totalen Durchblick oder – wie es im Lehrbuch heißt – »vollkommene Transparenz« über das Marktgeschehen (die Preise; die opportunities etc.).

Seine »Präferenzfunktion« sähe 4. ausgesprochen ordentlich aus. Er könnte – ähnlich wie A – immer genau angeben, welches Gut er vorziehen würde, wenn er vor die Wahl: x oder y gestellt würde...

Es gibt 5. ein weiteres Merkmal, das für die nutzenbezogenen (utilitaristischen) Denkweisen geradezu prototypisch ist. Wenn wir unter **Motivationshypothesen** Grundannahmen darüber verstehen, wie gesamtgesellschaftliche Ordnungs- und Entwicklungsprinzipien mit den Motivationen (Strebungen) je einzelner Personen zusammenhängen, dann ist eine nicht nur für den *homo oeconomicus* kennzeichnende Motivationshypothese hinzuzufügen: Auf die Frage, was die Menschen in letzter Instanz in ihrer Gesellschaft an- oder umtreibt, hat schon der englische Philosoph J. Bentham geantwortet:

»Die Natur hat die Menschen unter die Herrschaft zweier souveräner Gebieter – Leid und Freude (pain and pleasure) – gestellt. Es ist an ihnen allein, aufzuzeigen, was wir tun sollen, wie auch zu bestimmen, was wir tun werden. Sowohl der

3 »Grenzertrag«: Das unter Einsatz des »letzten« Mittels gerade noch erzielbare Betriebsergebnis (z.B. in DM). »Grenzkosten«: Die mit dem letzten Mittel gerade noch entstehende Aufwendung. Grenzerträge sinken, Grenzkosten steigen.

Maßstab für Richtig und Falsch als auch die Kette der Ursachen und Wirkungen sind an ihrem Thron festgemacht.«

Daran anschließend wird der Begriff Nutzen am Ende mit den Freuden des Lebens gleichgesetzt, die eine Person unter den gegebenen Umständen *(opportunities)* und unter Einsatz der vorhandenen Mittel genießen kann. An die Stelle dieses »Kosten-Nutzenschemas« treten in anderen Ansätzen Polaritäten wie »Pain and Pleasure«, »Lust und Unlust«, »Gratifikation und Deprivation«, »Bock und Nullbock« etc.

Wichtig ist 6. noch zu bemerken, daß wir von A und V als erwachsenen, selbständigen, männlichen Wesen[4] ausgegangen sind. Wie immer sie auch beim Kaufen-Verkaufen miteinander plaudern mögen, in ein allgemeineres gesellschaftliches Verhältnis geraten sie nur durch Marktmechanismen. Der homo oeconomicus interagiert mit seinesgleichen nur über Märkte und Preise, andere wechselseitige Einflußnahmen aufeinander sind nicht vorhanden.

Die Qual der rationalen Wahl

In jüngster Zeit wurde heftig am Image des Supermannes *homo oeconomicus* gekratzt. Die Denkweisen bzw. Theorien »rationaler Wahlhandlungen und strategischen Entscheidens« sind dabei, sich vom Menschenbild der (neo-klassischen) Ökonomie zu emanzipieren. Doch zunächst stoßen wir auch bei den modernen Spiel- und Entscheidungstheoretikern auf eine Reihe von Merkmalen unserer Marktstrategen: Ausgangspunkt der Betrachtung und »Elementareinheit des sozialen Lebens« ist und bleibt die »individuelle menschliche Handlung. Die Erklärung sozialer Institutionen und sozialen Wandels besteht darin, zu zeigen wie sie als das Resultat der Aktion und Interaktion von Individuen entstehen« (Bezugstext 1: S. 13) Diese Gedankenführung wird auch als die »methodisch- (oder methodologisch-) individualistische« Denkweise bezeichnet. Der Elementareinheit wird weiterhin die grundsätzliche Ausrichtung ihres

4 In der feministischen Literatur wird das Bild des rationalen Beutegreifers als Imago nicht der menschlichen, sondern der männlichen Form der Inbesitznahme kritisiert (s. dazu beispielsweise S. Benhabib: »Der verallgemeinerte und der konkrete Andere – Ansätze zu einer feministischen Moraltheorie«, in: E. List/H. Studer: *Denkverhältnisse. Feminismus und Kritik*, Frankfurt/M. 1989, S. 454 ff.).

Handelns an einer konsistenten, einflußbeständigen und zeitstabilen Präferenzordnung unter Abwägung der für das gewählte Vorgehen entstehenden Kosten unterstellt. Anhand dieser Präferenzordnung sortiert die Einzelperson die Folgen ihrer Handlungen ordentlich nach Graden ihrer Annehmlichkeit. Unterstellt ist natürlich auch Wahlfreiheit. Für den Handelnden bestehen »Optionen« und verschiedene Gelegenheiten *(opportunities)* wie stark auch einige Beschränkungen *(constraints)* wirken mögen. Auch der totale Durchblick (»vollständige Information«) wird ihm (zunächst!) noch nachgesagt. Er kennt die Optionen, überschaut die Konsequenzen und weiß, was er will. Unter diesen Voraussetzungen werden die Einzelakteure sich für die Handlung entscheiden, deren Folgen sie gegenüber jeder anderen möglichen Handlung (vom gleichen Typ und mit nämlicher Zielrichtung) bevorzugen.

Bei genauerer Betrachtung taucht auch die klassische Motivationshypothese samt des dazugehörigen Rationalprinzips wieder auf: Wenn Menschen verschiedenen Ausrichtungsmöglichkeiten einer Handlung gegenüberstehen, dann tun sie normalerweise das, wovon sie glauben, es liefere das beste Gesamtergebnis. Darin steckt eine Grundvorstellung von **Rationalität** und **rationaler Wahlhandlung.** Rationalität bedeutet im Kern »Zweckrationalität«. »Was ist rationales Handeln? Eine Minimaldefinition könnte etwa so lauten: Rational Handeln bedeutet, konsistente Ziele (Zweck – d. Vf.) zu haben, einen Maßstab zur Unterscheidung zwischen besseren und schlechteren Wegen (Strategien und Mitteln – d. Vf.) zu besitzen, mit dessen Hilfe die jeweils günstigste Handlungsalternative auszuwählen und diese Prozedur so oft zu wiederholen, bis das Ziel (oder Zweck – d. Vf.) des Handelns erreicht ist.« (Bezugstext 2: S. 8)[5] Als rational (oder irrational) werden Handlungen oder Handlungsfolgen auf der einen Seite von einem schlauen Beobachter bewertet. Auf der anderen Seite will er sie aber auch im Rahmen seiner Theorie rationalen Handelns wirklicher Menschen erklären oder gar vorhersagen. Insoweit Menschen selbst rational vorgehen, kann der Beobachter klarmachen, was sie taten oder tun werden. Rational ist also ein bewertend-erklärender, ein normativ-analytischer Begriff.

5 Dementsprechend sagt J. Elster im Bezugstext 1 (S. 22): »Rationale Wahl ist instrumentell: sie wird durch die Folgen einer Handlung angeleitet. Handlungen werden nicht für sich selbst gewertet und gewählt, sondern als mehr oder minder effiziente Mittel für weitergehende Ziele. Ein einfaches Beispiel liefert der Unternehmer, der seinen Profit maximieren will.«

Bis zu diesem Punkt sind die Abstände zwischen dem Subjekt rationaler Wahlhandlungen (rational choice) und dem Marktmenschen V nicht viel größer als z.B. die zwischen **Strebungen** im allgemeinen und ökonomisch-relevanten **Bedürfnissen** im besonderen. Doch dem Marktmenschen sind inzwischen einige Zähne gezogen worden. Von wegen totaler Durchblick! Die Theorie der rationalen Wahlhandlungen klingt viel realistischer, wenn sie rationale Handlungen unter Bedingungen der Unsicherheit untersucht. Wer verfügt schon über vollständige Informationen über an sich vorhandene Optionen, Gelegenheiten, Bedingungen *(constraints)*, Handlungsfolgen...? Jeder Akteur muß ständig »rationale strategische Erwägungen unter Unsicherheit« anstellen und auf die Wahrscheinlichkeit des Eintretens von Erfolgen vertrauen. (Bezugstext 2, S. 9) Auch das »Rationalprinzip« darf nicht so buchstäblich genommen werden. Wer von uns handelt schon dauernd wirklich effizient oder rechnet mit dem automatischen Ergebnis optimalen Nutzens für sich? Oft reicht es uns völlig aus, wenn wir uns gerade so durchwurschteln. Anstatt zu »maximieren« (maximizing), langt es, auf befriedigende Weise zurechtzukommen (satisficing). Daher sollten die »rational choice theories« ihr Augenmerk eher auf das Verhältnis von vollständiger und unvollständiger Rationalität in der Wirklichkeit als auf den Modellbau rationaler Supermänner richten. Zudem ist an die historische Veränderlichkeit von Handlungsvoraussetzungen und -bedingungen zu denken.

Es könnte zwar sinnvoll sein, weiterhin mit dem Begriff des **Gleichgewichts** zu arbeiten. Im »Gleichgewicht« stimmen die Pläne der Handelnden überein, und auf die Frage: »Das, was die anderen getan haben, vorausgesetzt: Wäre ich besser weggekommen, wenn ich anders gehandelt hätte?« lautet die Antwort im Falle eines Gleichgewichts: »Nein!« (Bezugstext 1, Kapitel XI) Doch dauernd geraten wir aus demselben! Der Handelnde selbst bleibt ja auch nicht der gleiche, wenn wir nur an die Realitätsferne der Annahme einer Konstanz seiner Präferenzordnung denken. Obendrein hängen viele unserer gegenwärtigen Vorlieben und Abneigungen von Erwartungen hinsichtlich zukünftiger Ereignisse und Zustände ab. All diesen Gegebenheiten – so argumentierten Theoretiker rationaler Wahlhandlungen – sollten unsere Untersuchungsansätze schon Rechnung tragen, wenn sie nicht mehr normativ als analytisch bleiben wollen. Unter diesen Voraussetzungen könne sie auch sensibler dafür werden, »was in jenen Grauzonen der sozialen Interaktion geschieht, in der so viele zweckrational entworfene und absichtsvoll plazierte Handlungen folgenlos versickern, mit nicht-intendierten oder gar kontra-intentionalen Wirkungen überraschen oder aber, was immer wieder vorkommt, ihre intendierten Effekte auch tatsächlich erreichen.« (Bezugstext 2, S. 11 f.) Dann brauchen wir die Analyse auch nicht auf das Handeln des *homo oeconomicus* einzuschränken, dessen Aktionen mit denen anderer allein durch die Preismechanismen der Märkte koordiniert werden. A und V können sich in einem viel allgemeineren Rahmen und unter anderen institutionellen Voraussetzungen als Spieler und Gegenspieler begegnen.

Ein übles Spiel im Gefängnis

Bislang sind uns A und V doch als ganz anständige Mitmenschen mit kleinen alltagsweltlichen Eigenheiten vorgekommen. Doch inzwischen kennen sie sich im Marktdschungel der rationalen Beutegreifer bestens aus. Beide haben eine Import-Export-Firma gegründet, die ihren Nutzen (Profit) durch Ausnutzung des Zoll- und Subventionsrechts der EG mehren soll. A und V arbeiten in diesem Feld mit allen, auch den »schmutzigsten« Tricks. Für rationale Beutegreifer dieses Kalibers gilt es, sich nicht erwischen zu lassen. Aber – oh Wunder – genau das passiert A und V! Sie landen im Gefängnis! Es versteht sich, daß sie damit vor einem Dilemma, also vor einem Gefangenen-Dilemma stehen. Dieses verschärft sich noch dadurch, daß sie es mit einem ausgefuchsten Staatsanwalt zu tun bekommen. Dieser weiß ganz genau, wo er die beiden zu packen hat, nämlich bei ihrer »Nutzenfunktion«. Er konnte zugleich den Akten entnehmen, daß die beiden durchaus rational wählen und rechnen können. »Rational zu handeln bedeutet, so viel wie möglich für einen selbst« nach dem Prinzip herauszuholen: »Finde die besten Mittel für gegebene Zwecke.« (Bezugstext 1, S. 28 bzw. 24) Der Staatsanwalt macht den beiden klar: Ihr zahlt was in das Strafverfahren ein (Geständnisse) und kriegt dafür etwas raus (**rewards** in Form des Straferlasses).

Konkret stellt er sie vor folgende Verhältnisse der Ein- und Auszahlungen: Erst redet er mit A und sagt: »Ich brauche dein Geständnis, um zu einem revisionsfesten Urteil zu kommen. Wenn Du gestehst und dein Kumpel nicht, dann wirst Du freigelassen und der andere bekommt 10 Jahre Gefängnis aufgebrummt!« Wenn beide gestehen, so weiß der pfiffige Anwalt des Staates, bekommt jeder von beiden 5 Jahre; aber wenn keiner gesteht, sogar nur 1 Jahr! Danach nimmt er sich V vor und sagt ihm exakt das Gleiche: »Ich brauche...« A und V sind völlig voneinander isoliert. Das einzige, worüber sie Bescheid wissen, ist das Straßmaß, das je nach ihren Entscheidungen droht. Die Qual der Wahl, die beide haben, läßt sich in folgende Tabelle eintragen:

		Individuum A	
		Gesteht nicht	Gesteht
Individium B	Gesteht nicht	1 1	0 10
	Gesteht	10 0	5 5

Die Tabelle ist so zu lesen: Oben rechts steht die Haftdauer für A, unten links die Haftdauer für B. In den Zeilen der Tabelle steht, wie lange sie später in der Zelle der Haftanstalt sitzen müssen: z.B. A: 1 Jahr *und* B: 1 Jahr (bei beiderseitigem Leugnen). Was ist nun die *beste* Wahl, die A *oder* B treffen können? Auf den ersten Blick scheint die Entscheidung völlig klar: Beide legen hartnäckig *kein* Geständnis ab und kommen mit einem Jahr weg, das sie locker absitzen. Aber keiner weiß vom anderen, was in dessen Kopf vorgeht, ob der Kumpel tatsächlich ein solcher bleibt und nicht doch seinen ganz persönlichen Nutzen maximiert! Die Tabelle zeigt jedoch bei genauerem Hinsehen, daß es in der beschriebenen Situation sowohl für A als auch für B eine sog. **dominante Strategie** gibt, eine Strategie, welche die beste Antwort auf die Züge des Opponenten darstellt. Wieso? Am Besten ist es, ein Geständnis abzulegen! Gesteht A und gesteht B nicht, dann wandert V für 10 Jahre in den Knast, während A freigelassen wird. Gesteht B ebenfalls, dann kommt A immer noch mit nur 5 statt 10 Jahren weg! Da weder A noch B wissen, ob der andere als gut trainierter Beutegreifer standhaft und kooperativ bleiben wird, ist es auf jeden Fall (für A und B) besser, ein Geständnis abzulegen!

Das Gefangenen Dilemma ist *das* Kern- und Lehrstück der Spieltheorie. Jon Elster meint, Dilemmata mit dieser Grundstruktur seien »allgegenwärtig im sozialen Leben« (Bezugstext 1, S. 29). Und die dominante Strategie, welche den beiden zur Verfügung steht (egal was der andere machen wird), also das Geständnis, muß unter spieltheoretischen Gesichtspunkten als völlig (zweck-) »rational« angesehen werden. »Wenn ein Individuum über eine Option verfügt, die seinen anderen Optionen überlegen ist, gleichgültig was andere Leute tun, dann wäre es unvernünftig, würde es sie nicht wählen.« (Ebd.) Manchmal jedoch wird das Eigenschaftswort »rational« auch mit Moralvorstellungen aufgeladen. Dann geht es um mehr als

»Nützlichkeit« (utilitas): es geht um Ehre und Sittlichkeit (honestas) – beispielsweise um die Ganovenehre. A und B entschließen sich für eine kooperative Strategie, d.h.: sie legen kein Geständnis ab und kommen dadurch billiger weg. Das würde jedoch voraussetzen, daß sittliche Normen, kooperative Grundhaltungen oder Pflichtgefühle zur Erstausstattung von A *und* B gehören. Doch per definitionem haben sie sich als rationale Beutegreifer ausgewiesen; Vertrauen ist für sie zu riskant! Das Gefangenen-Dilemma beschreibt nicht mehr und nicht weniger als das Verhältnis eines vorteilsorientierten Spielers zu einem Gegenspieler, wobei jeder für sich das Beste herausholen will *(rational choice)*. Inzwischen haben sich jedoch Spiel- und Entscheidungstheoretiker daran gemacht, A und B zu resozialisieren!

Können rationale Egoisten kooperieren?

Vernunftbegabte Einzelwesen, die daran interessiert sind, ihren eigenen Nutzen nicht bloß zu mehren, sondern zu maximieren, indem sie die tauglichsten Mittel zur Erreichung ihrer Ziele und Zwecke einsetzen, können einander (mindestens) auf zwei elementare Weisen begegnen: Entweder ist ihnen jedes, aber auch jedes Mittel recht, um sich gegen andere durchzusetzen; dann droht ihnen allerdings der Hobbessche Kriegszustand. Oder aber sie wägen nüchtern und sachlich ab, was es einem bringt, wenn die Gegenspieler etwas tun und anderes lassen. Sachliche Vorteilsberechnung kann hier mit einer vergleichsweise freundlichen Haltung gegenüber anderen einhergehen. Mitgefühl, Mitleid, Kooperationsbereitschaft ist jedoch die Sache solcher Wesen nicht. Ist ihnen überhaupt kooperatives Verhalten zuzutrauen? Wenn ja: Unter welchen Voraussetzungen und wie lange? Wir stoßen damit auf eine hochmoderne spieltheoretische Spielart einer Jahrtausende alten Problematik der Sozialphilosophie.

Schon in der griechischen und der römischen Antike haben sich nachdenkliche Leute wie z.B. Cicero oder Epikur gefragt, ob es wohl verpflichtende Normen gäbe, welche das menschliche Handeln überall und jederzeit »von Natur aus« binden?[6] (Naturrecht) Oder ist es nicht vielmehr so, daß alle Gebote für das

6 Dabei ist allerdings der Sprachgebrauch im Mittelalter und Antike zu beachten, wonach »natura« *nicht* wie in der Moderne primär die physische Natur (natürliche Umwelt), sondern »das Wesen«, »die Wesensbestimmung« von etwas meint!

Handeln nur den jeweiligen historischen und veränderlichen Sitten und Gebräuchen von Völkern entstammen? Dementsprechend wäre beispielsweise auch kein »Naturrecht« gleichsam oberhalb der Rechtsregeln des jeweils brauchbaren (oder unbrauchbaren) »positiven Rechts« einer Gesellschaft zu suchen! Es ist nicht ausgeschlossen, die außerordentlich mannigfaltigen und oftmals außerordentlich kontroversen Antworten, die im Verlauf der Geschichte, für diese elementare Fragestellung vorgeschlagen wurden, danach einzuteilen, wie sie das Verhältnis von *utilitas* (Nützlichkeit) und *honestas* (Sittlichkeit) ausmalen.

Im spieltheoretischen Begriff der »kooperativen Strategie« steckt ja offensichtlich auch ein Bedeutungskern von *honestas*. Zur Kooperation gehören offenkundig Vertrauen, Respekt vor den Absichten anderer, Einfühlungsvermögen etc. – zur Kooperation gehört ein Schuß »Altruismus«. Es gibt hochmoderne Spieltheoretiker, welche die These von der grundsätzlichen Zurückführbarkeit solcher Prinzipien der *honestas* auf Strategien der *utilitas* (Nutzenkalkulationen) vertreten. Wie das geht, hat ihnen der englische Sozialphilosoph Thomas Hobbes (1588-1679) vorgemacht: Schauen wir uns eine moralische Einzelstellung wie die christliche Nächstenliebe genauer an. »Es kann keinen beeindruckenderen Beweis für die Macht eines Menschen geben, als sich dazu imstande zu sehen, nicht allein seine eigenen Strebungen (desires) zu erfüllen, sondern zugleich anderen bei der Erfüllung der ihren beizustehen; und das ist der Begriff, worin *Nächstenliebe* besteht.« (Hobbes: *On Human Nature)* Nächstenliebe wäre somit eine Funktion des Machtstrebens, das auch dieser Form des (scheinbaren) Altruismus zugrunde liegt! Andere moderne Spieltheoretiker – wie z.B. Jon Elster (Bezugstext 1, S. 52-60) – arbeiten demgegenüber mit der These von der Nichtzurückführbarkeit von *honestas* auf *utilitas* (wie auch immer das Gerechte und das Nützliche im Detail zusammenhängen mögen).

Um bei dieser Debatte einen Schritt weiterzukommen, hat Axelrod eine Computerolympiade veranstaltet.[7] Zur Teilnahme daran waren prominente Spieltheoretiker aufgerufen. Sie sollten Rechner-Programme einreichen, die so gebaut waren, daß sie gegen die Programme der Konkurrenten nach den Grundregeln des Gefangenendilemmas antreten konnten. Die beiden Grundstrategien für jedes Programm waren: Mogeln (Lug und Trug zum eigenen Vorteil) oder Kooperation. Auf jede Aktion (M oder K) eines Programms stand einem anderen die Reaktion M oder K offen.

---

7 Axelrod: *The Evolution of Cooperation,* München 1987. Zum Überblick s. D.R. Hofstadter: *Metamagikum. Kann sich in einer Welt voller Egoisten kooperatives Verhalten entwickeln?* In: Spektrum der Wissenschaft, August 1983.

Sieger der Olympiade war das Programm TIT FOR TAT (»Wie du mir, so ich dir) des Spieltheoretikers Anatol Rapoport. Dessen Strategie ist einfach und effektiv: »Kooperiere beim Zug 1; danach tue stets das, was der andere Spieler im Zug davor getan hat.« (Hofstadter 1983, S. 11) Die komplizierteren und raffinierteren Programme mußten sich im Schnitt dieser schlicht erscheinenden Strategie geschlagen geben! Axelrod nennt die Moral von der Geschicht': TfT ist grundsätzlich kooperationsbereit. Es schlägt erst zurück, wenn es geschlagen (betrogen) wird. Es kehrt zudem zur Kooperation zurück, wenn die anderen Friedensangebote machen. Das gradlinige und kompromißlose Verfolgen der eigenen Vorteile, wenn sie sich bieten, bringt gar nicht so viel ein, wie es uns der alte homo oeconomicus glauben läßt!

Nachdem das schlichte TfT auch beim zweiten, noch komplizierteren Wettbewerb seine Vorzüge bewies, glaubte Axelrod dem Computer geradezu eine Sittenlehre entnehmen zu können: »Abstauber (free rider – d.Vf.) bleiben auf der Strecke« (Hofstadter), »Kooperiere so oft wie möglich«, »Schlage bei Betrugsverdacht nicht erbarmungslos zurück, sondern übe begrenzte Vergeltung«, »Schaffe ein Klima des Vertrauens«. Am Ende ergab sich der kategorische Imperativ für Situationen von der Art des Gefangenendilemmas: »Sei nett, provozierbar und versöhnlich.« (Hofstadter 1973, S. 12) Interessant ist überdies, daß der *erste* Zug unseres auf TfT programmierten Freundes A die Haltung der Kooperationsbereitschaft und eine Tendenz voraussetzt, wenn's irgend geht (z.B. durch milde Vergeltung) zur Kooperation zurückzuführen. V macht einen resozialisierten Eindruck. Er weist nicht länger (einschränkungslos) die Physiognomie eines rationalen Beutegreifers auf.

Neues Spiel mit dem Schema 2

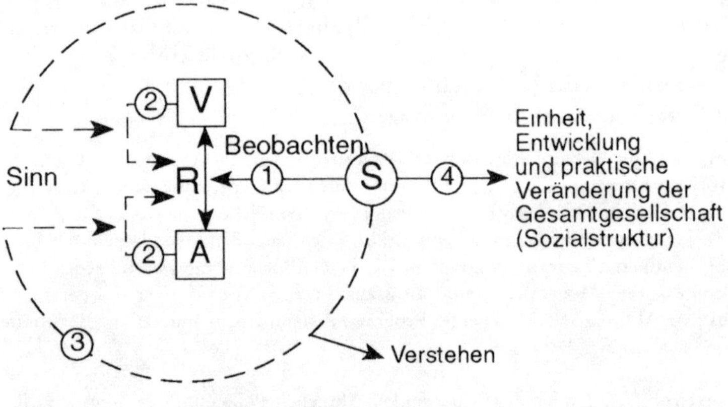

Wie der Name »Spieltheorie« schon sagt: Im Kern und am Ausgangspunkt beschreibt diese Denkweise die Relation R zwischen A und V als ein Verhältnis von Spieler und Gegenspieler. Ihre elementare Verhaltensstrategie ist die der rationalen Wahl. Sie verfügen über ein Spektrum von Handlungsalternativen (Optionen) und werden – je nach den Umständen und Gelegenheiten *(opportunities)* – darum bemüht sein, die Einzahlungen gering und die Auszahlungen *(rewards)* auf dem höchstmöglichen Niveau zu halten. Ihr psychischer Treibstoff ist die Minderung der Deprivationen (Kosten) und die Maximierung der individuellen Gratifikationen (Nutzen). Doch das heißt nicht, sie seien grundsätzlich kooperationsunfähig oder ihr Altruismus bedeute nur einen verschleierten Egoismus.

Linie ①: Natürlich will auch der spielerische Beobachter S die Aktionen von A und V beobachten, erklären und vorhersagen. Er unternimmt dies vor allem auf dem Boden eines »Rationalprinzips«. Beobachter gehen davon aus: Akteure orientieren sich in erster Linie an den Handlungsfolgen, sie wollen mit den vorhandenen Mitteln das Beste für ihre Zwecksetzungen unter den Bedingungen einer Situation zu erreichen, worin auch die Aktionen anderer für die eigene Zielerreichung maßgeblich ist. Aber S unterstellt natürlich nicht, in der Wirklichkeit liefe alles so glatt zweckrational. Er rechnet dort mit rationalen strategischen Erwägungen unter Unsicherheit, mit ungeplanten Nebenfolgen von Handlungen, instabilen Nutzenfunktionen etc.

Linie ②: Den Anschluß an das Tun und Lassen der Menschen in der Wirklichkeit sieht S dadurch sichergestellt, daß A und V oftmals Strategien im Verhältnis zu Gegenständen aber auch zueinander verfolgen, die dem Bild der nüchternen und rationalen Wahl unter Alternativen mehr oder minder nahekommen.

Linie ③: Dieses Verfahren des Vergleichens eines hochstilisierten Bildes völlig (zweck-)rationalen Vorgehens, wie es durchaus schon beim *homo oeconomicus* auftaucht, mit dem, was die Leute tatsächlich (unter oft geradezu dramatischer Abweichung vom Idealbild) tun, hat durchaus etwas mit der Operation des »Verstehens« zu tun. S versteht einen sozialen Vorgang um so besser, je näher der Ablauf irgendeinem Muster rationaler Handlungen kommt (vgl. Kapitel 8), »Sinn«, der auf diesen Wegen zu verstehen ist, spielt aber auch insofern eine Rolle, als das, was als Gelegenheit angesehen wird, immer auch etwas mit dem Wissen und den Situationsdeutungen der Leute zu tun hat.

Besonders interessant ist jedoch die Linie ④: Allesamt: Spiel- und Entscheidungstheoretiker bzw. Theoretiker der rationalen Wahlhandlungen betonen den »methodisch-individualistischen« Grundzug ihrer Denkweise. Sie gehen – oftmals mit mathematisch genauer Methodik – vom Individuum mit seinen Strebungen und Gelegenheiten aus. Mit dem Gefangenendilemma rückt nur eine Dyade (Paarbeziehung) in das Zentrum von Überlegungen, die sich wiederum auf den individuellen Nutzenmaximierer stützen. Wo ist dann aber die Gesamtgesellschaft oder die Sozialstruktur abgeblieben? Nun, eine Form, worin sie berücksichtigt wird, stellt (wenn wir von den komplexen Annahmen der Nationalökonomen über die Koordination von Einzelhandlungen durch Marktmechanismen absehen) die (Spiel)Theorie des kollektiven Verhaltens dar.[8] Da gibt es etwa umfängliche Untersuchungen, sog. »bargaining processes«, die sich z.B. zwischen Kollektiven wie Arbeitgeberverbänden und Gewerkschaften abspielen können. Mit Zuckerbrot und Peitsche, Drohungen und Versprechungen, wird ein Lohnniveau ausgehandelt.

Doch nicht alle Spiel- und Entscheidungstheoretiker behaupten, Normen seien ein Klebstoff zur Verbindung von Einzelhandlungen zu kollektiven Vorgängen, Gebilden und gesamtgesellschaftlichen Strukturen, der nur deswegen und solange funktioniert, wie er einer kritischen Masse von Individuen nutzt und/oder durch Sanktionsdrohungen gefestigt wird. Das hieße nur, dem »homo oeconomicus« den »homo sociologicus« an die Seite zu stellen (vgl. Ergänzungstext). Denn der letztere ist ein Wesen, das durch sanktionsgestützte Normen (letztendlich der übergreifenden Kultur) bei der Stange des von ihm erwarteten Verhaltens gehalten wird. Demgegenüber gibt es nicht nur »kooperative Formen kollektiven Handelns« (vgl. Bezugstext 1, S. 131 ff.), sondern auch moralische Normen, die Handeln binden, ohne daß sie auf die Nutzenkalküle der einzelnen zurückführbar wären (ebd., S. 116-120).

Um den Begriff der »sozialen Einheit« oder »gesamtgesellschaftlicher Ordnung« lesen zu können, ließe sich zudem auf den Begriff des **Gleichgewichts** zurückzugreifen, auch wenn er nur in der Phy-

8 Diese untersucht z.B. das sog. »free rider«-Verhalten (Trittbrettfahrer-Effekt). Da gilt Olsons' sicherlich nicht sehr verblüffendes Theorem: Nutzenmaximierer sind um so weniger bereit, Eigenbeiträge zur Verfolgung gemeinsamer Ziele zu leisten, je größer ihre Zahl ist und je sicherer es für sie ist, ohne Eigenleistung an den Vorteilen durch kooperatives Verhalten teilzuhaben (Bezugstext 2, S. 14).

sik exakt, in der Nationalökonomie vage[9] und in der Soziologie bestenfalls metaphorisch ist. Dann stießen wir bei Spieltheoretikern insbesondere auf die Gleichgewichtsvorstellung der sog. **Pareto-Effizienz** (auch **Pareto-Optimum** nach dem Erfinder Vilfredo Pareto genannt). Ganz abstrakt betrachtet beinhaltet sie den Zustand einer Gesellung, wobei es kein einziges Individuum gibt, dem es etwas (auch nur minimalen zusätzlichen Nutzen) bringen würde, wenn es von den eingespielten Vorgehensweisen, Abläufen und Einrichtungen abwiche. Was brächte es für mich, wenn ich mich plötzlich entschlösse, die Türen mit den Füßen aufzumachen? Bestimmt keine Vorteile – weder für mich noch für die kollektive Praxis des Betretens durch Türen geschlossener Räume!

Genauer und ernsthafter genommen bezieht sich der Ausdruck **Pareto-Effizienz** in der Tat auf ein gesamtgesellschaftlich bedeutsames Phänomen: auf die Verteilung von Ressourcen (Problem der Allokation von Arbeitskraft und Produktionsmitteln). Eine Ressourcenaufteilung ist in einer Gesellschaft pareto-effizient, »sofern kein Marktteilnehmer einen höheren Nutzenindex erreichen kann, ohne den Nutzenindex mindestens eines anderen Wirtschaftssubjektes zu reduzieren.«[10] Ließe sich ein solcher Zustand ermitteln, könnte er praktisch – beispielsweise mit den Mitteln der Wirtschaftpolitik – angesteuert werden. Abgesehen von diesem Problem führt uns auch diese Effizienz-Vorstellung wieder geradewegs zum unaufgelösten (unauflösbaren?) Spannungsverhältnis zwischen *utilitas* und *honestas* zurück. Denn pareto-effiziente Zustände können nach der Ansicht einiger Spieltheoretiker pareto-effizient und gleichzeitg ungerecht sein. Dann wird das alte Spannungsverhältnis als das zwischen »Effizienz« und »Gerechtigkeit« neu aufgespannt und die These vertreten, »daß das Pareto-Prinzip allein keine Gerechtigkeitsvorstellung abgibt.«[11]

---

9 Es kann ein vereinbarter Sprachgebrauch sein und – wenn's dem Volke dient – auch bleiben, beispielsweise von einem »Gleichgewicht« zu reden, wenn die Input-Ströme (Einnahmen) gleich den Output-Strömen sind. (Meist ist es allerdings schwer einzusehen, wann die Wirte des Volkes von realen Gleichgewichten und wann von Gleichungen reden.)

10 E. Feess-Dörr: *Mikroökonomie – Eine Einführung in die neoklassische und klassisch-neoricardianische Preis- und Verteilungstheorie,* Marburg 1991, S. 501 *Nullsummenspiele* sind solche Spiele, bei denen eine Partei das gewinnt, was die andere verliert.

11 John Rawls: *Eine Theorie der Gerechtigkeit,* Frankfurt/M. 1979, S. 92. Dieses Buch stellt einen der einflußreichsten Texte in dieser Debatte dar (s. insbes. Abschnitt 12, S. 86-95).

Über die Praxisrelevanz dieser Art von Überlegungen brauchen wir gar nicht lange zu streiten. Wo's darum geht, ob etwas brauchbar, nützlich, effizient, zugleich aber auch darum geht, ob Handlungen und/oder Institutionen gerecht sind, ist Praxisrelevanz selbst auf abstraktestem Niveau zu vermuten. Da braucht man gar nicht mehr groß daran zu erinnern, daß die Entscheidungstheorie mitunter den Marktentscheidungen von Unternehmen helfen soll und strategische Szenarien zu den bedrohlichen Alltagsübungen der Großrechner von Generalstäben gehören.

Anhang zu Kapitel 5

I. Bezugstexte

1. Jon Elster: *Nuts and Bolts for the Social Sciences,* Cambridge 1989
2. H. Wiesenthal: »Die Ratlosigkeit des homo oeconomicus«, Einleitung zu Jon Elster: *Subversion der Rationalität,* Frankfurt/New York 1987, S. 7-19

II. Ergänzungstexte

P. Weise: *Homo oeconomicus und homo sociologicus. Die Schreckensmänner der Sozialwissenschaften,* in: Zeitschrift für Soziologie, Jhg. 18, Heft 2 (1989), S. 148-161

III. Klassiker

Thomas Hobbes: *Leviathan – oder Stoff, Form und Gewalt eines bürgerlichen und kirchlichen Staates,* hg. und eingeleitet von I. Fetscher, Neuwied/Berlin 1966, Kapitel 6, 10, 11, 13, 14 und 15

IV. Übersichtsband

M. Hollis: *The Cunning of Reason,* Cambridge 1987

V. Stichworte

Bedarf: Menge der vom Individuum aufgrund seiner → Präferenzen und Kaufkraft (bei gegebenen Preisen) nachgefragten Güter und Dienste.

Bedürfnis: Im engeren ökonomischen Sinn: → Strebungen, die durch den Kauf produzierte Güter und/oder erbrachter Leistungen auf Märkten zu befriedigen sind.

Dominante Strategie: Strategie eines Proponenten, die die beste Antwort auf die Strategie eines Opponenten darstellt.

Gelegenheiten *(opportunities):* Bedingende und/oder ermöglichende und/oder zwingende Umstände und Mittel.

Gleichgewicht: Zustand, worin kein einzelnes Subjekt besser gestellt wäre, wenn er sich änderte, ohne daß ein anderes entsprechend verlöre. Auch: Übereinstimmung der Pläne von Individuen.

Motivationshypothese: Grundannahmen über den Zusammenhang gesamtgesellschaftlicher Ordnungs- und Entwicklungsprinzipien mit den Motivationen (→ Strebungen) einzelner Personen oder Gruppen.

Nutzen: a) Gebrauchswert (Nützlichkeit); b) Grad der Erfüllung oder Sättigung von → Strebungen bzw. → Bedürfnissen.

Optionen: Offenstehende Handlungsalternativen bzw. Mittel.

Pareto-Effizienz (auch »Pareto-Optimum« oder »Pareto-Prinzip): Ressourcenaufteilung, bei der es *keine* Allokationsstrategie gibt, welche allen den gleichen → Nutzen bietet wie bisher und gleichzeitig (mindestens) ein Individuum (minimal) besser stellt.

Präferenzen: Gesamtheit der Vorlieben und Abneigungen einer Person.

Rationale Wahlhandlung: Entscheidung(sstrategien) bei der Auswahl unter gegebenen → Optionen.

Rationalität: Zweckrationalität. Optimales oder zufriedenstellendes Ergebnis bei der Verfolgung von Zwecken durch überlegten Einsatz von Mitteln.

Rationalprinzip: Die → Motivationshypothese, daß Menschen grundsätzlich nach der Maximierung ihres Nutzens unter Vermeidung von Kosten streben.

Rewards: Auszahlungen – je nach den Einzahlungen.

Strebungen: Psychische Strebungen des Individuums. Von elementaren Trieben bis zu kulturellen Bedürfnissen. Im engeren Sinn: Gesamtheit der Vorlieben und Abneigungen einer Person (→ Präferenzen).

Kapitel 6
Die Soziologie ist doch eine exakte Wissenschaft!

Im Grenzbereich von Philosophie und Soziologie

Wir müssen uns in diesem Kapitel im Grenzbereich von Philosophie und Soziologie bewegen, um die »kritisch-rationalistische« Soziologie vorzustellen. Aber diese ist nicht einfach eine weitere Denkweise wie »Rollentheorie«, »Interaktionismus«, »Ethnomethodologie«, sie stellt auch, sogar in erster Linie, eine *philosophische* Position dar. Ein Anhänger der Rollentheorie kann durchaus »kritisch-rationalistischen« Vorstellungen folgen.
Welche Fragen stellt nun die Philosophie?
Wie üblich, streiten sich darüber die gelehrten Philosophen. Einer von ihnen, der gleichzeitig über die Sozialwissenschaften redet, glaubt, eine verständliche Antwort auf die Frage nach dem Tun der Philosophen zu haben:

»Eine zusammenfassende Antwort auf die Frage, welche Art von Fragen Philosophen stellen, lautet: sie stellen Fragen zweiter Ordnung. Die Probleme, die sie aufwerfen, sind begriffliche Probleme.« (Ryan, *Die Philosophie der Sozialwissenschaften*)

Das bedarf wohl der Übersetzung. Fragen »erster Ordnung« sind Fragen über einen Gegenstandsbereich. Was geschieht in der Natur? Was geschieht in der Gesellschaft? Fragen »zweiter Ordnung« sind Fragen nach den begrifflichen und logischen Mitteln, mit deren Hilfe Wissenschaftler ihren Gegenstandsbereich untersuchen. Diese Fragen beziehen sich nicht auf die Gegenstände, sondern auf das wissenschaftliche Sprechen *über* Gegenstände, Merkmale, Ereignisse. Das ruft uns die Abbildung 5 aus dem zweiten Kapitel in Erinnerung.

Die Philosophie als Ganze ist mehr als Wissenschaftstheorie[1],

1 Und gewiß ist der »Kritische Rationalismus« nicht die einzige Metatheorie der Sozialwissenschaften.

Theorie über Theorien von Gegenstandsbereichen. Als »Ethik« klärt sie beispielsweise den Gehalt und den logischen Aufbau moralischer Aussagen. Aber unser Schema soll nur eine für die Soziologie wichtige Verdeutlichung der Auffassung geben, die Ryan der Tätigkeit von Philosophen zuschreibt.

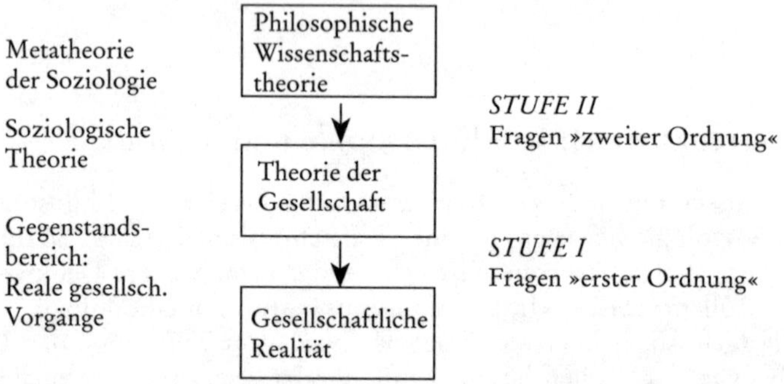

Abbildung 5a
Philosophie der Sozialwissenschaften

Auf der Stufe der Philosophen, auf Stufe II, werden Probleme behandelt wie: Was sind die logischen Merkmale der Begriffe in sozialwissenschaftlichen Theorien? Wie werden die Aussagen in soziologischen Theorien aufgebaut und verbunden? Wie kann man sich mit einer Theorie überhaupt auf die Realität beziehen? Mit welchen begrifflichen und logischen Mitteln kann man Ereignisse im Gegenstandsbereich beschreiben und erklären?

Als Wissenschaftstheoretiker, also wenn sie auf der Stufe II über die wissenschaftlichen Theorien reden, die Kollegen auf der Stufe I verwenden, wollen die Wissenschaftler meistens mehr als feststellen, was »die da unten« (auf Stufe I) tun. Sie wollen zugleich vernünftige, *rationale* Regeln des Theorieaufbaus und der Theorieverwendung vorschlagen. So etwa logisch genaue Verfahrensregeln für die *kritische* Überprüfung der Theorie an der Wirklichkeit.

Vielleicht kann man sich jetzt vorstellen, daß es Sozialwissenschaftler gibt, die inhaltlich (auf der Stufe I) mit den Mitteln der Rollentheorie arbeiten, aber dann, wenn sie ihr eigenes Vorgehen philosophisch bedenken, den Regeln einer philosophischen Schule wie dem »Kritischen Rationalismus« folgen. Und das kann Konsequenzen für ihr Vorgehen auf Stufe I haben. Andererseits kann man sich auch einen Soziologen denken, der ohne Rücksicht auf »Rollentheorie«, »Interaktionismus«, »Ethnomethodologie« und die anderen Ansätze, die es so gibt, den Versuch unternimmt, Theorie und Forschung z.B. nach den Prinzipien des *Kritischen Rationalismus* aufzubauen. Von diesem ist im Folgenden mit Hilfe von Aussagen, die sich allerdings meist auf der Stufe II halten, die Rede.

Einige Grundannahmen »kritischer Rationalisten«

Erinnern wir uns daran, daß man bei einem Naturwissenschaftler sehr viel eher Nachsicht übt, wenn er unverständlich spricht, als bei einem Soziologen. Wenn man von einem Chemiker hört, das »H-Atom bestehe aus einem Proton und einem Elektron, welches sich in einem kugelsymmetrischen Raum um das Proton bewegt, während das HE-Atom zwei Elektronen besitze, die sich beide mit entgegengesetzt gerichtetem Spin in der gleichen Wolke bewegen können«, versteht man als Laie recht wenig. Allenfalls: Da bewegt sich etwas in einem Raum oder es bewegt sich in einer Wolke.

Keiner wird sich einbilden, damit an das vom Naturwissenschaftler Gemeinte heranzureichen. Dieser bedient sich einer Fachsprache, die eine Voraussetzung dafür ist, wirklich genaue Einsichten in chemische Prozesse zu erzielen. Die Genauigkeit der naturwissenschaftlichen Theorien und ihre Erfolge bei ihrer Anwendung in der Technik, die sollten die Soziologen erst einmal nachmachen! Für die Soziologen, über die wir jetzt reden, ist es in der Tat ein Grundsatz, sich die genaue mathematisch-logische Sprache und die exakten Methoden der Naturwissenschaften zum Vorbild zu nehmen.

Es ist gewiß nichts dagegen einzuwenden, daß Soziologen sich logisch gut organisierter Aussagen und genau bestimmter Begriffe bedienen, aber mit dem Vorbild der Naturwissenschaften ist mehr gemeint. Die Soziologen sollen sich anschauen, so meinen die kritischen Rationalisten, wie die Naturwissenschaftler ihre Theorien aufbauen, mit welchen Mitteln sie sie überprüfen und auf welche Weise sie zu exakten Beschreibungen, stichhaltigen Erklärungen und zutreffenden Voraussagen (Prognosen) kommen. Wenn sie das begriffen haben, sollten sie ihre eigenen Theorien gefälligst nach diesem Vorbild konstruieren. Naturwissenschaftler und sozialwissenschaftliche Theorien und Vorgehensweisen unterscheiden sich *nicht im Prinzip,* sondern allenfalls dadurch, daß die Soziologen noch nicht so weit wie die Naturwissenschaftler sind. Es gilt das *Ideal der Einheitswissenschaft* zu verwirklichen.

Die Soziologen, die dem physikalischen Weltstandard hinterherhecheln, fangen also zunächst einmal an, ihre **Begriffe** zu schärfen. Da gibt es zum Beispiel Begriffe, die S verwenden kann, um seine Gegenstände (s. Stufe I der Abb. 5a, S. 108) zu sortieren, zu klassifizieren. Begriffe heben bestimmte Merkmale an Gegenständen und/ oder Personen hervor. Der Satz: »S ist ein ›Soziologe‹« stellt eine **Aussage** dar, in der einem Individuum die Eigenschaften zugeschrieben werden, die im Begriff »Soziologe« zusammengefaßt bzw. unter vielen denkbaren anderen hervorgehoben werden. »Geschlecht« wäre ein anderer Begriff, der ein besonderes Merkmal von Personen hervorhebt und die **Merkmalsausprägungen** »männlich« oder »weiblich« aufweisen kann. Nach diesen beiden Ausprägungen des Merkmals »Geschlecht« könnte S eine bestimmte Gruppe von Leuten sortieren, klassifizieren, und auszählen, wieviel Personen die eine und wieviel die andere Merkmalsausprägung aufweisen. Der Begriff »Geschlecht« ist ein recht genauer Begriff, weil es vergleichsweise deutliche Anhaltspunkte, **Indikatoren** dafür gibt, wann einem Individuum die eine, wann die andere Merkmalsausprägung zukommt. Er ist auch in dem Sinne »genau«, daß die allermeisten Personen *in eine und nur eine* der beiden Klassen (»männlich« – »weiblich«) fallen.

Ein Zwitter würde S üble Probleme bereiten; denn sein Begriff erwiese sich in diesem Fall, in dem eine Person in beide Klassen eingeordnet werden könnte, als unscharf. Am Ende der Klassifikation dürfen möglichst keine unsortierten Leute übrigbleiben. Je größer diese Restklasse der Unsortierbaren ist, desto ungenauer ist der Begriff. »Geschlecht« ist also ein sozialwissenschaftlich bedeutsamer[2] **klassifikatorischer Begriff**, von dem man einen durchaus exakten Gebrauch machen kann.

S kann die Leute natürlich auch nach einer Rangordnung aufmarschieren lassen. Dann zeigt der entsprechende Begriff an, ob ein Individuum jeweils mehr oder weniger von einem Merkmal hat. »Berufsprestige« ist das Ansehen, das sich mit einer Berufsposition verbindet. Indikatoren für das Berufsprestige könnten die Rangordnungen sein, die die Leute im Alltag durchaus übereinstimmend für Positionen aufstellen. Anhand dieser oder irgendwelcher anderer Indikato-

---

2 »Bedeutsam« z.B. deswegen, weil man zeigen kann, daß das Geschlecht Einfluß aufs Verhalten hat.

ren stellt S dann fest, daß der Arzt ein höheres Ansehen genießt als der Arbeiter. »Berufsprestige« ist ein sozialwissenschaftlich bedeutsamer *Ordnungsbegriff*.

Angenommen, S vergleiche einige Personen nach ihren Intelligenzquotienten (IQ) (Beispiel bei Opp, Bezugstext 1, S. 58 f.). Peter hat einen IQ von 100, Paul einen von 110, Max bringt 120 und Moritz sogar 130. Der sozialwissenschaftliche Begriff, um den es geht, ist der der »Intelligenz«. Vorhandensein und Ausprägung der Merkmale, die er hervorhebt, werden in Intelligenztests ermittelt.

Wenn S die 4 Burschen nach dem Test vergleicht, kann er behaupten, der Intelligenz-*Unterschied* zwischen Peter und Paul sei genauso groß wie der Intelligenz-*Unterschied* zwischen Max und Moritz. Er kann aber nicht sagen, Moritz sei 1,3mal so intelligent wie Peter (100 x 1,3 = 130). Denn: Welche Intelligenzstufe soll S mit *Null* bezeichnen, um derartige Multiplikationen (oder Divisionen) ausführen zu können? Wo auf seiner Intelligenz-Meßlatte der Nullpunkt gesetzt wird, steht völlig in seinem Belieben. Es ist genauso willkürlich wie die Festlegung des Nullpunktes bei unseren üblichen Thermometern. Man muß ja nicht unbedingt den Gefrierpunkt des Wassers zum Nullpunkt der Meßskala erheben. Fahrenheit und Réaumur haben andere Nullpunkte gewählt, für die genauso viel und genauso wenig spricht wie für den Nullpunkt der Celsiusskala. Verändert sich der Nullpunkt zwischen C° und F°, dann verändern sich auch die Verhältnisse zwischen den Zahlen hinsichtlich der beiden Skalen.

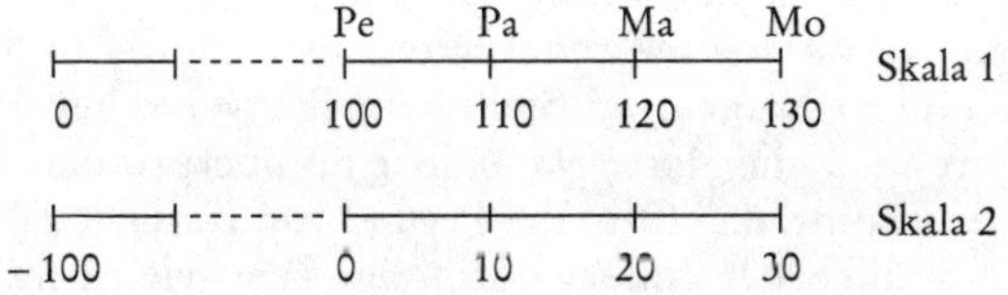

Abbildung 11
2 Skalen mit willkürlichem Nullpunkt

Auf Skala 2 (in die man Skala 1 überführen kann) wäre Moritz plötzlich 30mal so schlau wie Peter!

»Intelligenz« ist ein sozialwissenschaftlich bedeutsamer, **intervallgestufter Begriff**.

Anders ist es bei richtigen Meßlatten wie dem Metermaß. Wo das Metermaß aufhört, das sieht man, das ist gleichsam auf »natürliche«

Weise festgelegt. Auch für das Merkmal »Einkommen« gibt es einen »natürlichen Nullpunkt«, wenn man die Merkmalsausprägungen feststellt. Unter Umständen braucht man nur am Monatsende in seinen Geldbeutel zu schauen, um zu begreifen, was beim Einkommen ein natürlicher Nullpunkt ist. Weil es einen solchen festen, nichtkonventionellen Nullpunkt gibt, kann man auch sagen: »Moritz verdient 3,5mal so viel wie der Peter.«

»Einkommen« ist ein sozialwissenschaftlich (und individuell!) bedeutsamer, **rationalgestufter Begriff**.

Es gibt natürlich noch eine ganze Reihe anderer Arten von Begriffen, z.B. »zweistellige«, die eine Beziehung zwischen zwei Sachverhalten ausdrücken. »x ist der Bruder von y« – »Bruder von« ist ein mindestens zweistelliger, oft auch mehrstelliger Begriff.

Bleiben wir beim Satz: »x ist der Bruder von y«. Für x und y kann man beliebige **Namen** (Bezeichnungen für einen einzelnen Gegenstand oder eine einzelne Person) einsetzen, auf die die Aussage zutrifft. »Erde« ist ein Name.

Die Logiker formalisieren zuletzt auch noch den Bestandteil »ist Bruder von« in unserem Satz. Sie schreiben stattdessen beispielsweise »B«. Die reine Form des Satzes, seine **Ausageform** lautet dann:

$$x\ B\ y$$

Wie gesagt: Für x und y kann man beliebige Namen, für B beliebige zweistellige Merkmale (Prädikate) einsetzen: Otto ist der Freund von Karl, Luise heiratet Peter usf.

Indem man in die logisch präzisierte Aussageform an Stelle der Variablen x und y Namen, an Stelle von B zweistellige Prädikate einsetzt, führt man die *Aussageform* in eine überprüfbare Aussage über. Wenn es stimmt, daß Otto der Freund von Karl ist, dann haben wir durch Ausfüllen der Aussageform eine (von vielen möglichen) wahren Aussagen im Rahmen dieser Form erhalten.

Bevor man sich den Kopf darüber zerbricht, wie man nun feststellen kann, ob eine derartige Interpretation wahr oder falsch ist, muß man dem Vorbild logisch genau aufgebauter Naturwissenschaften noch ein Stück weiter folgen. Die Theorie des Soziologen wird gewiß nicht aus einer einzelnen oder nur ganz wenigen Aussagen bestehen. Sie wird vielmehr ein System miteinander verknüpfter Aussagen darstellen müssen. Eine einzelne Hypothese ist keine Theorie. Wie verbindet man nun Aussagen nach Regeln logischer Genauigkeit?

Durch **Junktoren** sagt der Logiker. Das klingt bedrohlich, ist aber ganz einfach.

Man kann zwei Aussagen (Sätze) z.B. durch den Junktor »und« verbinden. Nehmen wir einen ganz einfachen Satz, der irgendeinem Ding eine Eigenschaft zuschreibt: »Der Geldschrank ist rostig«. Formalisiert liest sich das so: Rx = x hat die Eigenschaft R. Gy (y hat die Eigenschaft G) könnte für einen beliebigen anderen Satz, etwa für: »Der Gartenstuhl ist grün«, stehen. Durch den Junktor »und« (∧) kann man die beiden Sätze verbinden:

$$\boxed{Rx \wedge Gy} \qquad \text{(Satz 1)}$$

Satz (1) lautet: »x hat die Eigenschaft R *und* y hat die Eigenschaft G«. Für x, y, R, G, kann man beliebige Dinge bzw. Eigenschaften einsetzen, um zu überprüfbaren (inhaltlichen) Aussagen zu kommen. Weitere Junktoren sind z.B.: »entweder, oder« (∨), »ist nicht« (~), »wenn, dann« (→).

$$\boxed{Gx \rightarrow Hx} \qquad \text{(Satz 2)}$$

Satz (2) lautet: »Immer wenn x die Eigenschaft G hat, dann hat x auch die Eigenschaft H«. – »Immer wenn ein Apfel sich vom Ast löst, fällt er auf die Erde«.

Aber gerade wenn S es den Naturwissenschaften wirklich genau nachmachen will, wenn er wie diese auf Gesetze, Gesetzmäßigkeiten aus ist, dann muß er bei der Verbindung seiner Aussagen zu einem System, zu einer Theorie, auch **Quantoren** verwenden.

Quantoren geben an, auf wieviele Gegenstände einer besonderen Art bestimmte Merkmale zutreffen. So könnte S beispielsweise das folgende Gesetz für gültig halten: *Für alle* Gesellschaften gilt, Gesellschaften teilen sich in soziale Klassen auf. »Für alle ... gilt« ist ein Quantor.

Natürlich kann man einen umgangssprachlichen Satz wie: »Alle Äpfel, die sich vom Ast lösen, fallen auf die Erde« wieder logisch formalisieren, indem man ihn in die Form eines **Allsatzes** überführt:

$$\boxed{(x)\ Gx \rightarrow Hx} \qquad \text{(Satz 3)}$$

(x) ist zu lesen: »Für alle x gilt«. (x) ist der **Allquantor** (oder *Alloperator*).
Gx ist zu lesen: »x hat die Eigenschaft G«
→ ist zu lesen: »wenn..., dann«
Hx ist zu lesen: »x hat die Eigenschaft H«

Die ganze Formel, Satz (3) lautet also: »Für alle x gilt, wenn x die Eigenschaft G hat, dann hat x auch die Eigenschaft H« – »Für alle Äpfel gilt: Wenn ein Apfel sich vom Ast löst, dann fällt er auf die Erde«. Letzteres ist eine mehr oder minder geistreiche Interpretation der Formel, eine Interpretation, die sich bisher eigentlich immer als zutreffend erwiesen hat.

Neben dem »Allquantor« hat auch der sogenannte **»Existenzquantor«** große Bedeutung für die Theoriebildung, um die es uns hier geht. Er hat nichts mit Existenzialismus zu tun, sondern bezeichnet das logische Konstruktionsprinzip für **Existenzaussagen**. Das sind Aussagen der Art: »Es gibt etwas, das...«; »Es existiert ein x, das...«; genauer: »Mindestens ein x hat...«

»Es gibt geflügelte Pferde« wäre eine Existenzaussage, die nach unserem Wissen unzutreffend ist. Formalisiert sähe sie so aus:

$$(\exists x)Fx \qquad \text{(Satz 4)}$$

(∃x) ist zu lesen: »Es existiert (mindestens) ein x, das ...«; »Mindestens ein x hat die Eigenschaft...«
Fx ist wie üblich zu lesen: »x hat die Eigenschaft F«

Satz (4) heißt also: »Es existiert (mindestens) ein x, das die Eigenschaft F hat«. (»Es gibt mindestens ein x, das die Eigenschaft F hat«). »Es gibt mindestens ein geflügeltes Pferd.« Auch

$$(\exists x)\,(Fx \rightarrow Gx) \qquad \text{(Satz 5)}$$

ist gar nicht so kompliziert wie es zunächst aussieht. Man lese: »Es gibt mindestens ein x, für das gilt: Wenn x die Eigenschaft F hat, dann hat x auch die Eigenschaft G«. – »Es gibt mindestens einen Apfel, der in die Luft entschwebt, wenn er sich vom Ast löst«. Das ist eine Existenzaussage, eine Interpretation von Satz (5), an die wohl niemand so recht glauben mag.

Wahrscheinlich ist die Bereitschaft des Lesers, sich mit Formeln herumzuschlagen, jetzt an ihrem natürlichen Nullpunkt angelangt. Warum der ganze formallogische Aufwand, der obendrein nur das Elementarste vom Elementaren wiedergibt? Will die Soziologie eine exakte Wissenschaft sein, will sie mit ihren Aussagesystemen wissenschaftstheoretisch und logisch geklärten Theorien den Naturwissenschaften nahekommen, dann muß sie klar bestimmte Begriffe verwenden, die logische Struktur der Aussagen unter Kontrolle halten und Aussagen mit Hilfe logisch gesicherter Junktoren und Quantoren verknüpfen. Letztlich müßte sie die Sprache der Mathematik benutzen.

Die Soziologie muß, so heißt es, ihre Theorien nach den exakten Regeln der Logik nicht zuletzt deswegen »quasi-naturwissenschaftlich« aufbauen, weil sie nach **Gesetzen**, den Gesetzen der Gesellschaft zu suchen hat. Was sind »Gesetze«? Über diese Frage sind sich zahllose Wissenschaftstheoretiker der gleichen Fraktion in die Haare geraten; eine eindeutige Antwort zeichnet sich nicht einmal für die Naturwissenschaften ab. Ein paar Anhaltspunkte werden allerdings gegeben und diese greifen auf Bestandteile der Formeln zurück, die oben auftauchten. Ein Gesetz ist:

a) eine *empirische* Aussage, das heißt zum Beispiel: eine bloße Aussageform wie der Satz (3), also (x) Gx→Hx ist kein Gesetz. Man muß an den Stellen, wo die Variable x steht und wo die Platzhalter für die Prädikate (H, G) auftauchen, etwas Wirklichkeitsbezogenes einsetzen. Erst nach einer solchen Interpretation der logischen Struktur kann die Aussage wahr oder falsch sein. Erst dann ist sie empirisch (an der Wirklichkeit) überprüfbar. Auch eine Tautologie gibt kein Gesetz her. »Für alle Äpfel gilt: Immer wenn ein Apfel sich vom Ast löst, dann fällt der Apfel entweder auf den Boden oder er schwebt in der Luft oder er steigt nach oben« ist ein Satz, den man drehen und wenden kann wie man will, er bleibt immer richtig. Er ist nicht überprüfbar, weil die Entscheidung über »wahr« oder »falsch« auf der empirischen Ebene aus logischen Gründen ausgeschlossen ist. Auch allgemeine Kennzeichnungen wie »Alle Raben sind schwarz« (für alle x gilt, wenn x ein Rabe ist, dann ist x schwarz) sind keine Gesetze.

b) eine empirische Aussage, die *nicht raum-zeitlich gebunden* sein darf. Sie muß für alle Orte und für alle Zeiten gelten. Der *Alloperator* (s.o.) muß auftauchen und so gelesen werden können: »Für alle Orte und Zeitpunkte gilt.« »Immer wenn es in Hamburg morgens regnet, dann spannen die Leute auf der Straße ihre Schirme (unter der Randbedingung, daß sie welche dabeihaben) auf«, ist aus vielen Gründen, aber auch deswegen kein Gesetz, weil die Aussage an einen bestimmten Ort und einen bestimmten Zeitpunkt gebunden ist.

Ein Gesetz, so wurde schon angedeutet, hat die logische Struktur eines *Allsatzes* (s.o.). Und das heißt zusätzlich: die Aussage muß logisch auf alle jemals denkbaren Ereignisse oder Dinge, auf eine unbegrenzte Menge von ihnen, bezogen sein. Sie darf in ihrem Aussagebereich nicht auf ein Individuum wie Napoléon oder die paar Fälle eingeengt sein, die man zufällig entdeckt hat. Eine einfache *Existenzaussage* (s.o.) wie: »Es gibt ein x, das ...« kann also auch kein Gesetz sein.

c) eine Aussage mit der logischen Struktur einer »Wenn, dann«-Aussage (ebenso »Je, Desto«-Aussage). Das Gesetz wird, so könnte man auch sagen, mit dem Pfeil-Junktor (→) angeschrieben. Alloperator und Pfeiljunktor sind zentrale Bestandteile von Allsätzen wie Satz (3): (x) Gx→Fx. Ein Allsatz stellt die logische Elementarstruktur eines Gesetzes dar. (Natürlich kann ein Einzelgesetz auch aus komplizierten Verbindungen derartiger Sätze bestehen.)

d) eine empirische Aussage, die bisher noch nicht widerlegt werden konnte, für die man bislang nur empirische Bestätigungen gefunden hat.

Zusammengefaßt läßt sich nach Opp (S. 75) *Gesetz* folgendermaßen definieren:

> *»Ein Gesetz heißt eine empirische Aussage, die 1. ohne raum-zeitlichen Bezug ist, in der 2. allen Elementen (mindestens) einer unendlichen Menge von Objekten (mindestens) ein Merkmal zugeschrieben wird, die 3. als Wenn-Dann oder Je-Desto-Aussage formuliert werden kann und die 4. sich empirisch relativ gut bewährt hat.«*

Eine **Theorie** ist eine Menge von Gesetzen. Diese dürfen aber nicht wie Kraut und Rüben nebeneinanderstehen. Sie müssen, wenigstens nach der Auffassung einiger Wissenschaftstheoretiker (vgl. Opp, S. 78), nicht nur nach den Regeln exakter Logik miteinander verknüpft sein, sie müssen auch (zum Teil) in einem logischen Verhältnis der Über- und Unterordnung zueinander stehen. Das heißt: Man muß aus einer Menge von Gesetzen wenigstens *ein* anderes Gesetz nach den Regeln logischen Schlußfolgerns ableiten können. Das »Apfelgesetz«, das wir oben dauernd als Beispiel bemüht haben, ist aus dem allgemeinen Fallgesetz in der Physik ableitbar.

Jetzt ist unser Soziologe S endlich auf dem Pfad, den ihm Wissenschaftstheoretiker der Naturwissenschaften vorzeichnen, am Anfang des Aufbaus einer Theorie als einer Menge von Gesetzen. Allerdings tropft ein wenig Essig in seinen Wein. Mit strikten »*Immer*-Wenn Dann-Gesetzen« ist es in seiner Disziplin nicht weit her. Trotz aller Bemühungen landet er dauernd bei *probabilistischen Gesetzen.* Das sind Aussagen der Art: (Immer) Wenn Gx, dann Hx mit einer *gewissen Wahrscheinlichkeit* (von w = x%): Wenn die soziale Isolierung der Mitglieder einer Gruppe steigt, dann erhöht sich, nicht immer, aber doch mit einer gewissen Wahrscheinlichkeit w, die Selbstmordrate. S läßt sich jedoch nicht verdrießen; immerhin ist er bei Gesetzen angelangt und vielleicht findet er einmal die »echten«, von denen er träumt (w = 100 %).

Jetzt, wo er seine Theorie als Menge von Gesetzen hat, kann er sich endlich daran machen, seinen Gegenstandsbereich in allen Einzelheiten zu untersuchen. Das heißt auch, daß er seine mühsam ausgedachte und logisch gereinigte Theorie überprüft. Die Verfahren, deren er sich dabei bedient, müssen natürlich wieder dem Vorbild der Naturwissenschaften oder der Wissenschaftstheorie der Naturwissenschaften gehorchen! Für ihn ist nicht nur das Ideal der Einheit der Wissenschaft, sondern auch das *Ideal der Einheit der Methoden von Natur- und Sozialwissenschaft* verbindlich. Wozu verwendet man eine Theorie? Vor allem zur **Erklärung** und zur **Prognose** von Ereignissen. Also schickt sich S an, beim Erklären und Vorhersagen die gleichen Methoden zu verwenden wie der Naturwissenschaftler – oder wie der Wissenschaftstheoretiker, der bestimmte Behauptungen über das Vorgehen der löblichen Naturwissenschaftler aufstellt.

»Warum genießt der Arzt ein höheres Ansehen als ein Facharbeiter?« (Satz 6)

»Warum ist die Selbstmordrate in Baltimore höher als in New York?« (Satz 7)

Wie soll man solche Tatsachen erklären, fragt der Soziologe S (vgl. Opp, S. 124 ff.).

Im ersten Fall, bei Satz (6), ist das Problem in die Form einer *Existenzaussage* (s.o.) gekleidet. Es gibt mindestens einen Arzt, der ein höheres Ansehen als ein Facharbeiter genießt. Ist das immer so bei Ärzten? Wenn ja, woran liegt das?

Im zweiten Fall, bei Satz (7), wird über ein Ereignis gesprochen, das an einem bestimmten Ort (unter Umständen auch in einem bestimmten Zeitraum) auftrat. Satz (7) kann also in die Form einer raum-zeitlich begrenzten Existenzaussage, einer **singulären Tatsachenaussage** gebracht werden: Es gibt (mindestens) einen Ort B, für den gilt: Am Ort B ist die Selbstmordrate höher als an einem anderen Ort N. Wie kommt das? Ist das überall so? Wie kann ich dieses einzelne Ereignis erklären?

Erklären, so sagt sich S, kann ich das Problem mit den Selbstmorden nur, wenn ich die *Gesetzmäßigkeiten* kenne oder entdecke, die dahinterstehen. Für eine taugliche Erklärung eines in Existenz- oder singulären Tatsachenaussagen erfaßten Vorgangs, Ereignisses, brauche ich also mindestens ein Gesetz.

Gesetze werden in Gesetzesaussagen formuliert und diese haben – wie wir oben sahen – die logische Grundstruktur eines *Allsatzes* (vgl. o. Satz 3).

S kramt in seiner Theorie und findet für sein Problem folgendes Gesetz:

Gesetz 1 (G_1): Für alle menschlichen Gruppen gilt: *Wenn* in einer Gruppe A die soziale Isolierung stärker ist als in einer Gruppe B, *dann* ist auch die Selbstmordrate in Gruppe A höher als in Gruppe B.

G_1 hat die logische Form eines Allsatzes, bei dem nur die einfache Form von Satz (3) durch komparative Aussagen (Vergleich aller beliebigen Gruppen A mit allen beliebigen Gruppen B) etwas erweitert wurde und stellt ein für S brauchbares *Gesetz* dar. Er muß sich allerdings noch vergewissern, ob die Bedingungen für die Anwendung dieses Gesetzes auf seinen Problemfall (die Verhältnisse in Baltimore und New York) gegeben sind. Das heißt, er muß feststellen, ob die soziale Isolierung der einzelnen Personen tatsächlich in Baltimore stärker ist als in New York. Existiert das Phänomen, das im *Wenn*-Teil (stärkere soziale Isolierung), im »Antecedenz« der Gesetzesaussage angesprochen ist, tatsächlich im Untersuchungsfall? In Form einer *singulären* Tatsachenaussage spricht S die Tatsache aus, daß dem tatsächlich so ist: Die soziale Isolierung ist in Baltimore tatsächlich höher als in New York! Die **Anfangsbedingungen** (auch *Randbedingungen* oder *Antecedenzbedingungen*) für die Anwendung seines Gesetzes sind gegeben. Jetzt, vom Gesetz G_1 und der Randbedingung R_1 ausgehend, kann S auf das erklärungsbedürftige Phänomen E_1 schließen. Wenn er die singuläre Tatsachenaussage, in der E_1 erfaßt ist, aus dem inhaltlichen Allsatz, aus dem Gesetz G_1 *und* der singulären Tatsachenaussage logisch ableiten, deduzieren kann, in der die Randbedingungen erfaßt sind, dann hat er das Phänomen E erklärt. Das heißt: Er hat nach den strengen logischen Regeln der Deduktion

E_1 aus den Gesetzmäßigkeiten und den Randbedingungen »hergeholt«. Schematisch sieht das so aus:

Gesetz (G_1): Für alle menschlichen Gruppen gilt: Wenn in einer Gruppe A die soziale Isolierung stärker ist als in einer Gruppe B, dann ist auch die Selbstmordrate in Gruppe A höher als in Gruppe B.

Randbedingung (R_1): In Baltimore ist die soziale Isolierung stärker als in New York

Schlußfolgerung: ... Also gilt:

Phänomen (E_1): In Baltimore ist die Selbstmordrate höher als in New York

Nur mit Hilfe von R_1 kann man von G_1 auf E_1 schließen. Die **Deduktion,** die Schlußfigur, entspricht folgenden einfachen Schlüssen:

Obersatz: *Alle Menschen sind sterblich*

Mittelsatz: *Sokrates ist ein Mensch*

Schlußfolgerung: ... Also gilt (Konklusion):
Sokrates ist sterblich[3]

S hat damit endlich auch die Prinzipien *rationaler Erklärungen* bei der Anwendung seiner Theorie befolgt. Rationale Erklärungen sollen nämlich in allen Wissenschaften die Grundstruktur haben, die im Selbstmordbeispiel enthalten ist:

$G_{1...n}$:	Gesetzesaussage(n)	} Explanans
$R_{1...n}$:	Randbedingung(en)	
$E_{1...n}$:	(Zu erklärende) Ereignis(se)	Explanandum

»Explanans« ist die Erklärungsgrundlage, umfaßt also Gesetze nebst Randbedingungen, **»Explanandum«** ist das zu Erklärende, umfaßt die zu erklärenden Ereignisse. Dieses Erklärungsschema nennt man nach seinen Erfindern, Hempel und Oppenheim, manchmal auch »HO-Schema der rationalen Erklärung«.

3 Schon Aristoteles hat sich Gedanken über derartige Schlußfolgerungen (Syllogismen) gemacht.

Was unterscheidet eine Erklärung von einer Prognose?

Ganz einfach: Bei einer *Erklärung* liegt ein bestimmtes Ereignis vor und es werden die Gesetze und Randbedingungen gesucht, aus denen es abgeleitet werden kann.

Bei einer *Prognose* schließt man aus Gesetzen und Randbedingungen auf ein Ereignis E, das noch nicht eingetreten ist. Tritt es dann ein, war die Prognose richtig. Wenn der Soziologe S beispielsweise weiß, daß auch in der Stadt Milwaukee die »soziale Isolierung« steigt, sich von der Existenz dieser Randbedingung überzeugt hat, dann kann er mit Hilfe seines Gesetzes vorhersagen, daß die Selbstmordrate auch in Milwaukee steigen wird.

S weiß also jetzt etwas darüber wie er seine Theorie nach dem Vorbild der Naturwissenschaften oder Theorie der Naturwissenschaften logisch-rational aufbaut und er weiß, wie er mit Hilfe seiner Theorie rationale Erklärungen und Prognosen zustandebringt. Er fragt sich jezt nur noch, wie er feststellen kann, ob seine Theorie tatsächlich etwas taugt.

Erinnern wir uns daran, daß die Gesetze, aus denen Theorien aufgebaut werden, den Charakter von (gewiß komplizierteren als hier vorgeführten) *Allaussagen* haben.

Wenn wir ein elementares H/O-Schema formal anschreiben wollten, könnten wir es auch so notieren:

Gesetz:	$(x)Fx \rightarrow Gx$	Für alle x: Wenn x die Eigenschaft F hat, dann hat x auch die Eigenschaft G
Randbedingung:	Fx	Nun hat x die Eigenschaft F
Schlußfolgerung:	Gx	Also hat x auch die Eigenschaft G

Eine Allaussage wie $(x)\ x \rightarrow Gx$ bezieht sich auf alle denkbaren, auf unendlich viele Elemente des Untersuchungsbereichs. Nicht auf Peter, Paul, Max und Moritz, sondern auf alle Elemente, auf eine unbegrenzte Menge. Also läßt sich eine Allaussage niemals vollständig bewahrheiten, **verifizieren**. Denn: Angenommen man habe 100 Fälle beobachtet und festgestellt, daß bislang, für all diese 100 Fälle gilt: $Fx \rightarrow Gx$. Es bleibt aber *denkbar*, daß im 101., 1001., 10001., ... Fall doch *ein* Ereignis eintritt, für das die Beziehung $Fx \rightarrow Gx$ *nicht* gilt. Plötzlich flattert ein weißer Rabe durch den Raum! Wenn aber auch nur ein Fall im Untersuchungsbereich auftritt, für den $Fx \rightarrow Gx$ nicht gilt, dann ist die Allaussage widerlegt, **falsifiziert**. Das entsprechende Gesetz stimmt dann nicht und man muß sich ein besseres ausdenken. Häufen sich solche Fälle, dann ist unter Umständen die ganze Theorie über Bord zu werfen und eine bessere aufzustellen. Die richtige wissenschaftliche Methode besteht also im Verfahren *rationaler Kritik* von Gesetzen und Theorien. Eine Theorie zu bestätigen, heißt: Fälle zu finden, die unter ihre Gesetze (nebst Randbedingungen) passen. Aber im Grunde muß man dauernd auf der Suche nach Fällen sein, die sie kritisch widerlegen. Nur so kann man auf die Notwendigkeit und die Richtung der Verbesserung der Theorie, ja auf die Idee kommen, eine ganze Theorie durch eine neue, bessere zu ersetzen. »Besser« ist sie, wenn sie all die Ereignisse erklären und voraussagen kann, die auch die alte Theorie erklärte und voraussagte – und zusätzlich all die Fälle, mit denen die alte nicht fertig wurde!

Was bleibt vom Schema 2 übrig?

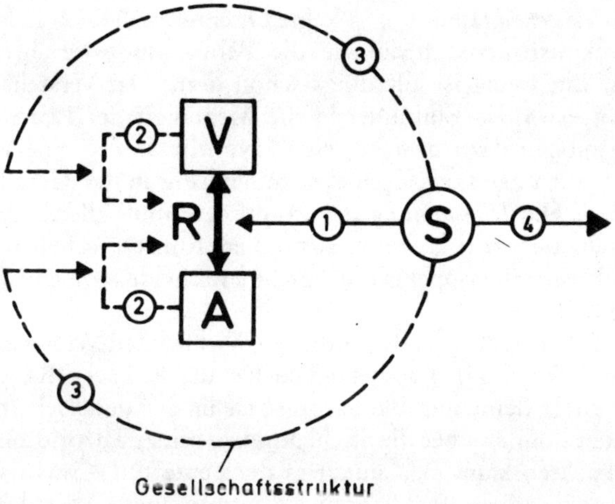

① Erklären und Voraussagen (Naturgesetze der Gesellschaft)

② Erwartungen als Teil der »normativen Gesetze«

③ »Verstehen« als hypothesenerzeugende Operation

④ Gesellschaftstheoretische Annahmen

Dem Anhänger des Kritischen Rationalismus, der erwähnten Verfahren rationaler Theoriebildung, Erklärung und Überprüfung in den Sozialwissenschaften, schweben drei an den Naturwissenschaften

oder der Theorie der Naturwissenschaften abgelesene Ideale vor (in Anlehnung an von Wright: *Erklären und Verstehen,* S. 16 ff.):
I: Das Ideal der Einheit von Theorieaufbau und Methoden in den Natur- und Sozialwissenschaften
II: Das Ideal rationaler Erklärungen nach dem Muster des HO-Schemas
III: Das Ideal rationaler Kritik nach dem Muster der Falsifikation von Theorien.

Aufgabe des Soziologen ist zunächst einmal die genaue *Beobachtung* (Linie ①) der Vorgänge in der Gesellschaft. Seine Beobachtungen, die er mit allen möglichen rationalen Hilfsmitteln und Techniken anstellen kann, spricht er in Beobachtungssätzen, **Basissätzen** aus. Das sind Aussagen über *beobachtete* Vorgänge in der Gesellschaft zu bestimmten Zeiten und an bestimmten Orten (singuläre Tatsachenaussagen). *Verstehen* (Linie ③) ist keine Operation, die sich so logisch rational rekonstruieren ließe wie die Beobachtungsverfahren des Physikers. Ein wenig ist allerdings schon dran: Das Verstehen von Vorgängen, etwa das Einfühlen in die Mentalität der Leute, kann einen Soziologen dazu bringen, eine **Hypothese**, also eine Vermutung über einen gesetzmäßigen Zusammenhang in der Gesellschaft aufzustellen. Die *Überprüfung* der Hypothese muß allerdings nach allen Regeln der kritisch rationalistischen Kunst geschehen. Man kann durch Verstehensoperationen nicht entscheiden, ob eine Hypothese stichhaltig ist.

Ob die Leute in der gesellschaftlichen Wirklichkeit Verstehensakte vornehmen? (Linie ②) Diesbezüglich hat der kritische Rationalist einige Zweifel; denn nur Beobachtungen in der gesellschaftlichen Wirklichkeit können über die Stichhaltigkeit seiner Theorie entscheiden. Beobachten kann man nur, was die Leute tun – was dabei in ihren Köpfen vorgeht, das ist schwer auszumachen. Aber der kritische Rationalist ist offen genug, sich an der Diskussion über die logischen Grundlagen von möglichen Verstehensoperationen in der sozialen Wirklichkeit zu beteiligen.

Was ist Gesellschaft? (Linie ④)
Der Klassiker des kritischen Rationalismus, Sir Karl Raimund Popper, gibt eine etwas überraschende Antwort auf diese Frage. Gesellschaftswissenschaft und Naturwissenschaft müssen die gleichen Prinzipien der Theoriebildung und Theorieprüfung verwenden, daran ist nichts zu deuteln. Aber deswegen ist die Gesellschaft nicht

gleich der Natur. Bei Gesellschaften muß man zwischen *Naturgesetzen der Gesellschaft* und *normativen Gesetzen* (Normen) unterscheiden (vgl. Bezugstext 2, Bd. 1, S. 91). Naturgesetze, über deren Merkmale wir oben gesprochen haben, beschreiben strikte, unveränderliche Regelmäßigkeiten (Immer wenn, dann..). »Ein Naturgesetz ist unveränderlich, es läßt keine Ausnahmen zu« (ebd.). Tritt ein vom Gesetz abweichendes Ereignis ein, dann ist die Gesetzesaussage falsch, sie ist falsifiziert.

Normative Gesetze hingegen sind Vorschriften. Sie legen Richtlinien für unser Handeln fest und man kann sie durchaus mit den *normativen Erwartungen* gleichsetzen, von denen der Rollentheoretiker redet. Von daher bedarf die Aussage über das kritisch-rationalistische Verständnis der Linie ② in unserem Schema einer Korrektur. Linie ⑦ bezeichnet ja in einer Hinsicht die Normen, die für das Handeln von A und V verbindlich sind.

Im Unterschied zu Naturgesetzen können normative Gesetze, Normen, von den Menschen aufgestellt und verändert werden. Wenn der Fall einer Handlung auftritt, die von der Norm abweicht, sagen wir nicht: »Die Norm ist falsifiziert und damit aufgehoben!«, sondern: »Das Handeln war ›schlecht‹, ›falsch‹, ›verbrecherisch‹ etc.«

Vielleicht ist es ein *Naturgesetz der Gesellschaft*, daß es in allen Gruppen, in denen Normen wirksam sind, auch Verfahren zur Bestrafung von Abweichlern gibt. Ein solches besseres oder stichhaltigeres Naturgesetz der Gesellschaft soll *soziales Gesetz*[4] heißen. Man sieht: Gesellschaft setzt sich aus sozialen Gesetzen *und* Normen zusammen.

Normen gründen oft nicht, vor allem nicht durchweg, auf Plänen und Entschlüssen von Menschen[5], aber sie entstammen der Tätigkeit und den Beziehungen zwischen Menschen. In diesem Sinne sind sie »gemacht«. Auf jeden Fall können sie von Menschen verändert werden.

---

4 Popper betont, daß nicht »alle ›sozialen Gesetze‹, das heißt alle Regelmäßigkeiten unseres sozialen Lebens normativ und vom Menschen geschaffen sind. Im Gegenteil: »Auch im sozialen Leben gibt es wichtige Naturgesetze... Gerade dieser Umstand, daß wir im sozialen Leben auf beide Arten von Gesetzen, auf natürliche wie auch auf normative Gesetze treffen, macht die klare Unterscheidung beider so wichtig.« (Bezugstext 2, S. 103)

5 Ein vom Parlament verabschiedetes Gesetz wäre ein Normsystem, das ausführlich beraten und bestimmten Zwecken zugeordnet ist. Aber selbst in diesem Falle ist es nicht ausgemacht, daß es völlig »durchdacht« sei.

Der Soziologe geht davon aus, »daß Normen und normative Gesetze von Menschen gemacht und verändert werden *können,* und das letzte insbesondere durch die Entscheidung oder Übereinkunft, sie zu beachten oder umzuformen, und daß daher der *Mensch* für sie moralisch verantwortlich ist« (ebd., S. 96). Da es gleichzeitig soziale Gesetze gibt, folgt der Soziologe einem »kritischen Dualismus«.

Stellen wir wieder die drei Grundfragen zu Linie ②;

Frage 1: *Was hält eine Gesellschaft zusammen? Was stiftet ihre Einheit?*
Antwort: Dazu muß man die sozialen Gesetze ihrer Integration und zugleich die Normen aufdecken, deren Anerkennung Zusammenhalt sichert. Alle Wissenschaften vom Menschen: Psychologie, Ökonomie, Politologie, können bei solchen Untersuchungen arbeitsteilig mitwirken. Die Soziologie konzentriert sich besonders auf den Aufbau und die Wirkung von Institutionen. *Institution* heißt bei Popper das, was wir *Organisation* genannt haben und weiter so nennen wollen.

Auch bei der Untersuchung von Organisationen muß man die Prinzipien des »kritischen Dualismus« beachten. Organisationen können nach sozialen Gesetzen entstanden sein und nach sozialen Gesetzen aufeinander wirken. Organisationen sind aber auch der Ausdruck sozialer Normen oder durch Normen miteinander verkoppelt. In diesen Normen drücken sich auch die Aufgaben aus, die eine Organisation erfüllen soll.

Gerade wenn man Organisationen und Institutionen (in unserem Sinne) betrachtet, erkennt man die Eigenständigkeit der Soziologie als Wissenschaft. Organisationen und Institutionen lassen sich nicht schlechthin auf die Antriebe und Merkmale der einzelnen Individuen zurückführen, die in ihrem Rahmen handeln. Gewiß, ohne Kenntnis der Besonderheiten der Personen läßt sich keine Organisation untersuchen, aber umgekehrt gilt: ohne Kenntnis der sozialen Situation läßt sich nach Popper das individuelle Handeln nicht begreifen: »Somit lassen sich unsere Handlungen nicht ohne Berücksichtigung unserer sozialen Umgebung, sozialer Institutionen und ihrer Funktionsweise erklären« (Bezugstext 2, Bd. 2, S. 114). Darauf konzentriert sich die Soziologie.

Weil sich die Organisationen auch über Normen aufbauen, unserem Tun und Wollen entstammen, sind sie kein Ding wie ein Haus, das man anfassen kann. Man kann das Schulgebäude anfassen, nicht aber die Organisation »Schule«.

Weil sie sich zu einem großen Teil aus Normen aufbaut, ist eine Organisation etwas »Geistiges« – aber beileibe nicht so flüchtig wie eine Idee! Man kann sie nicht einfach wegdenken, wegwünschen, wegphantasieren – sie existiert. Eine Organisation kann überdies auf Subjekte, andere Organisationen und Institutionen so massiv einwirken wie der Blitzschlag auf einen Baum. Man kann sich an ihnen den Kopf anstoßen, wovon Markus Schmitt aus dem zweiten Kapitel ein Lied singen kann. Organisationen sind etwas Geistiges und doch knochenhart. Sie existieren gleichsam in einer »dritten Welt« zwischen Naturgegenständen und Ideen, wie etwa den Regeln unseres Denkens und Sprechens.

Ihre Fähigkeit, kräftig auf uns einzuwirken, zeigt sich auch an einem weiteren Punkt: Organisationen, aus Normen aufgebaut, entstammen nicht in jeder Hinsicht den Plänen und gezielten Absichten einzelner Leute. Eine Organisation kann bestimmten Zwecken zugeordnet sein, aber völlig ungeplante Folgen und Rückwirkungen haben. So – wie die Schulen aufgebaut werden – sollen sie die Leistungen unserer Kinder beim Lernen fördern. Aber inzwischen kommt selbst die Öffentlichkeit, nicht nur die Soziologie dahinter, daß sie viele Kinder krank macht. Solche ungeplanten Folgen und Nebenfolgen planvoller Handlungen sind auch für Popper ein wichtiger Gegenstand der Soziologie: »Die Hauptaufgabe der Sozialwissenschaften besteht nun, wie ich glaube, in dem Versuch, diese Rückwirkungen zu analysieren und soweit als möglich vorherzusehen.« (ebd., S. 121)

Frage 2: *Was verändert die Gesellschaft als System gesetzmäßig und normativ verkoppelter Institutionen und Organisationen?*
Antwort: Einmal gibt es soziale Gesetzmäßigkeiten, die Veränderungen herbeiführen: »Wo sich die technischen Mittel zum Erzeugen von Gütern ändern, ändern sich die sozialen Beziehungen zwischen den an der Güterherstellung beteiligten Personen«, wäre der Ausgangspunkt für eine in diese Richtung gehende Gesetzesformulierung.

Außerdem gibt es auch ständige Abweichungen von den Normen, wodurch sich Institutionen, Organisationen und ihre Beziehungen zueinander ändern.

Schließlich gibt es noch unseren planmäßigen Eingriff in die Verhältnisse; denn Normen, damit Institutionen und Organisationen können von uns ja angegangen werden.

Frage 3: *Was kann man als Subjekt in der Gesellschaft tun?*
Antwort: Hier wendet sich der kritische Rationalist gegen die »Utopisten«, die die ganze Gesellschaft auf einmal umkrempeln wollen. Es gilt vielmehr auch hier das Vorbild des Naturwissenschaftlers in seiner Rolle als Techniker. Diesem wird bei Mängeln, die sich an einzelnen Stellen der Gesellschaft offenbaren, eine bestimmte Aufgabe gestellt – er soll z.B. eine Brücke bauen. Er übernimmt diese Aufgabe und weiß, daß er nur durch die Kenntnis und Anwendung einzelner Naturgesetze zu einem Bauwerk beitragen kann, das was taugt. Genauso muß nach Popper der »Sozialtechniker« verfahren. Wenn er etwas in der Gesellschaft »aufbauen« will, also ein bestimmtes (ihm unter Umständen als Auftrag vorgegebenes) Ziel verfolgt, dann muß er die normativen und sozialen Gesetze kennen und anwenden, um Stück für Stück etwas aufzubauen. Genauso wenig wie der Ingenieur schlagartig die ganze Industrie umbauen kann, genauso wenig wird der Sozialtechniker an allen Teilen der Gesamtgesellschaft zugleich herumdoktern dürfen. Er wird vielmehr Schritt für Schritt und Stück für Stück an bestimmten Organisationen etwas verbessern wollen. Sein Handlungsprinzip ist eine Art »Stückwerktechnologie«.

»Das soziale Leben ist so kompliziert, daß nur wenige Menschen oder überhaupt niemand fähig ist, den Wert eines Bauplans für soziale Maßnahmen im großen Maßstab richtig einzuschätzen; ob er praktisch ist; ob er zu einer wirklichen Verbesserung führen kann; welche Leiden aller Wahrscheinlichkeit nach mit ihm verbunden sein werden und welche Mittel zu seiner Verwirklichung führen. Im Gegensatz dazu sind Pläne für einen schrittweisen Umbau der Gesellschaftsordnung relativ einfach zu beurteilen. Es sind dies ja Pläne für einzelne Institutionen, zum Beispiel für die Kranken- und Arbeitslosenversicherung, für Schiedsgerichte oder für Erziehungsreform. Wenn sie fehlschlagen, dann ist der Schaden nicht allzu groß und eine Wiederherstellung oder Adjustierung nicht allzu schwierig.« (Popper, Bd. 1, S. 216)

Sollte jemand den Verdacht haben, das Beschäftigungsgebiet der kritischen Rationalisten läge allein auf der Stufe III der Abbildung 5a (vgl. o. S. 108) und sie begnügten sich damit, Sätze der Alltagssprache in kompliziertere Formeln umzubauen, muß er sich von Anhängern dieses Ansatzes schnell eines Besseren belehren lassen. Fragen wie die, ob irgendwann doch einmal ein weißer Rabe auftaucht, die Formalisierung von »Apfelgesetzen« (s.o.) etc. illustrieren nur die Bedeutung, die einer Präzisierung theoretischer Aussagen beigemessen wird. Die Theorie muß mit allen formallogischen Mitteln von Ungenauigkeiten, Mehrdeutigkeiten und nicht überprüfbaren Gedanken an geflügelte Pferde oder andere Unwesenheiten bereinigt sein. Dann allerdings kann sich der Soziologe S auf der Stufe I (ebd.) daran machen, die wirklichen Gesetze der Gesellschaft aufzudecken; dann kann er seine Hypothesen über Gesetzmäßigkeiten in der sozialen Welt (empirisch) überprüfen. Wenn er solche Gesetze aufgedeckt hat, kann er aber auch sagen, was *sozialtechnisch-praktisch* getan werden kann. Denn: Wenn man weiß, daß y immer auf x folgt (immer wenn x, dann y), dann kann man handfeste praktische Empfehlungen geben. Jemandem, der y will, kann man nämlich sagen, er solle x herbeiführen oder herstellen.

Beispiel: Ein Politiker will, daß die Selbstmordrate in der Stadt B sinkt. Er wendet sich an den beratenden Soziologen. Der findet heraus oder weiß: Immer wenn die soziale Isolierung in einer Gruppe steigt, steigt auch die Selbstmordrate in der Gruppe. Außerdem weiß er, daß das Leben in modernen »Wohnmaschinen« die »soziale Isolierung«, die Beziehungslosigkeit der Einwohner einer Stadt verstärkt. Der Soziologe wird also dem Politiker – natürlich unter anderem – empfehlen, seine Stadtbaupläne zu überprüfen und auf diese Tatsachen abzustellen.

Der Soziologe, so könnte ein kritischer Rationalist ergänzen, ist kein Politiker. »Soziologe« ist eine Berufsrolle, »Politiker« eine andere. In seiner Rolle als Soziologe, allgemeiner: Wissenschaftler, hat S zunächst nur die Aufgabe, die Gesetzmäßigkeiten in der Gesellschaft aufzudecken. Will er jedoch dafür sorgen, daß seine Befunde wirklich praktische Verwendung finden, bleiben ihm zumindest zwei Möglichkeiten offen:

a) Er kann sich gegenüber »politisch wollenden Menschen« wie der Physiker gegenüber dem Ingenieur verhalten. Der Physiker entdeckt die Naturgesetze, der Ingenieur will etwas Praktisches verwirklichen (eine Brücke bauen), zur Realisierung dieses Ziels wendet er die dem Physiker bekannten Naturgesetze an.

So kann auch der Soziologe vorgehen: Politiker, Organisationen wollen ein bestimmtes Ziel verwirklichen. Entscheidungen fällen, ob ein Ziel vernünftig ist oder nicht – so argumentiert der kritische Rationalist – kann der Soziologe als Wissenschaftler nicht. Letzte Ziele – so lehrt ihn seine logische Analyse auf Stufe II – kann man nicht begründen, man muß sich für oder gegen sie entscheiden. Gibt es aber ein festgelegtes Ziel, etwa die politische Absicht, die Selbstmordrate in der Stadt B zu senken, dann kann der Soziologe aufgrund seiner Kenntnis der sozialen Gesetze sagen, was praktisch getan werden muß, um das gegebene Ziel zu erreichen. (Es sei denn, es handle sich um Zwecksetzungen, für die es überhaupt keine Mittel gibt.)

b) natürlich könnte der Soziologe auch versuchen, selbst für die praktische Anwendung seiner Erkenntnisse zu sorgen. Dann muß er jedoch in eine andere Rolle überwechseln. Er muß sich beispielsweise als Politiker engagieren und die Zwecke verfolgen, die er im Rahmen seiner Gesetzeskenntnis für realisierbar hält. Aber das ist sicherlich der sehr viel seltenere Fall.

Wir brauchen abschließend nur an die zahlreichen Markt- und Meinungsforschungsinstitute und ihren Einfluß zu denken. Sie machen zwar nur in vergleichsweise engen Grenzen Neuentdeckungen »sozialer Gesetze«, aber im Auftrag von »wollenden Interessenten« erheben sie Daten, die im Rahmen der Kenntnis gesellschaftlicher Zusammenhänge interpretiert werden. Sie werden inzwischen als durchaus »nützlich« akzeptiert.

Anhang zu Kapitel 6

I. Bezugstexte

1. Karl-Dieter Opp: *Methodologie der Sozialwissenschaften,* Reinbek bei Hamburg 1976, Auszüge S. 24-34, S. 52-81, S. 124-145
2. Karl Raimund Popper: *Die offene Gesellschaft und ihre Feinde,* Bern 1957 (2 Bände), Auszüge: Band 1: S. 48-52, S. 93-104, S. 213-227; Band 2: S. 112-125

II. Ergänzungstext

Bernhard Giesen/Michael Schmid: *Basale Soziologie: Wissenschaftstheorie,* München 1976, S. 17-47, S. 59-83

III. Klassiker

Karl Raimund Popper: *Das Elend des Historizismus,* Tübingen 1971

IV. Übersichtsband

H. Esser/K. Klenovits/H. Zehnpfennig: *Wissenschaftstheorie,* Band 1, Stuttgart 1977

V. Stichworte

Allquantor: Alloperator. Logisches Zeichen (x). Zu lesen: »Für alle x gilt...«

Allsatz: Satz der Grundform: Für alle x gilt: wenn x die Eigenschaft G hat, dann hat x auch die Eigenschaft H.

Anfangsbedingungen: Auch Antecedenz- oder Randbedingungen → Singuläre Tatsachenaussagen, die das tatsächliche Vorhandensein der in der »Wenn-Klausel« eines → Gesetzes gemachten Annahmen feststellen. Feststellung eines Tatbestandes, mit dessen Hilfe und mindestens einem Gesetz ein Ereignis abgeleitet wird.

Aussage: Ein Satz mit mindestens Subjekt, Prädikat und der Kopula (»ist«). »Das Auto ist grün«.

Aussageform: Ersetzung der inhaltlichen Bestandteile einer → Aussage durch formale Platzhalter. Fx = Irgendein beliebiges x hat eine beliebige Eigenschaft F.

Basissatz: Eine → singuläre Tatsachenaussage über ein beobachtbares Ereignis.

Begriff: Bezeichnung für eine Klasse von Objekten oder für besondere Merkmale einer Klasse von Objekten.

Begriff, intervallgestufter: Begriffe mit Einteilungen wie beim Thermometer, also mit einem willkürlichen, konventionellen Nullpunkt.

Begriff, klassifikatorischer: Einteilung nach Merkmalen wie z.B. »Bauer«, »Arbeiter«, »Angestellter«.

Begriff, Ordnungsbegriff: Begriffe zur Einteilung in Rangordnungen.

Begriff, rationalgestufter: Begriff mit Einteilungen wie bei der Meßlatte, also mit natürlichem Nullpunkt vornimmt.

Deduktion: Logische Ableitung, Schlußfolgerung.

Erklärung: Ableitung der ein stattgefundenes Ereignis ausdrückenden → singulären Tatsachenaussage aus mindestens einem Gesetz nebst → Randbedingungen.

Existenzaussage: → Aussage mit → Existenzquantor. »Es gibt geflügelte Pferde.« (∃)Px

Existenzquantor: Existenzoperator. Logisches Zeichen ∃. Zu lesen: »Es existiert ein x...«; »Es gibt mindestens ein x der Art, daß...«

Explanandum: Das zu Erklärende. Das zu erklärende Ereignis E.

Explanans: Gesetz(e) und Randbedingungen als Grundlage einer → Erklärung oder Prognose.

Falsifikation: Widerlegung. Entdeckung eines den Annahmen widersprechenden Falles.

Gesetz: Eine empirische Aussage, die ohne raum-zeitlichen Bezug ist, allen Elementen einer unendlichen Menge von Objekten mind. ein Merkmal zuschreibt, als »Wenn-Dann«-Aussage (oder »Je-Desto«-Aussage) formuliert ist und bislang immer bestätigt werden konnte.

Hypothese: Ein als Vermutung formuliertes, noch nicht bestätigtes → Gesetz.

Indikatoren: Empirische Anhaltspunkte für die (korrekte) Anwendung eines → Begriffs auf eine Klasse von Objekten.

Junktoren: Logische Zeichen wie ∧, ∨, ~, → (»und«, »oder«, »nicht«, »wenn, dann«) zur Verbindung von Aussagen.

Merkmalsausprägung: Werte einer Variablen. »Geschlecht« (das Merkmal, die Variable) hat die Ausprägungen »männlich«, »weiblich«.

Namen: Bezeichnung für individuelle Dinge oder Personen. »Erde«, »Napoléon« sind Namen.

Prognose: Vorhersage. Ableitung eines noch nicht beobachteten Ereignisses aus mind. einem → Gesetz nebst → Randbedingungen.

Tatsachenaussagen, singuläre: Raum-zeitlich bezogene → Existenzaussage. »Hier und jetzt x.«

Tautologie: Aussage, die immer richtig bzw. immer falsch ist. »Kräht der Hahn auf dem Mist, ändert sich das Wetter oder es bleibt wie es ist.«

Theorie: Menge logisch miteinander verknüpfter → Gesetze. Sie müssen so angeordnet sein, daß mindestens ein Gesetz aus den anderen abgeleitet ist (Über-Unterordnung der Gesetze).

Verifikation: Bewahrheitung. Die → Allsätze, die → Gesetze darstellen, lassen sich nicht vollständig bewahrheiten.

Kapitel 7
Man muß mit Systemen leben

Warme Zimmer, Wissenschaftler und Steuerleute

An einem frühen Morgen betritt der Wissenschaftler W sein Arbeitszimmer. Wie er fröstelnd feststellt, ist es dort kalt. »Nur 17° Celsius? Ist was mit meiner neuen Elektroheizung los? – Tatsächlich! Irgendjemand hat den Temperaturregler auf 17° heruntergestellt. Ich soll wohl einen kühlen Kopf behalten? Er stellt den Temperaturregler (Thermostaten) auf 21° ein. Sofort beginnt ein in die Heizung eingebauter Ventilator, erwärmte Luft in das Zimmer zu blasen. Bald sind die 21° erreicht, der Ventilator stoppt, die erwünschte Temperatur ist erreicht.

Zufrieden setzt sich W an den Schreibtisch und beginnt die Arbeit an seinem Manuskript.

Nach einer Weile ist die Luft vom Pfeifenrauch geschwängert. W öffnet die Fenster, Kaltluft strömt herein, der Ventilator setzt ein, um die Luft im Zimmer auf 21° zu bringen.

Seinem Kollegen S, dem Soziologen, wird das, was er im Zimmer von W gesehen hat, wiederum zum Anlaß, eine neue Theorie aufzubauen. Was hat er gesehen?

Zunächst einmal einen planvollen, zweckmäßig handelnden Kollegen. W kam mit der klaren Absicht, der Zielsetzung ins Zimmer, an seinem Manuskript weiterzuschreiben. Allerdings waren die Umstände dafür nicht so günstig wie sie hätten sein sollen. Das Zimmer war zu kalt und kalte Füße sind für die Fertigstellung einer Veröffentlichung nicht gerade förderlich. Es war also äußerst »vernünftig«, zweckmäßig, am Thermostaten zu drehen.

S hat also ein Beispiel für **zweckrationales Handeln** beobachtet: W, der *Akteur* (1), verfolgt eine bestimmte Absicht, ein Ziel, einen *Zweck* (2). Er will sein Manuskript fertigstellen. Dieser Zweck ist nur mit den in der *Situation* (3) gegebenen *Mitteln* (3a) und im Rahmen der durch die Situation vorgezeichneten *Bedingungen* (3b) erreichbar. Eine angenehme Zimmertemperatur ist für W eine Bedingung für die Verwirklichung seines Zwecks, und er hegt bestimmte (antizipatorische) Erwartungen hinsichtlich der Gerätschaften in seinem Zimmer. Er weiß nämlich, kann im allgemeinen erwarten (vorhersehen), daß sein Zimmer wärmer wird, wenn er den Thermostaten von 17° auf 21° dreht. Er setzt sein Heizungssystem als Mittel zur Verbesserung der Zimmertemperatur ein.

Den frühen Arbeiten seines berühmten amerikanischen Kollegen *Talcott Parsons* folgend, nimmt der beobachtende Soziologe S die Handlungen von W anhand folgenden Schemas auf:

(1) Eine Handlung erfordert einen *Akteur.* Das ist der Kollege W.
(2) Sie erfordert mindestens einen Zweck (ein Ziel). Das Schreiben des Manuskripts.
(3) Sie findet in einer *Situation* statt, die sich aus Bedingungen (3a) und Mitteln (3b) des Handelns aufbaut. Im Falle von W ist die Zimmertemperatur eine wichtige Bedingung für sein Handeln, die Heizung ist das technische Mittel, die gewünschte, der Arbeit förderliche Temperatur zu erreichen.
(4) Mit Parsons glaubt S, daß man auch noch die normativen Orientierungen, die vom Akteur selbst anerkannten Normen und Werte beachten muß.

Die normativen Orientierungen leiten sowohl bei Auswahl der Mittel als auch die einzelnen Zwecke des Akteurs. Wäre dem Kollegen W die Zimmertemperatur schnuppe, hätte er nicht an der Heizung gedreht, wären ihm die Normen seines Berufsstandes gleichgültig, würde er sich nicht so mit seinem Manuskript abquälen. (1), (2), (3) und (4) sind die Kernbestandteile eines Interpretationsrahmens für die Handlungen eines Akteurs, wobei natürlich andere Akteure als »Bedingungen« und »Mittel« in seiner Situation auftreten können. *»Zweckrational« zu behandeln, bedeutet also: Ein Handelnder (1) wählt im Rahmen der Bedingungen (3a) seiner Situation (3) – vielleicht unter Orientierung an bestimmten Normen (4) – taugliche Mittel (3b), um seine – möglicherweise ebenfalls normativ vorgezeichneten (4) – Ziele (2) zu erreichen.* Vielleicht benutzt der Akteur nicht in allen Fällen die technisch besten Mittel, aber er unternimmt mit halbwegs tauglichen Mitteln etwas, *um zu* einem Ziel zu gelangen. (Vgl. Kapitel V)

Aussagen, die man in »Um-Zu«-Sätze umformen kann, heißen **teleologische Aussagen** (von griech. *telos:* das Ziel). Aus dem Streit der Philosophen darüber, ob solche teleologischen Aussagen eine logische Sonderrolle spielen oder ob wir es auch bei ihnen letztlich nur mit Sätzen über Ursachen und Wirkungen, Reizen und Reaktionen zu tun haben, halten wir uns heraus. Wenn man aber von jemandem hören sollte, die *Heizung* im Zimmer von W *wolle, bezwecke,* daß es warm wird, denkt man mindestens an einen schiefen Sprachgebrauch. Trotzdem: Manchmal reden wir alle bei Körpern und Dingen gleichsam »teleologisch«. Man sagt auch im alltäglichen Sprachgebrauch: »Das Herz schlägt, um das Blut im Organismus umlaufen zu lassen«. Niemand wird auf die Idee kommen, das Herz verfolge Absichten wie ein handelnder Mensch. Das »um zu« meint hier vielmehr, daß das Herz eine bestimmte Aufgabe in unserem Körper hat, eine bestimmte **Funktion** erfüllt. »Der Schlag des Herzens hat die Funktion, das Blut im Organismus umlaufen zu lassen«.

Es gibt eine soziologische Denkweise, den *Funktionalismus,* der gesellschaftliche Ereignisse und Einrichtungen auf diese Weise betrachtet. Wir haben von ihr schon etwas im Kapitel 2 gehört. So wie es die Funktion des Herzens ist, das Blut zu zirkulieren, so soll es die Funktion unterschiedlicher Belohnungen beim Rollenverhalten, beispielsweise die Funktion der unterschiedlichen Verteilung von Privilegien sein, die Besetzung auch der Positionen zu sichern. Bei einer funktionalistischen Betrachtungsweise schaut man also darauf, welche Rolle ein Teil (das Herz) in einem Ganzen (dem Körper) spielt.

Nun könnte man natürlich auch sagen, das Schlagen des Herzens habe die Funktion, Herztöne hervorzubringen. Warum erscheint einem diese Aussage widersinnig? Die Antwort kennt schon der gesunde Menschenverstand: Das Erzeugen der Herztöne ist nicht die eigentlich lebenswichtige Aufgabe, Funktion, des Herzens im Organismus. Der Herzschlag bewirkt, daß das Blut im Organismus zirkuliert. Diese Wirkung wiederum gewährleistet, daß bestimmte Bedingungen für das *Überleben* des Körpers erfüllt werden: Den Zellen wird Nahrung zugeführt, die Abfallstoffe der Zellen werden abtransportiert.

Die Merkmale einer funktionalistischen Betrachtungsweise lassen sich mithin so zusammenfassen:

Man geht von einem relativ dauerhaften Phänomen T aus, das Teil eines Ganzen, eines **Systems** ist. (Über Systeme sprechen wir unten noch ausführlicher.) Beispiel: Man betrachtet den Herzschlag als Teil des Systems »menschlicher Organismus«. Gezeigt werden soll, daß das Phänomen T im Rahmen der besonderen Merkmale und Beziehungen zwischen Bestandteilen des Systems (z.B. unter der Voraussetzung durchlässiger Adern) sowie im Rahmen bestimmter Bedingungen der Systemumwelt (z.B. kein die Belastbarkeit überschreitender Streß) *Wirkungen* hervorruft. Solche Wirkungen sind bei unserem Beispiel Transport von Nährstoffen, Abbau von Abfallstoffen in den Zellen. Diese Wirkungen müssen jedoch von besonderer Art sein! Sie müssen für das *Überleben des Körpers*, allgemein: für den *Erhalt eines bestimmten Zustandes des Systems notwendig sein*!

Es interessieren also nicht die verschiedenen »Wirkungen«, die das Phänomen noch mit sich bringt – z.B. Herztöne –, es interessieren nur die, die dem Überleben oder dem Aufrechterhalten *eines vom Beobachter hervorgehobenen Systemzustandes dienlich sind*.

Kennzeichnend für funktionalistische Untersuchungen ist also die Betrachtung des Beitrags eines Systemteils (oder bestimmter Vorgänge im System) für die Aufrechterhaltung des Gesamtzustandes des Systems (»Überleben«) oder eines besonderen, ausgezeichneten Zustandes. Gegeben sind bei dieser Betrachtungsweise bestimmte Systemzustände, gesucht wird nach den verschiedenen Vorgängen, die das Ganze oder diese ausgewählten Zustände erhalten.

Zur weiteren Verdeutlichung können wir tatsächlich auf die Heizung von Herrn W zurückkommen. Sie ist ein Beispiel für einen sog. **Regelkreis**, für ein System, das selbsttätig einen bestimmten Zustand aufrechterhält. Ein Regelkreis gibt die Grundtatbestände einer Selbststeuerung von Systemen an. »Kybernetes« heißt auf Griechisch »der Steuermann«, **Kybernetik** ist die Lehre von den sich selbst steuernden Systemen. Auch die Heizung von Herrn W steuert sich auf eine bestimmte Weise selbst. Was heißt das aber, wenn man wirklich nicht sagen kann, sie habe einen eigenen, zweckgerichteten Willen? Sie hat die Merkmale eines Regelkreises und der hat folgende Bestandteile:

(1) Eine **Regelstrecke**

Eine Regelstrecke ist irgendein System, bei dem etwas eingegeben wird (ein »input«), wodurch ein bestimmtes Ergebnis, ein bestimmter Ausstoß (»output«) erreicht wird.

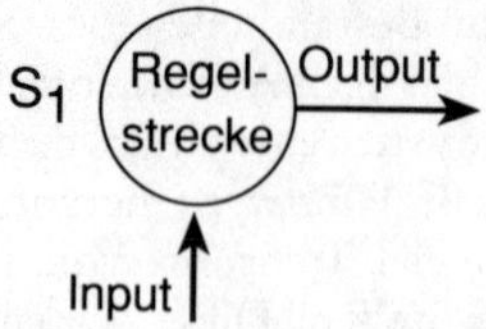

Abbildung 11
S_1 = Regelstrecke: Elektr. Strom wird eingegeben, Wärme abgegeben.

(2) Der Ausstoß der Regelstrecke wird zur Eingabe (input) für ein zweites System, das **Meßglied.**

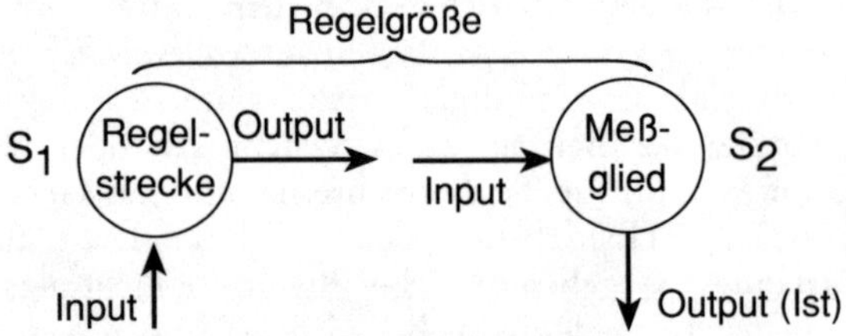

Abbildung 12
S_2 = Meßglied. Temperaturfühler der Heizung.

Das Meßglied stellt den Wert des Ausstoßes der Regelstrecke fest. Auf Heizungsdeutsch: Der Temperaturfühler stellt die vom Heizkörper abgegebene Wärme fest; er bestimmt die »Regelgröße«.

(3) Der Ausstoß des Meßgliedes ist ein bestimmter »Ist-Wert«, die Feststellung der tatsächlichen, augenblicklich vorhandenen Temperatur. Dieser »Ist-Wert« geht als »input« in eine *Vergleichsstelle.*

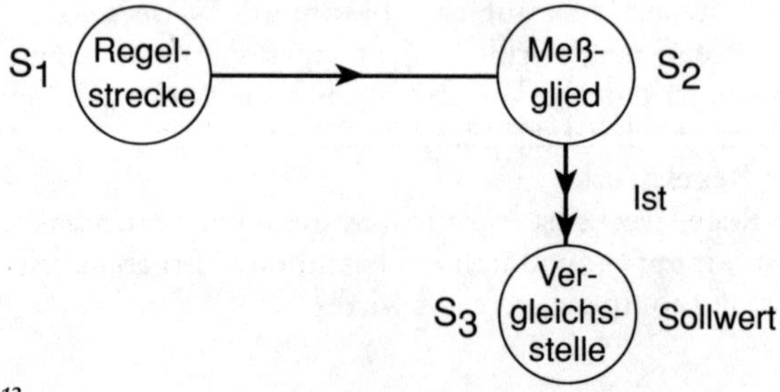

Abbildung 13
S_3 = Vergleichsstelle. Elektr. Schaltkreis zur Anpassung der Heizung an den Sollwert 21°.

Die Vergleichsstelle ist bei der Heizung von Herrn W ein elektrischer Schaltkreis, der beim Unter- oder Überschreiten einer bestimmten, festgelegten Temperatur, also bei einer Differenz von Ist- und Sollwert wirksam wird. Diese *Sollwerte* sind es, *die im Gesamtregelkreis aus einer Fülle von denkbaren Möglichkeiten konstant gehalten werden.* Es sind die Zustände des Systems, die bewahrt werden sollen. Das Gesamtsystem reduziert die große Fülle der Temperaturmöglichkeiten auf einen Zustandswert und hält diesen automatisch konstant (21°).

Um die Sollwerte angesichts von Veränderungen in der Umwelt (offenes Fenster) konstant zu halten, muß etwas geschehen. Nachdem und nur wenn in der Vergleichsstelle eine Differenz zwischen »Ist« und »Soll« festgestellt wurde, gibt die Vergleichsstelle dies als Information, output, an ein **Stellglied** weiter.

Das Stellglied, bei unserer Heizung: der Ventilator, paßt durch Einfluß auf den »input« der Regelstrecke deren »output« an den Sollwert an. Der Kreislauf schließt sich! Da das Gesamtsystem S1 + S2 + S3 + S4 sich selbsttätig auf den Sollwert bei Umweltveränderungen einpendelt, spricht man von **Rückkoppelung** (feed back).

Viele Soziologen sind von der Kybernetik beeindruckt und suchen nach Vorgängen in der Gesellschaft, die dem Vorbild des Regelkreises nahekommen. Geschieht nicht die Preisbildung auf den Märkten irgendwie nach einem Mechanismus des Einpendelns von Informationen auf einen Wertebereich? Ist Inflation nicht ein »feed-back«-Zusammenhang, bei dem sich das System »aufschaukelt« und die Zustände nicht mehr in bestimmten Wertebereichen gehalten werden?

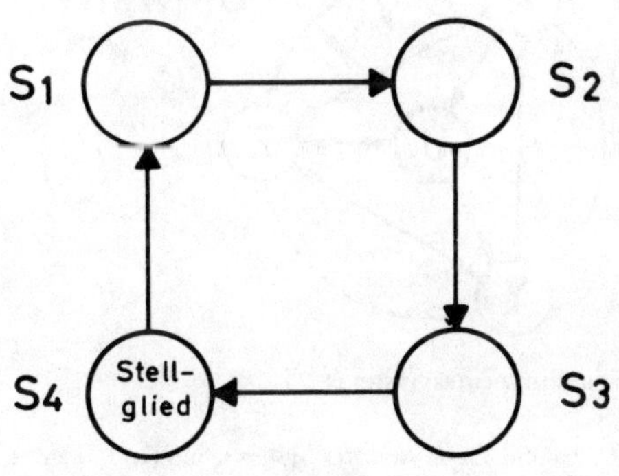

Abbildung 14
S_4 = Stellglied. Paßt den output der Regelstrecke an den Sollwert an.

Wenn man allerdings vom Kybernetiker hört, Herr W und seine Heizung bildeten ein »Mensch-Maschine-System«, dann wird es Zeit – bevor man die Schwierigkeiten der Übertragung kybernetischer Modelle auf die Soziologie bedenkt –, etwas zum Begriff des **Systems** zu sagen.

Ein System, so erfährt man von Spezialisten, ist »eine Menge von Objekten zusammen mit Beziehungen zwischen diesen Objekten und zwischen ihren Merkmalen«.[1] Angesichts dieser allgemeinen Begriffsbestimmung beginnt man zu begreifen, wieso der Begriff »System« in der Alltagssprache ohne weiteres verständlich ist. Er paßt auf alles und jedes. Auf Heizungen, Körper, Dinge, Wissenschaftler und andere Menschen, denn in irgendeiner Hinsicht sind sie allesamt Gebilde, die aus Bestandteilen (Elementen) bestehen, zwischen denen oder zwischen deren Merkmalen Beziehungen existieren. Natürlich sind auch Organisationen Systeme, können sich Organisationen zu größeren Systemen zusammenschließen. Da auch die Gesellschaft aus zahllosen Elementen besteht, zwischen denen oder deren Merkmalen Beziehungen existieren, sagen manche Soziologen auch »soziales System« statt »Gesellschaft«.

Ein »System« ist also jedes Gebilde, bei dem eine Menge von Elementen oder Merkmale der Elemente dieser Menge von Elementen durch Beziehungen, »Relationen«, miteinander verkoppelt sind.

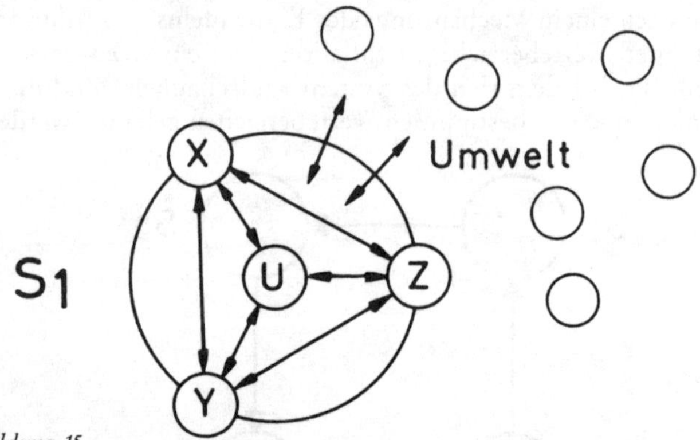

Abbildung 15
Schematische Darstellung eines Systems.

1 A.D. Hall/D.E. Fagen: *Definition des Systems,* in: K.H. Tjaden (Hg.): Soziale Systeme – Materialien zur Dokumentation und Kritik soziologischer Ideologie, Neuwied 1971, S. 94.

S1 ist ein »abstraktes System«, weil seine Bestandteile uninterpretierte Zeichen: Buchstaben, Kreise, Doppelpfeile (als Relationszeichen) sind. Um ein besonderes System feststellen zu können, müssen wir es gegen seine Umgebung, »Umwelt«, abgrenzen können. Wir müssen eine Grenzlinie ziehen oder wie bei der Haut des Körpers erkennen können.

Wenn wir unseren Körper als »biologisches System« begreifen, dann ist die Haut die Grenze zwischen Innenwelt und Umwelt. »Systembildung«, so sagen manche *Systemtheoretiker,* ist ein Problem der begrifflichen oder wirklichen Feststellung (= tatsächlichen Stabilisierung!) einer Grenze gegenüber der Umwelt. Systembildung besteht im Vorgang der Festlegung/Feststellung einer »Innen-Außen-Differenz«.

Dic **Struktur** des Systems besteht unter diesen Voraussetzungen in dem Grundmuster der Elemente (oder Elementeigenschaften) und ihrer Relationen. Aber: »Die logische Möglichkeit, jedes Element mit jedem anderen zu verknüpfen, kann kein System realisieren.« (Luhmann 1984, S. 73)

Unser Körper als »biologisches System« existiert nicht im luftleeren Raum. Ständig finden Grenzüberschreitungen in die Umwelt und aus der Umwelt statt: Luft wird eingeatmet, Kohlendioxyd ausgeatmet, Wasser aufgenommen, Schweiß abgesondert usw. Unser Körper ist ein *offenes System,* das in regen Austauschprozessen (input-output-relationen) mit seiner Umwelt steht.

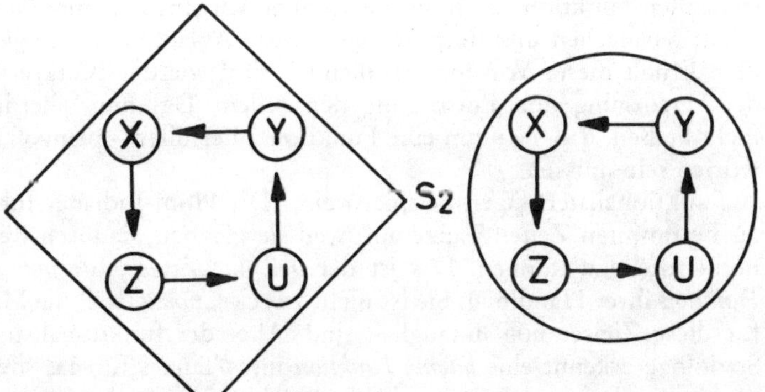

Abbildung 16
2 Systeme mit völlig gleicher Struktur, aber mit verschiedenen Grenzlinien (div. Typen).

Auch die Heizung von Herrn W ist ein »offenes System«. Sie reagiert auf die Umwelt und verändert die Umwelt. Sie stellt ein (Maschinen-)System dar, das bestimmte Systemvorgänge und/oder Systemzustände in einem festgelegten Wertebereich (Sollwert 21°) konstant, stabil hält. Beim Körper kann man sagen, daß die Herzschläge eine entscheidende Funktion für die Erhaltung des Zustandes »Leben« haben.

Für den Heizungstechniker und den Biologen hat also der Gedanke an ein Sollwerte aufrechterhaltendes, bestimmte Zustände bewahrendes System Hand und Fuß bzw. Ventile und Schrauben. Die mathematischen Grundlagen von Systemtheorie und Kybernetik lassen sich hier auf die Wirklichkeit übertragen: Die Temperatur in der Umwelt verändert sich, prompt reagiert das Heizungssystem. Aber auch der Körper: Er sondert Schweiß ab, damit der lebenswichtige Wertebereich der Körpertemperatur nicht überschritten wird. Einen solchen »Regelkreis« beim Organismus nennt man **Homöostasis**.

Aber da, wo der Techniker mit Erfolg seine kybernetischen Systeme baut und der Biologe die Fruchtbarkeit der kybernetischen Theorie für die Erklärung von Körperfunktionen einsieht, fangen für den Systemtheoretiker in der Soziologie die Probleme an: Was ist dann die Außenhaut einer Familie, einer Organisation, einer ganzen Gesellschaft? Was sind die Sollwerte, die in sozialen Teilsystemen oder im sozialen Gesamtsystem konstant gehalten werden? Kann man überhaupt, wie die den Systemtheoretikern der Soziologie nahestehenden Funktionalisten, lebenswichtige Vorgänge in einer Gesellschaft ausmachen und untersuchen, welche Abläufe und Ereignisse dem Erhalt dieser Vorgänge so dienlich sind wie der Blutkreislauf der Versorgung und Entsorgung der Zellen? Das muß allerdings nicht heißen, daß sie – um eine Funktion zu erfüllen – planvoll entworfen sein müssen.

Funktionalisten sagen beispielsweise: Die Hopi-Indianer führen zu bestimmten Zeiten Tänze auf, weil sie glauben, dadurch Regen herbeirufen zu können. Das ist der *bewußte Zweck,* die *manifeste Funktion* ihrer Handlung. Sie ist nicht zweck-*rational,* weil die Mittel für diese Zielsetzung untauglich sind. Aber der funktionalistische Soziologe erkennt eine *latente Funktion* ihres Tanzes für das soziale System, in dem sie leben. Das heißt: In Wahrheit (für den besserwissenden Soziologen), ohne daß die Hopis das wissen, stärken sie durch den Tanz das Zusammengehörigkeitsgefühl ihrer Gruppe. Es ist eine, wenn nicht *die* Hauptaufgabe der Soziologie, solche latenten

Funktionen aufzudecken. Sie bezeichnen ja Vorgänge, die von Akteuren zwar hervorgerufen werden, aber die Funktion, die sie *tatsächlich* erfüllen, ist ihnen gar nicht gegenwärtig. Es handelt sich gewissermaßen um »ungeplante Nebenfolgen geplanter Handlungen«. Aber wie kann man behaupten, daß der Tanz und nicht irgendwelche anderen Aktivitäten für das »Überleben« des sozialen Systems der Hopis wichtig sind? Was heißt da »Überleben«? Nur wenige Soziologen, die etwas mit dem Funktionalismus oder der Systemtheorie im Sinn haben, werden behaupten, es lägen wirklich zufriedenstellende Antworten auf derartige Fragen vor. Es ist aber ihr Forschungsprogramm, sie zu lösen.

Da alles und jedes mit »System« bezeichnet wird, spricht nichts dagegen, eine Person, eine Familie, eine Organisation etc. als »soziales System« zu bezeichnen. Familien, Schulen, Finanzämter etc. wären dann **Teilsysteme** des sozialen Gesamtsystems Gesellschaft.

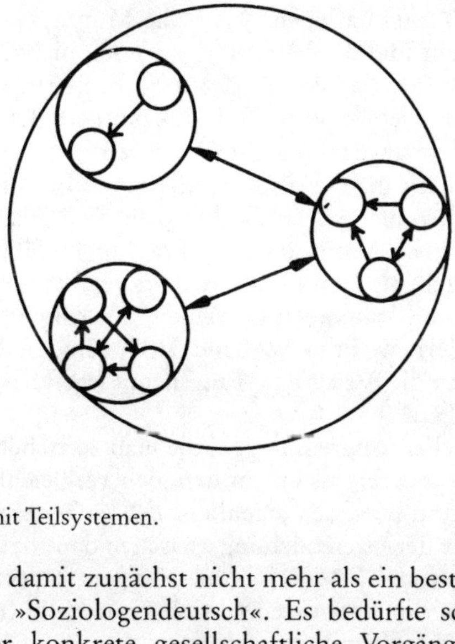

Abbildung 17
Gesamtsystem mit Teilsystemen.

Gewonnen ist damit zunächst nicht mehr als ein bestimmter Sprachgebrauch, ein »Soziologendeutsch«. Es bedürfte schon genauerer Angaben über konkrete gesellschaftliche Vorgänge der äußeren Grenzziehung und inneren Strukturbildung, um mehr als eine Sprachregelung geleistet zu haben. Mit anderen Worten: Der systemtheoretisch verfahrende Soziologe müßte etwas zu den zwei Grundfragen sagen können, die sich für den Heizungstechniker und für den Biologen leicht beantworten lassen. Er müßte etwas sagen:

1. zum Problem der Grenzziehung bei sozialen Systemen (die Haut des Körpers);
2. zum Problem der Vorgänge, die einen für das Bestehen des Systems »wichtigen« Zustand erhalten (die Zirkulation des Blutes durch den Herzschlag als lebenswichtiger Prozeß). Zumindest wären die »Probleme« zu nennen, worauf sich Systembildung jeweils bezieht (vgl. Bezugstext 1; S. 9-27).

Die in der soziologischen Literatur versuchten Antworten sind nicht ganz einfach und für manche Profis nicht in jeder Hinsicht zufriedenstellend. Wir werden den Versuch machen, uns an die Vorschläge heranzutasten.

Nehmen wir versuchsweise die Familie W als ein soziales System. Sie besteht aus den »Elementen« Vater, Mutter, Kind 1, Kind 2. Ihre »Grenze zur Umwelt« besteht bestimmt nicht in den 4 x 4 Wänden, in denen die Ws zufällig leben. Wenn die Mutter zur Arbeit in die Firma M & S geht und der Vater das eine noch nicht schulpflichtige Kind hütet, hört die Familie nicht auf zu bestehen. Obwohl zwei Mitglieder gerade nicht anwesend sind, kann man dennoch über das einheitliche soziale System »Familie W« reden.

Irgendwie schafft man es also im Alltag, die Familie W gegen die Firma M & S aber auch gegen die Familien X, Y, Z... abzugrenzen. Niemand wird einen Mann und eine Frau, die zufällig am gleichen Fließband arbeiten, als Familie ansehen. Es reicht also offensichtlich nicht aus, nur die Elemente aufzuzählen, die zum System »Familie W« gehören (Herr W, Frau W, Kind D.W, Kind K.W); denn wie könnte man dann die Ws als eine Familie mit irgendeiner anderen als Familie vergleichen?

Diese alltäglichen Abgrenzungen, die man zwischen der einen Familie und einer anderen als einem dennoch vergleichbaren sozialen Gebilde vornimmt, beweisen jedenfalls, daß es in der sozialen Wirklichkeit Prozesse der Grenzziehung zwischen den sozialen Systemen gibt (vgl. Bezugstext 1, S 36-41). Nur – was geht da im Einzelnen vor sich? Wir wollen die Antworten zunächst mit Hilfe von Banalitäten vorbereiten, die wir dann formalisieren.

In einer Gesellschaft laufen die verschiedenartigsten Handlungen ab, gibt es eine riesige Mannigfaltigkeit von Handlungen und Handlungszusammenhängen. Es liegt auf der Hand, daß sich in einer Familie nicht *all* die Handlungsvorgänge im Kleinen abspielen, die es in der Gesellschaft im Großen gibt. Handlungen zur Herstellung von Gütern sind z.B. nur noch selten Bestandteil der Aktivität in modernen Familien. In einer Familie läuft nur ein kleiner Teil der Vorgänge ab, die in der Gesellschaft als ganzer stattfinden.

Beginnen wir mit der Formalisierung dieser Allgemeinplätze: Wenn in einer Familie mit bzw. vor oder nach einer Handlung H alle anderen Handlungen x bis unendlich (∞) aufträten, die in der Gesellschaft oder (wegen »unendlich«) im ganzen Universum denkbar und möglich sind dann *unterschiede* (Grenze) sich die Familie nicht nur nicht von der Gesellschaft (oder der »Welt«), sie wäre auch ein völlig chaotisches Gebilde. Es ermangelte ihr dann jeder inneren Ordnung.

Chaos ist ja ein Zustand bei dem, wenn x gegeben ist, alles und jedes möglich ist, *alles Mögliche* (antizipatorisch) erwartet werden kann. Aber im Verhältnis zur Gesamtgesellschaft oder zur »ganzen Welt« (was immer das sein mag: Die Erde? Das Universum?) sind die Handlungsmöglichkeiten der Familie eingeschränkt.[2] Zusammen mit bzw. vor oder nach einer Handlung H tritt nicht x bis ∞ auf, sondern mit Regelmäßigkeit nur a bis n: Kindererziehung verbunden mit Hausarbeit, Spielen etc. Die Familie hat eine innere Ordnung, sie ist nicht das Handlungschaos, sondern eine **Organisation**.

Allerdings haben wir durch diese Formulierung den uns inzwischen geläufigen Begriff der »Organisation« verändert, erweitert. »Organisation« bedeutet bei dieser formalen, abstrakten Betrachtungsweise eine Einschränkung (Reduktion) im Bereich, im Raum aller denkbaren Ereignisse – wobei unter »Ereignisse« hier Handlungen und Handlungsmöglichkeiten verstanden werden.

Eine Organisation ist, formal gesehen, dann gegeben, wenn aus der unendlichen Fülle möglicher Beziehungen zwischen Elementen, aus der **Komplexität** der möglichen Beziehungen zwischen Elementen eine begrenzte Menge ausgegliedert und dauerhaft verwirklicht wird. Organisation – und damit Systembildung – geschieht durch Reduktion von Möglichkeiten oder – wie ein Systemtheoretiker zu sagen beliebt – durch **»Reduktion von Komplexität«**.

---

2 Oftmals erscheint »Welt« als der horizontlose Horizont aller unerschöpflichen Möglichkeiten.

»Von einem etwas anderen Gesichtspunkt her betrachtet, impliziert die Tatsache, daß eine Menge von Elementen organisiert ist, daß Einschränkungsverhältnisse zwischen den Elementen derart herrschen, daß nur *bestimmte* und keine anderen Wechselbeziehungen oder Interaktionen zwischen ihnen herrschen.« (W. Buckley, *Sociology and modern Systems Theory,* 1967, S. 83)

Wenn man an »Organisation« denkt, muß man sich also auch – bei abstraktester Betrachtungsweise – eine unendlich komplexe Fülle von Wechselbeziehungen zwischen Elementen vorstellen, *von der nur bestimmte und keine anderen der möglichen* in einem Zeitraum bestehen und wiederkehren, dauerhaft sind.

Der Komplexitätsbegriff wird jedoch mit der für die Systemtheorie entscheidenden System-Umwelt-Differenz in Verbindung gebracht. »Komplexität bezieht sich ... immer auf eine System-Umwelt-Relation, in welcher der Beziehungs- und Möglichkeitsreichtum der Umwelt dem System zum Problem wird.« (Bezugstext 1: S. 19)

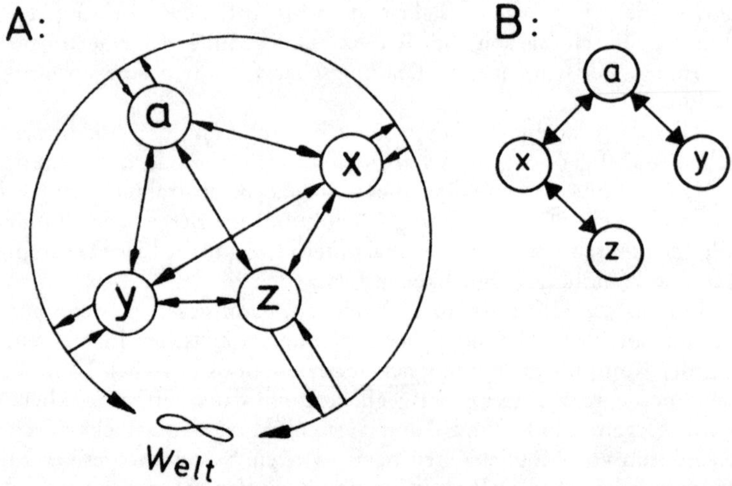

Abbildung 18
A: Raum aller möglichen Ereignisse.
B: Eingeschränkte, bestimmte Beziehungen, Organisation.

Man kann das Ganze auch nochmals so verdeutlichen:

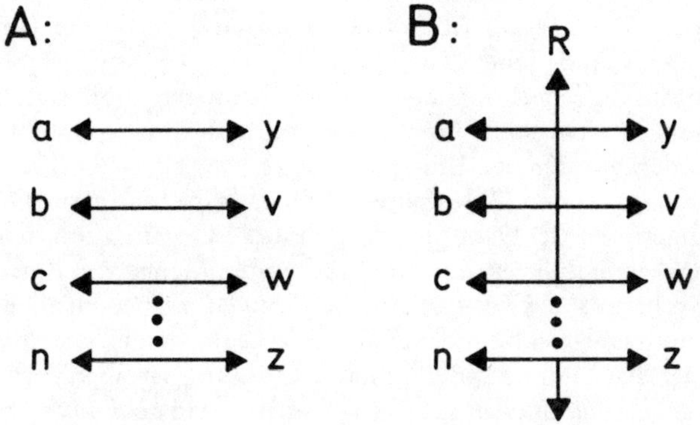

Abbildung 19
A: Eine komplexe Menge von Wechselbeziehungen.
B: Die einzelnen Wechselbeziehungen sind von einer Beziehung R *abhängig*. Sie treten nicht mehr unverbunden nebeneinander auf, es existiert Organisation.

Eine *starre* Organisation läge vor, wenn nur *eine* Form der Beziehung zwischen den Elementen aus der Fülle der Möglichkeiten ausgegrenzt wäre. Die **Selektivität**, der Ausschluß von Beziehungsmöglichkeiten aus einer Ereigniskette würde sich auf eine oder wenige Interaktionen einengen. Es gäbe keinen Spielraum von Beziehungsalternativen, keine »Freiheitsgrade«. *Kontingenz* ist der systemtheoretische Grundbegriff für »dem System in einer bestimmten Situation selbst zur Verfügung stehenden Handlungsalternativen« (Bezugstext 1: S. 19 f.). Soziale Systeme sind im allgemeinen nicht so starr, es gibt eine Mannigfaltigkeit von Beziehungen zwischen den Elementen sowie Alternativen beim Verfahren des Systems. Soziale Systeme haben eine »innere Komplexität«, eine differenzierte, reich gegliederte Struktur.

»Wenn es eine Null-Verbindung zwischen den Elementen gibt, liegt ein Zustand der Nullorganisation vor. Am anderen Extrem: Wenn die Verbindung zwischen den Elementen so stark ist, daß nur eine Teilmenge von Verbindungen (nur eine ›Komplexion‹) möglich ist, ohne daß für ein jedes beliebige Element Alternativen bestehen, unter denen es ›wählen‹ kann, liegt der Fall maximaler Organisation vor.« (Buckley, ebd.)

Fassen wir das, was unter diesem formalen Gesichtspunkt für organisierte Beziehungsmuster von Elementen, also für Systeme, kennzeichnend ist, nochmals zusammen:

1. Ein System besteht in dem Vorgang und durch den Vorgang der Ausgrenzung einer *bestimmten* Menge von Beziehungen zwischen Elementen aus einer Überfülle (»Komplexität«) der in der Umwelt denkbaren und möglichen.
2. Diese ausgegliederte Menge von Beziehungen muß stabilisiert sein, also sich wenigstens über einen Zeitraum hinweg durchhalten (z.B. Wiederkehr der Beziehungen).
3. Die Punkte (1) und (2) bedeuten auch, daß eine bestimmte *Organisation* eingetreten ist. Denn innere Ordnung, Organisation, ist Ausgrenzung und Stabilisierung einer bestimmten Menge von Beziehungen im Verhältnis zur Komplexität der Umwelt. Dabei gilt: Die Umwelt ist stets sehr viel komplexer als das entsprechende System!
4. Mit der Ausbildung einer inneren Ordnung ist aber auch eine Grenze gegen die Umwelt gezogen. Es tritt ja ein *bestimmtes,* gegenüber breiteren Möglichkeiten *begrenztes* Beziehungsgeflecht in einem Zeitraum auf. Das ist das Verhältnis von »Identität« des Systems und »Differenz« (im Verhältnis zur Umwelt). Es gilt: »Identität« ist nur durch »Differenz« möglich (Luhmann 1984, S. 243).

Von diesen Punkten her macht ein Systemtheoretiker folgenden Definitionsvorschlag:

»Als System läßt sich danach alles bezeichnen, worauf man die Unterscheidung von innen und außen anwenden kann; denn in dem Maße, wie eine Ordnung sich ausprägt und verdichtet, müssen unterscheidende Grenzen gezogen werden, und andererseits setzt die Erhaltung der Grenzen eine darauf abzielende innere Ordnung voraus.« (Luhmann, Bezugstext 2, S. 83)

Das alles riecht ein wenig nach Tautologie: Systembildung besteht in der Grenzziehung durch Organisation, und Organisation ist das Ziehen von Grenzen durch ein System. Aber vielleicht läßt sich dem Formalismus ein inhaltlicher Sinn geben. Der abstrakte Gedanke erklärt ja gewiß nicht, wie man es im Alltag fertigbringt, die Familie S von der Firma M & S zu unterscheiden.

Der Formalismus lenkt unsere Aufmerksamkeit zunächst auf den Vorgang der Ausgrenzung und Stabilisierung einer bestimmten Menge von Beziehungen zwischen Elementen, bei sozialen Systemen: zwischen Personen. Er lenkt überdies die Aufmerksamkeit auf die innere Organisation des Systems als Bedingung seiner Grenzerhaltung und damit *Bestandssicherung* in einer komplexen und veränderlichen Umwelt. Je komplexer und veränderlicher diese Umwelt ist, desto komplexer muß vermutlich auch die innere Ordnung des Systems sein, damit es durchhalten kann.

Aber wie sehen nun die »Grenzen« unserer Familie W *konkret* aus und wie schafft sie es *wirklich,* ihre innere Ordnung in der Umwelt und im Austausch mit der Umwelt durchzuhalten? Wie sehen die Grenzen aus, wenn es nicht die 4 x 4 Wände sind?

Zunächst, so sagt Luhmann, muß man einmal beachten, daß soziale Systeme nicht »aus konkreten Personen mit Leib und Seele« bestehen, »sondern aus konkreten Handlungen«. Personen sind Systeme ganz eigener Art. Nur durch einzelne, ganz besondere, *bestimmte* Handlungen sind sie in die jeweiligen Sozialsysteme einbezogen.[3]

Das leuchtet einem ein: Die Mutter handelt auf bestimmte Weise in ihrer Familie, auf ganz andere in der Firma, in der sie beschäftigt ist – und dennoch ist sie immer die eine Person. Konsequenterweise muß man sogar sagen, daß Personen »Umwelt« für soziale Systeme darstellen. Nur über *bestimmte Handlungen,* etwa Kindererziehung, kommt das »personale System Herr W« mit dem »sozialen System Familie W« zusammen.

So sieht man die Dinge auch im Alltag: Mit verschiedenen Handlungsvollzügen hängt man in verschiedenen »sozialen Systemen«. Elemente sozialer Systeme sind also nicht ganze Personen, sondern Handlungen oder Erwartungen. Relationen in sozialen Systemen sind nicht Beziehungen zwischen »ganzen Personen«, sondern *Interaktionen,* Wechselbeziehungen zwischen Handlungen. Soziale Systeme sind Handlungssysteme. Damit sind die Begriffe »Element« und »Relation« des Formalismus näher bestimmt. Aber wie erhalten die Interaktionen die Stabilität, von der oben dauernd die Rede war?

In diesem Punkt gibt der Systemsoziologe die gleiche Antwort wie der Rollentheoretiker (Kap. 2) und der Interaktionist (Kap. 3): Dauerhaftigkeit erhalten die aus der Fülle aller denkbaren Möglichkeiten ausgegrenzten Handlungsmuster, Interaktionen, in einem sozialen System durch die *Erwartungen* und *Situationsdeutungen,* insgesamt also durch den *Sinn,* den die Handelnden mit dem bestimmten Beziehungsmuster im jeweiligen sozialen System verbinden.

---

3 Anders als zuvor, wo wir dauernd so geredet haben, als sei die ganze Person das Element des Systems, ist zu beachten, daß nun Rollensegmente, Handlungsmuster, als Einheit von Systemen (Handlungssystemen) gelten!

»Seine Invarianz (Beständigkeit in der Zeit, d. Vf.) erhält ein Handlungssystem durch die Ordnung der Verhaltenserwartungen, die den Systemzusammenhang definieren. Verhaltenserwartungen sind das ordnende Element in jedem Handlungssystem. Der gemeine Sinn jeder Handlung projiziert einen Ablauf in die Zukunft, stellt eine künftige Situation vor und ist in diesem Sinn Erwartung. Immer wenn man Handlungen oder Handlungssysteme als problematisch ansieht – und das ist der Ansatzpunkt für eine funktionale Analyse –, muß man auf ihren Sinn, d.h. auf eine bestimmte Ordnung von Erwartungen zurückgreifen. Sowohl die innere Verbundenheit als auch die äußere Bestandsfähigkeit eines Systems hängen davon ab, wie die Systemerwartungen definiert und zueinander in Beziehung gesetzt sind. Alle Systemprobleme lassen sich letztlich auf Probleme der Erwartungsstabilisierung zurückführen.« (Luhmann, Bezugstext 2)

Normative und antizipatorische Erwartungen hinsichtlich bestimmter (aus der Menge aller möglichen und denkbaren ausgegrenzter) Handlungen, die von den am System (mit Handlungsteilen ihrer Gesamtpersönlichkeit) Beteiligten anerkannt werden, machen die Eigenheit und Dauerhaftigkeit eines Handlungssystems aus.

»Grenzen« eines sozialen Systems sind also nicht Wände, sondern Erwartungsstrukturen, Sinnstrukturen!

Die Dauerhaftigkeit und die Unterscheidbarkeit (Grenzziehung) eines bestimmten sozialen Systems liegt in eingespielten Erwartungskomplexen im Verhältnis zu Erwartungen, Sinnstrukturen, die *andere* Bereiche zugleich abgrenzen und stabilisieren. So gesehen kann man in der Tat sagen: »intersubjektiv geteilter Sinn grenzt systemspezifisch ab, was als sinnvoll und was als sinnlos (was als dazugehörig oder nicht – d. Vf.) zu gelten hat (Bezugstext 1: S. 29). Allerdings sind manchen Systemtheoretikern derartige Überlegungen viel zu konkret: Sinn stellt für sie ganz allgemein und abstrakt eine »Auswahl aus Möglichkeiten« dar, wobei die ausgegrenzten Möglichkeiten nicht völlig verloren sind, sondern gleichsam im Sinn behalten werden (ebd.: S. 35).

Weil man im Alltag im allgemeinen die Erwartungen kennt, die an den Vater, die Mutter, die Kinder im Handlungssystem »Familie« gerichtet sind, kann man das Tun von Frau W in ihrer Familie von ihrem Tun in der Firma M & S recht exakt unterscheiden!

Systemgrenzen sind Sinn- (Erwartungs-) Grenzen. Das ist die Antwort des Systemtheoretikers auf das eine Problem, das sich Heizungskybernetikern und Herzchirurgen nicht stellt.

Was ist aber aus den Sollwerten und den Zuständen geworden, die Systeme bewahren? (Problem 2)

So klar wie bei der Heizung und dem Organismus liegen die Verhältnisse bei Handlungssystemen wiederum nicht. Ein Familiensystem hält, sieht man vom Ausgabenplan ab, kaum irgendwelche meßbaren Größen in einem bestimmten Wertebereich konstant. Welche Vorgänge so genau wie der Herzschlag für das »Überleben« dieses Systems ausschlaggebend sind, das läßt sich auch nicht so ohne weiteres sagen.

Aber jede Familie steht zweifellos vor bestimmten Aufgaben: Sie muß mit dem Geld zurechtkommen, das Kind soll in der Schule durchhalten, die Kleine wieder gesundwerden; Vater W endlich sein Manuskript beenden, damit er einen Job an der Uni kriegt usw.

Man kann nicht so ohne weiteres behaupten, das sei eine Liste *der* Bestandsprobleme der Familie, aber es handelt sich um Schwierigkeiten, Probleme und Aufgaben, die sie lösen, mit denen sie umgehen muß.

Von daher kann der Soziologe S zwar keine funktionale Systemanalyse anstellen, die Vorgänge im Handlungssystem unter dem Gesichtspunkt der Erhaltung von Sollwerten (Heizung) oder der Sicherung des Überlebens (Körper) betrachtet. Aber er kann Probleme zum Bezugspunkt seiner Untersuchungen erheben und – weil ein soziales System selten eine völlig starre Organisation darstellt (s.o.) – beobachten, welche *verschiedenen* Vorgänge einer Lösung des Problems dienlich sind. Er untersucht also den Beitrag verschiedener Ereignisse und Prozesse, die Funktion verschiedener Ereignisse und Prozesse bei der Lösung eines Bezugsproblems im Handlungssystem. Er deckt mit anderen, systemtheoretischen Worten, **funktionale Äquivalente** bei der Lösung von Problemen auf:

»Das Ziel der Verifikation ist dann nicht mehr die Feststellung eines gesetzmäßigen Zusammenhanges bestimmter Ursachen mit bestimmten Wirkungen, sondern der Feststellung der Äquivalenz mehrerer gleichgeordneter Kausalfaktoren. Die Frage lautet nicht: Bewirkt A immer (bzw. mit angebbarer Wahrscheinlichkeit) B, sondern: sind A, C, D, D, E in ihrer Eigenschaft, B zu bewirken, funktional äquivalent.« (Luhmann, Ergänzungstext 1, S. 23)

Auf diese Weise scheint es dem Systemtheoretiker gelungen, auch dem Problem der Bestandserhaltung und der Sollwerte näherzukommen.[4]

4 Sind bei Krisen z.B. Senkung der Diskontrate, Erhöhung des privaten Verbrauchs, Senkung der Steuern etc. »äquivalente« Vorschläge zur Ankurbelung der Konjunktur?

Was zur soziologischen Systemanalyse im Kleinen gehört, gilt in einer Hinsicht auch für die Gesellschaft, das große »soziale System«. Sie hat natürlich eine viel höhere »innere Komplexität« als Familien, aber auch die Gesellschaft ist ein organisiertes Handlungs- oder Kommunikationssystem, das sich durch ein verwickeltes Geflecht von Erwartungen in einer veränderlichen Umwelt und im Austausch mit ihr durchhält. Auch für die Gesellschaft als ganze gibt es Probleme (Systemprobleme), Schwierigkeiten, bei denen sich der Soziologe S fragen kann, welche Mechanismen A, C, D, E sich in ihrer Eigenschaft, das problematische Phänomen B zu bewirken, als äquivalent (gleich geeignet) erweisen. Diese Fragen stellen sich bei Gesellschaften und ihren Teilsystemen (wie z.B. das Rechts- oder das Erziehungs- oder das politische System) selbstverständlich auf einer ganz allgemeinen Ebene. Gibt es beispielsweise funktionale Äquivalente für das System der unterschiedlichen Verteilung von Privilegien, welches die Schichtung in der Gesamtgesellschaft bewirken soll?

Was die Linie ④ in Schema 2 und damit Fragen der Sozialstruktur angeht, arbeiten viele Systemtheoretiker jedoch mit einigen anderen charakteristischen Thesen: Es wäre naiv, sich das soziale Gesamtsystem so vorzustellen, als setzte es sich aus **einfachen Sozialsystemen** wie die Familie W zusammen! Sicherlich ist ein »einfaches Sozialsystem« *ein* wichtiger Typus von Handlungssystemen unter anderen. Es zeichnet sich vor allem dadurch aus, daß die Mitglieder *anwesend* sind und sich wechselseitig wahrnehmen, sehen und hören, wenn auch vielleicht nicht riechen können. Aber es ist systemtheoretisch unangemessen, soziale Systeme oder ihre Teilsysteme mit den Augen solcher »Interaktionssysteme« anzusehen.[5] Wenn wir über die Gliederung des gesellschaftlichen Ganzen reden, dann sind auf der einen Seite seine mannigfaltigen Teilsysteme zu berücksichtigen, welche ihre je eigenen »Bezugsprobleme« aufweisen. Dahinter steckt auf der anderen Seite das dynamische Prinzip der **funktionalen Differenzierung** sozialer und anderer Systeme.

5 Die Grenzziehungsproblematik läßt sich im Falle dieser »einfachen Sozialsysteme« so bearbeiten: Die Grenze wird nach dem Kriterium der Anwesenheit gezogen. Wer nicht anwesend ist, gehört nicht dazu; nur das, was in Situationen der wechselseitigen Wahrnehmbarkeit geschieht, ist Ereignis *im* System. Das Mittagessen der Familie W wäre also ein »einfaches Sozialsystem«, während die Familie W selbst ein »Organisationssystem« darstellt.

»Funktionale Differenzierung heißt, daß das Ganze nicht mehr aus einer Vielzahl gleicher oder ähnlicher Einheiten wie Familien, Clans oder Gruppen (segmentäre Differenzierung) besteht, sondern aus einer Vielzahl unterschiedlicher, spezialisierter Teile, die voneinander abhängen (biologisches Beispiel: der menschliche Organismus).« (Bezugstext 1, S. 11 f.)

Auf diese Weise wiederholt das Gesamtsystem in seinem Inneren immer nachdrücklicher das Prinzip der Stabilisierung einer Innen-Außen-Differenz, wodurch es seine »Identität« in der Umwelt bewahrt.[6] Historisch gesehen gilt die funktionale Differenzierung als *das* Merkmal der Entwicklung (Evolution) und Veränderung moderner Großgesellschaften im Unterschied zu den »segmentären Gesellschaften« früherer Zeiten. Durch die Steigerung ihrer inneren Komplexität (»Binnendifferenzierung«) werden soziale Systeme mit äußerer Komplexität (Umwelt) besser fertig. Aber diese evolutionäre Errungenschaft hat einen Preis: Dem System wird seine wachsende Binnenkomplexität zu einem Problem, worauf es sich einzustellen hat. Wie hält ein so tief in Teilsysteme gegliedertes Gesamtsystem überhaupt noch zusammen?

In der soziologischen Systemtheorie gibt es verschiedene Antworten auf die Frage, wie ein System in einer komplexen Umwelt bei gleichzeitig ansteigender Binnenkomplexität zusammenhalten kann. Einen Beitrag dazu leisten beispielsweise die sog. **generalisierten Medien.** Geld und Sprache sind klassische Exempel dafür. »Medien übermitteln hochkomprimierte Informationen, die aufgrund ihrer symbolischen Form [Sprache!] weiterverwendet werden können, ohne daß die in ihrer Verwendung implizierten Vorverständnisse jeweils neu behandelt oder beschlossen werden müssen.« (Bezugstext 1, S. 126) Die Komplexitätsreduktion, die an der einen Ecke des Systems geleistet wurde, wird in andere Ecken durch symbolische Medien so übertragen, daß dort die Reduktionsleistung nicht von Neuem erbracht werden muß. Wenn jemand eine Entdeckung gemacht hat, überträgt er sie sprachlich-schriftlich an andere Kommunikationsinstanzen, die sich den Entdeckungsaufwand sparen und die Resultate nutzen können. Wenn ich Geld habe, komme ich an die Güter und Dienste für meinen Bedarf heran, ohne den Erzeugungsaufwand von vorne betreiben zu müssen. Auch Macht gilt als ein solches generalisiertes Medium. Es überträgt Entscheidungen (bzw. »politische Selektionsleistungen«).

---

6 »Systemdifferenzierung ist nichts anderes als die Wiederholung der Differenz von System und Umwelt innerhalb von Systemen.« (Luhmann 1984, S. 22)

Eine andere Form des systemischen Umgangs mit dem Differenzierungs-Integrations-Problem besteht in der Ausbildung **reflexiver Mechanismen.** »Reflexive Mechanismen findet man daher nur in Systemen, die hinreichend deutliche Grenzen besitzen und ihre Prozesse funktional spezifizieren (funktionale Differenzierung – d. Vf.) können.« (Luhmann 1975, S. 40) Es handelt sich dabei um Vorgänge der Anwendung bestimmter Prozesse des Systems auf diese Prozesse selbst, um dadurch die Eigenkomplexität des Systems zu reduzieren und zugleich die Stellung des Systems als Umwelt für andere Systeme gezielt in die eigene Ablaufgestaltung einzubeziehen. Beispiele für Prozesse mit diesem Charakter des Selbstverhältnisses sind: Rechtliche Verfahren zur Überprüfung rechtlicher Verfahren, Finanzierung von Geldströmen, Lernen des Lernens... Mit den reflexiven Mechanismen wird zugleich die Aufmerksamkeit auf einen Schlüsselbegriff gelenkt, der inzwischen im Zentrum der Systemtheorie steht: der Begriff der **Autopoiesis.** Diese Kategorie kommt aus dem Griechischen und meint zunächst Prozesse der **Selbsterzeugung.** Dabei wird nicht an Jungferngeburten, sondern an einen Vorgang gedacht, der das selbst produziert, was ihn ermöglicht. Wie ist das zu verstehen? Vielleicht anhand folgender Merkmale:

1. Die Elemente des Vorgangs (bzw. eines dynamischen Systems) beziehen sich auf dem Umweg über andere Elemente auf sich:[7] Der moderne Begriff der Autopoiesis kommt aus der Biologie: Die Zelle selbst produziert bestimmte Stoffe (Katalysatoren), die sie braucht, um den Prozeß der Produktion von Katalysatoren in Gang zu halten (Autokatalyse). Oder sie produziert bestimmte Stoffe (andere Katalysatoren oder Enzyme), die andere Körperteile brauchen, um Leistungen zu erbringen, die wiederum die ursprüngliche Zelle braucht (Cross-Katalyse).
2. Auf diesem Wege werden Elemente zu einem einheitlichen Zusammenhang zusammengeschlossen, der seine eigenständigen (»emergenten«) Merkmale aufweist. Der Wirtschaftskreislauf beispielsweise durchläuft immer wieder die gleichen Stadien, die zu seinen Grundmerkmalen gehören: Produktion, Verteilung (per Austausch), Konsum und Wiedereinsatz von Gütern und Diensten, damit die Produktion wieder von vorne anfangen kann usw. bis zum Zusammenbruch oder einem sonstigen einschneidenden Ereignis.
3. Die Elemente des Prozesses verschwinden (Güter und Dienste z.B. werden vernutzt), so daß der Vorgang im Grunde in einem ständigen Wiedererzeugen der

7 »Ein System kann man als selbstreferentiell bezeichnen, wenn es die Elemente, aus denen es besteht, als Funktionseinheiten selbst konstituiert...« (Luhmann, 1984, S. 59)

Elemente unter (annähernder) Gleichartigkeit der Relationen, worin sie sich befinden, besteht. Würde beispielsweise das Stadium des Austausches aus irgendwelchen Gründen verschwinden, könnten wir nicht mehr von einem Wirtschaftskreislauf nach unserem bisherigen Verständnis desselben reden.[8] Es wäre durchaus sinnvoll, Reflexivität (Selbstreferenz) als die logische Relation der Selbstbezüglichkeit von Reproduktion als tatsächliche Vorgänge à la Auto- und/oder Cross-Katalyse zu unterscheiden!

4. Die Prozeßanalyse auf die Systemebene übertragen: Systeme sind keine statischen Gebilde. Ihre *Dynamis* ist vom Typus autopoietischer Prozesse. Es geht also »um Fortsetzung oder Abbrechen der Reproduktion von Elementen durch ein relationales Arrangieren (= Herstellung und Wiederherstellung eines Beziehungsgefüges – d. Vf.) eben dieser Elemente« (Luhmann 1984, S. 86).

5. Kein System kann sich allerdings ganz allein durch sich reproduzieren. Seine Dynamis ist stets in Rücksicht auf das Verhältnis des Systems zu seiner Umwelt zu betrachten. »Reine Selbstreferenz, die nicht den Umweg über anderes geht, liefe auf eine Tautologie hinaus.« (Luhmann 1986, 269) Entscheidend ist also der Gedanke einer ständigen Neuproduktion der Elemente des Systems und des Grundmusters von Beziehungen, worin sie stehen als und durch die Aktivitäten (»Operationen«) des Systems selbst und im Verhältnis zur Umwelt.[9]

Im Hinblick auf diese wenigen Merkmale schaut schon ein veränderter Systembegriff für die Soziologie herein oder heraus:

»Ein soziales System kommt zustande, wenn immer ein autopoietischer Kommunikationszusammenhang entsteht und sich durch Einschränkung der geeigneten Kommunikation (durch Selektivität hinsichtlich der an sich vorhandenen Kommunikationsmöglichkeiten – d. Vf.) gegen eine Umwelt abgrenzt. Soziale Systeme bestehen demnach nicht aus Menschen, auch nicht aus Handlungen, sondern aus Kommunikationen.« (Luhmann 1986, S. 269)

Man tut – vermutlich – sehr gut daran, »Kommunikation« nicht als Gespräch zwischen Menschen, sondern – wie oben: ganz abstrakt! – als Übertragung von Reduktionsleistungen von Komplexität (z.B. per Medien) von Systemstelle A zur Systemstelle B zu lesen.

---

8 »Alle Elemente verschwinden, sie können sich als Elemente in der Zeit nicht halten, sie müssen also laufend neu hervorgebracht werden und dies auf Grund der Konstellation (= System der spezifischen Relationen – d. Vf.), die im Moment aktuell ist. Reproduktion heißt also nicht einfach: Wiederholung der Produktion des Gleichen, sondern reflexive Produktion, Produktion als Produktion« des nämlichen Prozesses (Luhmann 1984, S. 79).

9 Dadurch versteht sich Reproduktion »nicht als identische oder fast identische Wiederholung des Gleichen (z.B. als Ersatz von Beständen)..., sondern als laufende Neukonstituierung anschließbarer Ereignisse« (Luhmann 1984, S. 258) – wobei der Anschluß durchaus auch verpaßt werden kann (grundsätzliche Risikodimension der Reproduktion).

Wo sind unter diesen Voraussetzungen die Subjekte abgeblieben, von denen es in Alteuropa mal hieß, sie seien die Urheber der Zustände, worin zu leben sie das mitunter eng begrenzte Vergnügen haben? Zunächst einmal zeigt das zuletzt angeführte Zitat: Sie gehören zur verschmutzten Umwelt der sozialen Systeme; sie sind nicht seine Elemente! »Element« des sozialen Systems ist die **Kommunikation**. Wie das gelesen werden kann, haben wir schon im Falle der Familie W kennengelernt (o. S. 142). Und wenn die Autopoiesis der sozialen Systeme so richtig in Gang gekommen ist, was kümmert uns da noch die Randexistenz einzelner Subjekte? Dem sozialen System liegt nach dieser Sichtweise kein Subjekt, sondern die Umwelt zugrunde. Schärfer noch: »Die Systemtheorie... hat daher keine Verwendung für den Subjektbegriff.« (Luhmann 1984, S. 51) Statt sich darüber den Kopf zu zerbrechen, ob die Subjekte unter den Bedingungen der Autopoiesis des sozialen Systems überhaupt noch welche werden können, fragt die Soziologie besser nach den allgemeinen »Funktionsproblem(en) des Gesellschaftssystems« und den »funktionalen Äquivalenten« zu ihrer Behandlung.

Ganz so schlimm, wie's klingt, kommt's allerdings nicht: Die Systemtheorie behauptet nicht, daß es ohne vorliegendes Bewußtsein (der Subjekte – d. Vf.) soziale Systeme geben könne und beißt sich sogar zur Einsicht durch, daß die moderne Gesellschaft »nicht umhin (komme), den Menschen als Besonderheit in ihrer Umwelt vor allen anderen Systemen auszuzeichnen...« (ebd., S. 258).

Welches Bild wird von den Handlungsmöglichkeiten der Subjekte entworfen?

Skizze einer Antwort: Wir wollen diese Skizze im Rahmen des Verhältnisses von Subjekt und Organisationssystem halten. Erinnern wir uns an eine Grundthese der Systemtheorie: Ein Handlungssystem ist ein gegen andere abgegrenzter Handlungszusammenhang. (Inzwischen wäre es allerdings eher als »Kommunikationssystem« zu beschreiben.) Aufeinander bezogen und in die besondere Form eines strukturierten Handlungskomplexes einer Organisation gebracht, werden diese Handlungsmuster durch Erwartungen. Diese Erwartungen werden von den Akteuren im Kern geteilt. Das stabilisiert die Verhältnisse. Als Erwartungen stellen sie Sinnstrukturen dar.

Die Grenze des sozialen Systems besteht darin, daß sich solche Sinnstrukturen trotz aller Komplexität und bei aller Veränderung der Umwelt wenigstens über einen Zeitraum hinweg auf die genannte

Weise durchhalten. Systeme bestehen nicht aus einzelnen Personen »mit Leib und Seele«, sondern aus *bestimmten* Handlungen, die nie die Gesamtmöglichkeiten der Handlungen eines Subjekts ausschöpfen. Im Betrieb unternimmt man im allgemeinen andere, anders geartete Handlungen als in der Familie. In besonderen Handlungen »kommen Sozialsystem und Personalsystem zur Deckung, als Systeme stehen sie einander gegenüber« (Luhmann). Als Systeme haben sie also auch jeweils verschiedene Bestandsprobleme.

Natürlich kommt keine Organisation ohne Menschen aus, aber eine Organisationsanalyse als Untersuchung von Handlungssystemen befaßt sich nicht mit den Einzelmenschen, sie befaßt sich mit sozialen Gebilden. Das schließt Thesen über das Verhältnis von System und Subjekt keineswegs aus. Im Gegenteil: Es ist eine der Hauptthesen des Systemtheoretikers, Organisationen könnten die Bedürfnisse der einzelnen Person heute »nicht mehr in alter Selbstverständlichkeit« (Luhmann) befriedigen. Systemtheoretisch gesprochen, heißt dies: Die Stabilisierung von Handlungssystemen, Organisationen, und die Stabilisierung von Persönlichkeitssystemen, die Befriedigung der Bedürfnisse der Subjekte, fallen heute stärker auseinander als je zuvor.

»Damit ist nicht gesagt, daß der Mensch der sozialen Beziehung entraten und sich nur noch in der Einsamkeit aufrechterhalten könne, auch diese Möglichkeit gehört wohl noch zum ›alten Stil‹. Gemeint ist nur, daß Handlungen und Erwartungen, Symbole und Ausdrucksmittel für die Organisation eine andere Funktion haben als für den Menschen. Soweit das Handeln des Menschen in die Organisation hineingezogen wird, dient es nicht mehr ohne weiteres seiner Selbstdarstellung. Der Mensch muß auf die Rationalisierung mit Selbstabstraktion, mit Vertagung von Gefühlen und Ausdrucksbedürfnissen parieren, durch neuartige Strategien des Selbstbewußtseins und vielleicht durch eine neuartige Ethik antworten, die mit mehrfachen Systemreferenzen zu rechnen lernt und kompliziertere Formen der Koordination von Systeminteressen der Personen und der Sozialsysteme benötigt.« (Luhmann, Bezugstext 2)

Systeminteressen der Organisation und Bestandsprobleme der Person, Privatinteresse, fallen auseinander. Das erfährt auch das Subjekt M. S.: Es betritt eine Behörde, eine Großorganisation. Es hat ein persönliches Problem, zu dessen Lösung es der Mitarbeit der Behörde bedarf. M. S. braucht dringend eine Bescheinigung, ohne die er nicht verreisen kann. Verreisen ist sein Bedürfnis.

Im Amt geht der Antrag seinen Weg. Er durchläuft all die Gänge und Stuben, Prozesse und Mechanismen, die notwendig sind, damit das soziale System »Amt« so weiterarbeiten kann wie bisher. Eine Störung des Getriebes, etwa ein Überspringen des Instanzenweges wäre »dysfunktional«, würde die eingespielten Verfahren, Institutionen bedrohen, mittels derer das System seine Aufgaben, Probleme lösen will.

Der Antrag von M. S. wird 8 Tage nach seinem vorgesehenen Abreisetermin genehmigt.

Vom Systemtheoretiker lernt das Subjekt, daß es auf solche Differenzen zwischen dem, was es will und den internen Problemen, der internen Ordnung des sozialen Systems, mit der »Vertagung von Gefühlen« (etwa seines Reisefiebers?) und »Selbstabstraktion«, vermutlich der Bereitschaft, alles in größeren Zusammenhängen zu sehen, zu reagieren habe. Es soll vor allem darauf achten, welche funktional äquivalenten Mechanismen zur Verfügung stehen, um trotz all dieser Widrigkeiten seinen Bestand als »personales System« zu sichern (Incognito verreisen?). Denn Organisationen beziehen sich heute nicht mehr so unmittelbar auf seine Bedürfnisse wie früher einmal.

Auf die moralische Empörung von M. S. antwortet der Systemtheoretiker. In der Handlungssystemtheorie geht es nicht um eine Verhaltensethik! In der Systemtheorie geht es um die sachliche Feststellung, wie soziale Systeme heute funktionieren und in welchem Verhältnis sie zu Subjekten, zu personalen Systemen stehen! Bei genauer Analyse wird man sehen, in welchem Ausmaße heute eine Spannung zwischen den Bestandsproblemen der Organisationen und den Bedürfnissen der Subjekte als Ausdruck von deren Bestandsproblematik auftauchen. Die hat M. S. am eigenen Leib gespürt. Praktisch kann ihm die Systemtheorie allerdings sagen, wie er sich dennoch in dieser Welt von »mehrfachen Systemreferenzen«, in einer Welt also, in der man mit zahllosen seiner Handlungen in viele verschiedene Organisationen einbezogen ist, stabilisieren kann. Mit den Empfehlungen hinsichtlich »funktional äquivalenter Techniken« zur Bewältigung von Problemen mit Ämtern zur Selbststabilisierung erweist sich M. S. merkwürdigerweise als nicht zufrieden: er beteiligt sich an einer Bürgerinitiative.

Wenn man all dies gehört hat, wird man vielleicht sagen: »Jetzt gibt es wirklich keine Möglichkeit mehr, zu behaupten, solche abstrakten Sachen hätten irgendeine praktische Bedeutung.«

Und dennoch läßt sich auch dieser Eindruck mit allgemeinen Hinweisen auf Anwendungsfelder der Systemtheorie abweisen: Im Vergleich zur Rollentheorie und zum Interaktionismus sagt die Systemtheorie wenig über die alltäglichen Probleme bei Kommunikationen und Interaktionen. Ihr »Betätigungsfeld« liegt vor allem im Bereich der sozialen Gebilde, Organisationen und Institutionen. Man kann so weit gehen, zu behaupten, daß Probleme des Aufbaus und der Steuerung von Organisationen den Bereich darstellen, in dem die allgemeine Systemtheorie »nützlich« wird.

So trägt sie beispielsweise Informationen vor, die angeben sollen, wann es in einer Organisation sinnvoll ist, Entscheidungen in einer Zentrale zu treffen und wann sie »untergeordneten Stellen« überlassen werden können (»Zentrale oder dezentrale Steuerung des Organisationssystems«). Da erfahren Organisationsleiter, wie sie die Befehlswege auszubauen haben, um eine möglichst reibungslose Erfüllung der Aufgaben zu sichern.

Wann ist es sinnvoll, Beratungsstäbe aufzubauen? Was spielt sich gleichsam »unterhalb« oder neben den offiziellen Verhaltensvorschriften in der Organisation ab? Welche verschiedenen Verfahren könnten der Erfüllung des Organisationszwecks gleichermaßen dienlich sein? (»Äquivalenzfunktionalistische Betrachtungsweise« – s.o.). Welche »dysfunktionalen« Vorgänge bedrohen den Bestand einer Organisation? Wie wirksam ist die Überwachung der Mitgliedschaftsregeln? Welche Verhaltensweisen müßten bei der Aufgabenerfüllung von einem Mitglied erwartet werden? Wo gibt es Reibungsverlust, nicht zweckrational durchkalkulierte Handlungszusammenhänge – also: Wo wiehert der Amtsschimmel? Wie wirken die Vorgänge in der einen Organisation auf die in anderen ein? (Wie wirkt z.B. die Schule auf das Elternhaus?)

Man kann sich vermutlich leicht vorstellen, daß jeder Systemsteuermann in der Praxis, jeder »Organisationsmensch« jemanden, der ihm Antworten auf diese und zahllose andere mit dem Aufbau der Bestandserhaltung und Entwicklung von Organisationen verbundene Fragen gibt, als »nützlich« ansieht.[10]

Als »Organisationswissenschaft« hat die Systemtheorie gerade in den Zeiten eine wie immer zu bewertende praktische Bedeutung, von denen sie sagt, das Übergewicht der Organisationen über den einzelnen Menschen nehme eher noch zu.

10 Zum Überblick siehe Büschges/Lütke-Bornefeld: *Praktische Organisationsforschung*, Reinbek bei Hamburg 1977.

Anhang zu Kapitel 7

I. Bezugstexte

1. H. Willke: *Systemtheorie. Eine Einführung in die Grundprobleme,* Stuttgart/New York 1987, S. 1-41
2. N. Luhmann: *Funktionen und Folgen formaler Organisation,* Berlin 1964, ²1972, Auszug S. 23-53

II. Ergänzungstext

J. Ritsert: *Gesellschaft. Einführung in den Grundbegriff der Soziologie,* Frankfurt/New York 1988, S. 144-193

III. Klassiker

T. Parsons: *Zur Theorie sozialer Systeme* (hg. von Stefan Jensen), Opladen 1976

IV. Übersichtsband

H. Willke: *Systemtheorie entwickelter Gesellschaften. Dynamik und Riskanz moderner gesellschaftlicher Selbstorganisation,* Weinheim/München 1989

V. Stichworte

Autopoiesis: Selbsterzeugung. Logisch: Prozesse mit selbstbezüglicher Relationierung der Elemente. Materiell: Reproduktionsprozesse. Prozesse der Selbstwiederherstellung von Prozessen und/oder Systemen.

Dysfunktion: Wirkung eines Systemelements als Behinderung der Bestandserhaltung, Umweltanpassung, Zielverwirklichung des Systems.

Einfache Sozialsysteme: Interaktionszusammenhänge als Situationen der Anwesenheit und wechselseitigen Wahrnehmbarkeit.

Funktion: Wirkung eines Systemelements als Beitrag zur Bestandserhaltung, Umweltanpassung, Zielverwirklichung des → Systems.

Funktionales Äquivalent: Ereignisse x, y, z... sind gleichrangig geeignet, ein Ereignis E zu bewirken.

Funktionale Differenzierung: Binnengliederung des Systems in Teilsysteme mit eigenständigen Bezugsproblemen.

Generalisierte Medien: Symbolische Mittel zur Übertragung von Selektions- und Reduktionsleistungen (»Kommunikationsmedien«).

Homöostasis: Selbststeuerungsprozesse in biologischen Systemen (z.B. Schweißabsonderung zur Konstanthaltung der Körpertemperatur).

Kommunikation: Ganz allgemein: Übertragungsmechanismen von Selektions- und Reduktionsleistungen von einer Systemstelle an andere.

Komplexität: Fülle der denkbaren oder möglichen Ereignisse in der Systemumwelt. Oder: Innere Strukturmannigfaltigkeit des Systems.

Kybernetik: Lehre von den sich selbst steuernden Systemen → Regelkreis.

Meßglied: Teil eines → Regelkreises. Mißt den Outputwert der → Regelstrecke.

Organisation: a) Inhaltlich: System auf einen Zweck (auf Aufgaben) hin ausgerichteter Handlungen (Kap. 2/3), b) Formal: Realisierung einer bestimmten Menge von Beziehungen aus dem gesamten Ereignisraum. Abhängigkeit von Variablen von einer oder bestimmten anderen.

Reduktion von Komplexität: Am besten läßt man's den Wortschöpfer Luhmann selbst sagen: »Unter Komplexität soll hier... die Gesamtheit der möglichen Ereignisse verstanden werden... Die Komplexität der Welt muß nicht nur vorstellend erfaßt, sondern auch dem Erleben und dem Handeln nahegebracht, also reduziert werden«.

Reflexive Mechanismen: Anwendung von Prozessen auf den gleichen Prozeßtyp, z.B. Finanzierung von Geldströmen.

Regelkreis: Grundmodell eines sich selbst steuernden Systems, z.B. die Heizung, die mit Hilfe eines Thermometers und eines elektrischen Schaltkreises automatisch die Wärmeabstrahlung einem Sollwert, der gewünschten Temperatur, anpaßt, wenn sich die Temperatur der Umwelt ändert.

Regelstrecke: Teil eines → Regelkreises. Ein System, das aufgrund eines input einen output abgibt, der vom → Meßglied gemessen wird.

Rückkoppelung (feedback): Die Wirkungszusammenhänge im → Regelkreis, die durch Rückmeldungen eines Ergebnisses des Systems seine Leistung an bestimmte Zielfunktionen anpassen.

Selektivität: Der Prozeß, in dem ein System eine innere Ordnung ausbildet und dadurch andere Möglichkeiten der Beziehung zwischen seinen Elementen ausschließt.

Stellglied: Das System im → Regelkreis, das durch Beeinflussung des Inputs der → Regelstrecke deren output an die Sollwerte anpaßt.

Struktur: Formal: Bestimmte Form der Beziehungen zwischen den Elementen eines Systems.

System: Formal: Eine Menge von Elementen, zwischen denen oder deren Merkmalen Beziehungen bestehen, wobei eine Grenze zur Umwelt stabilisiert wird.

Teilsystem: Formal: Eine Untermenge der Beziehungen zwischen Elementen des umfassenden Systems.

Teleologische Aussagen: Aussagen, in denen der Zweck, das Ziel, die Absicht einer Handlung ausgesprochen wird.

Zweckrationales Handeln: Handlung eines Akteurs, der sich in einer Situation vorhandener Mittel bedient, um – im Rahmen der Bedingungen seiner Situation – einen Zweck, ein Ziel zu erreichen.

Kapitel 8
Wer steuert die Systeme?

Herrschaft – Das Ende der Rationalität

Zur Abwechslung wollen wir diesmal nicht mit einem schlichten Beispiel beginnen, sondern mit dem Wort eines Klassikers, *Max Webers*:

»1. Soziologie (im hier verstandenen Sinn dieses sehr vieldeutig gebrauchten Wortes) soll heißen: eine Wissenschaft welche soziales Handeln deutend verstehen und dadurch in seinem Ablauf und seinen Wirkungen ursächlich erklären will. ›Handeln‹ soll dabei ein menschliches Verhalten (einerlei ob äußeres oder innerliches Tun, Unterlassen oder Dulden) heißen, wenn und insofern als der oder die Handelnden mit ihm einen subjektiven *Sinn* verbinden. ›Soziales‹ Handeln aber soll ein solches Handeln heißen, welches seinem von dem oder den Handelnden gemeinten Sinn nach auf das Verhalten anderer bezogen wird und daran in seinem Ablauf orientiert ist.« (Bezugstext 1, S. 3 ff.)

Das Zitat läßt sich unschwer in die Struktur unseres inzwischen wohl vertrauten Schemas 2 übertragen:

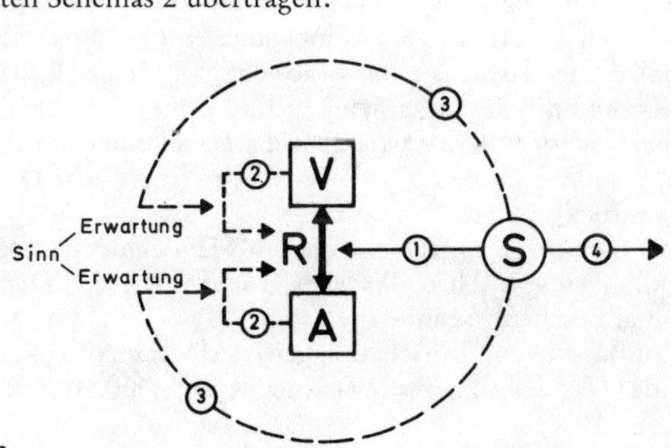

Schema 2
(Vgl. Kapitel 1, S. 15)

Die vom Soziologen S vertretene Disziplin, die Soziologie, ist eine Wissenschaft, die soziales Handeln deutend verstehen (Linie ③) und dadurch in *seinem* Ablauf und seinen Wirkungen ursächlich erklären will (Linie ① / zur Beobachtung und Erklärung gemäß Gesetzmäßigkeiten s. Kapitel 6). »Handeln« ist dabei ein innerliches oder äußerliches Tun, Dulden oder Unterlassen, von Menschen. »Handeln« liegt allerdings erst dann vor, wenn und insofern die Handelnden A und V mit ihrem Handeln einen »subjektiv gemeinten Sinn« verbinden (Linie ②).

Soziales Handeln (die Relation R) ist gegeben, wenn dieses Handeln seinem von dem oder den Handelnden gemeinten Sinn nach auf das Verhalten *anderer* bezogen ist.

Wie sich aus sozialem Handeln gesellschaftliche Strukturen bis hin zu den *Typen von Herrschaft* aufbauen (Linie ④), das soll (mit erheblichen Auslassungen) kurz dargestellt werden.

Zunächst gehen wir noch einmal die wesentlichen Begriffe der Weberschen Auslegung von Schema 2 durch: Was heißt **Sinn** (I), **Verstehen** (II), **Erklären** (III), **soziale Handlung** (IV)?[1]

I. Zum Begriff »Sinn«

»Subjektiver Sinn« ist der Sinn, den der Handelnde A oder V *selbst* mit seinem Tun verbindet. Das läßt sich wenigstens auf folgende Punkte beziehen:

a) Die Absichten, die ein Handelnder in der Situation verfolgt. Man spricht ja auch im Alltag vom »Sinn und Zweck« einer Handlung und meint damit das, was einer beabsichtigte. »Ich will, daß V zu mir herüberkommt, deswegen winke ich!«
b) Die *antizipatorischen* Erwartungen, die ein Handelnder A gegenüber den Handlungen von V hat. »Wird er mich grüßen? Dann muß ich wohl zurückgrüßen.«
c) Die *normativen* Erwartungen, die ein Handelnder A gegenüber den Handlungen von V hat. »Was, der grüßt mich nicht? Dem werde ich aber mal Bescheid sagen!«
d) Die Auffassungen, Einschätzungen, »Alltagstheorien«, die ein Handelnder (A oder V) gegenüber einer sozialen Situation, etwa der

1 Im Folgenden werden wir die römischen Zahlen zur Erinnerung an diese Begriffsdefinitionen anführen.

Relation R hat. »Schließlich sind wir Freunde und keine Konkurrenten mehr!«
e) Inhalte von »Ordnungen«. Dazu werden wir weiter unten etwas sagen.

Die Grenzen zwischen »sinnabhängigem« Handeln und »nicht sinnbestimmtem Handeln« sind durchaus fließend. Aber nach I_{a-e} fällt »bloß reaktives« (Weber), bloß durch Reize als Reaktion bewirktes Verhalten nicht unter den Begriff des Handelns. Die Handelnden selbst müssen einen »Sinn« mit ihrem Verhalten verbinden.

II. Zum Begriff »Verstehen«

Man kann den »Sinn« der Worte oder Aussagen eines anderen »verstehen«, weil man die gleiche Sprache spricht. Man hat gelernt, was die Worte der Sprache meinen und die Verfahrensregeln gepaukt (Grammatik!), nach denen sie zu Aussagen kombiniert werden.

Auf gewisse Weise ist es beim Verstehen des Sinns einer *Handlung* ähnlich. Man versteht den »Sinn« einer Handlung, weil man selbst die Regeln gelernt hat, die man – wie es der andere tut – in bestimmten Situationen anwendet oder beachtet. Man kann sich gleichsam in die Rolle des anderen versetzen. Man weiß, welche verschiedenen Zwecke mit den *gleichen* Verhaltensabläufen verfolgt werden können (I_a). Man hat gelernt, was Leute in bestimmten Situationen tun werden und/oder was sie tun sollten ($I_{b/c}$). Man hat z.B. während seiner Erziehung erfahren, wann eine Beziehung die Merkmale einer »Freundschaft« hat, wann »Konkurrenz« vorliegt (I_d).

Natürlich braucht man nicht Caesar zu sein, um Caesar verstehen zu können. Aber aufgrund seiner Lebenserfahrungen in einer Gesellschaft weiß man immer schon etwas von dem, was die Leute wollen, was sie unter bestimmten Voraussetzungen tun werden, was von ihnen (normativ) erwartet wird, was sie von den Gegebenheiten halten.

Man braucht also nicht jedesmal große systematische Beobachtungen oder Experimente anzustellen, um hinter den »Sinn« ihrer Handlungen zu kommen, man kann durchaus »verstehen«, einsehen, was sie tun. »Verstehen« in diesem allgemeinen Wortsinn, heißt also, den Handlungssinn (I_{a-e}) menschlichen Tun und Lassens einzusehen.

»Verstehen« leistet allerdings noch ein wenig mehr. Es dient, so merkwürdig das klingt, auf eine bestimmte Weise auch dem *Erklären* von Handlungen. »Erklärendes Verstehen« heißt, daß wir eine Handlung in einen für uns bedeutungsvollen Sinnzusammenhang »einpassen« können (Bezugstext 1, S. 9): Da sitzt einer im Wald auf einem umgebauten Ast und legt ein Rohr mit einem Kolben an die Wange. Was tut der da? Ach so, der schießt mit einem Gewehr auf wehrlose Rehe! *Das* ist der »Sinn« seines Tuns. Jetzt weiß ich, was hier los ist. Jetzt ist mir die Sachlage »klar«, also »erklärt« (worden).

III. Zum Begriff »Erklären«

Es gibt bei Weber einen weitergehenden Begriff des »Erklärens«. Seine Grundzüge haben wir schon im Kapitel 6 kennengelernt.

Der Beobachter S kann bei Handlungen durchaus regelmäßige Zusammenhänge von Ereignissen ausmachen: »Kausale Erklärung bedeutet ... die Feststellung: daß nach einer irgendwie abschätzbaren, im – seltenen – Idealfall: zahlenmäßig angebbaren, Wahrscheinlichkeits*regel* auf einen bestimmten beobachteten (inneren oder äußeren) Vorgang ein bestimmter anderer Vorgang folgt (oder: mit ihm gemeinsam auftritt).« (Bezugstext 1, S. 11) Die Fähigkeit des Soziologen erschöpft sich also nicht im »Verstehen«. Er kann durchaus Gesetzmäßigkeiten, zumindest regelmäßige Zusammenhänge bei Handlungen *beobachten* (Linie ①). »Immer wenn er mit seiner Arbeit beginnt, trinkt er eine Tasse Kaffee.«

IV. Zum Begriff »soziales Handeln«

Soziales Handeln ist »seinem Sinn nach« auf die Handlungen anderer Menschen bezogen. Weil der Sinnbegriff für Handeln so zentral ist, fällt auch »soziales Handeln« nicht mit reizbedingtem Reaktionsverhalten zusammen. »Ein Zusammenprall zweier Radfahrer z.B. ist ein bloßes Naturgeschehen. Wohl aber wären ihr Versuch, dem anderen auszuweichen, und die auf den Zusammenprall folgende Schimpferei, Prügelei oder friedliche Erörterung ›soziales Handeln‹.« (Bezugstext 1, S. 19) Soziales Handeln fällt auch nicht mit zufällig gleichartigem Massenhandeln zusammen: »Wenn auf der Straße eine Menge von Menschen beim Beginn eines Regens gleichzeitig den Regenschirm aufspannen, so ist (normalerweise) das Handeln des einen nicht an dem des anderen orientiert, sondern das Handeln aller gleichartig an dem Bedürfnis nach Schutz gegen die Nässe.« (ebd.) Fassen wir alles nochmals in einer Definition zusammen: *Soziales Handeln ist menschliches Tun oder Lassen, das dem von den Handelnden selbst gemeinten Sinn nach auf die Handlungen oder den vermu-*

teten Sinn des Handelns anderer Menschen in einer Situation bezogen ist. Von seinem Sinn her faßt es der Soziologe S verstehend und erklärend auf.

I.-IV. enthält wesentliche Begriffe, die immer wieder auftauchen, wenn es um *Webers* Aufbau einer soziologischen Handlungstheorie (Linie ③) geht. Weber geht bei diesem Aufbau Schritt für Schritt vor, vom Element zum komplizierten gesellschaftlichen Gebilde. Element, »Atom«, der Soziologie ist »das Einzelindividuum und sein Handeln als unterste Einheit« (Weber). Als Handlung – erinnern wir uns – muß dieses Atom *sinnbezogen* sein. Nehmen wir also das Beispiel einer Handlung, bei der ein Akteur bestimmte Absichten, Zwecke (I_a) in einer Situation verfolgt:

A will ein Regal an die Wand dübeln. Er ist zunächst allein im Raum, niemand kann ihm helfen. Er trinkt erst einmal eine Tasse Kaffee, dann macht er sich an die Arbeit.

Für den Soziologen S lägen, würde er die Szene beobachten, alle Elemente einer Handlung vor: Es gibt einen *Akteur* A. Dieser verfolgt einen Zweck und verfügt über die *Mittel,* seinen Zweck zu verwirklichen: Dübel, Schrauben, Hammer, Schraubenzieher, Bohrer, Regalteile. A verfügt auch über einen Bauplan, der angibt, wie man das Ding zusammenbauen soll. A setzt seinen Schlagbohrer an, bohrt das Loch und schlägt einen Dübel mit Nachdruck ein – es entsteht ein Riesenloch in der Wand! Die *Bedingungen* für die Verwirklichung seines Zwecks, Ziels, waren nicht gegeben; die Wand erwies sich nachträglich als zu dünn. A bemerkt nicht, daß sein technisch begabter Freund V das Zimmer betritt. A, von der Wut gepackt, schmeißt den Hammer durch sein Fenster und durch das entstandene Loch seine Tasse. Das klappt! Trotz dieses bösen Endes hat der beobachtungsbereite Soziologe S ein Exemplar subjektiv **zweckrationalen Handelns** gesehen (vgl. Kapitel 5): Es gibt einen Akteur A, der jenen rühmlichen *Zweck* verfolgt. A stellt sich (subjektiv) bestimmte *Mittel* vor, die nach seiner Auffassung von der Gesamtsituation und ihren Bedingungen erfolgversprechend sind. (Hinsichtlich der Wand als einer Bedingung zur Erreichung seines Zwecks irrt er sich allerdings). Zweckrationales Handeln wird also durch bestimmte Erwartungen des Akteurs hinsichtlich von Gegenständen seiner Umwelt bestimmt, wobei Gegebenheiten der Situation als Bedingungen auftreten oder als Mittel eingesetzt werden, um erstrebte eigene Zwecke zu verwirklichen. Weber sagt an einer Stelle: »Jede denkende Besinnung auf die letzten Elemente menschlichen sinnvollen Handelns ist zunächst gebunden an die Kategorien ›Zweck‹ und ›Mittel‹.«[2]

Von zweckrationalen Handlungen sagt Weber, sie seien in besonderem, ausgezeichneten Maße dem »Verstehen« (II) zugängig – soweit man auf den Mitteleinsatz schaut. »Jede Deutung eines derart rational orientierten Zweckhandelns besitzt – für das Verständnis der angewendeten *Mittel* das Höchstmaß von Evidenz.« (Bezugstext 1, S. 6) Wieso?

Die *Zwecke* des Akteurs zu verstehen, kann sehr schwierig sein. Je radikaler sich seine Zielsetzungen von den unseren unterscheiden, desto schwieriger wird es für uns, nachvollziehend zu verstehen, was er wohl bezweckt. Aber wenn man seine Zwecksetzungen einmal verstanden hat, dann werden seine Handlungen, soweit sie zweckrational sind, leicht verständlich. Es gibt nämlich für das, was A – der Regalbaumeister – vorhat, durchaus eine Menge von Erfahrungen hinsichtlich eines »rationalen«, das heißt: erfolgversprechenden Mitteleinsatzes. Wenn A eine Bohrmaschine hat, wird er die Löcher nicht mit einem Schraubenzieher aufbohren. Wenn er Bretter an die Wand haben will, wird er sie nicht an die Wand leimen, sondern Regal-Bodenträger in die dafür vorgesehenen Bohrungen schrauben und die Bretter auflegen usf. usf. Mit anderen Worten: Es gibt entweder eine Reihe allgemein bekannter Erfahrungsregeln für den Umgang mit gegebenen Mitteln bei vorgegebenen Zwecken oder es gibt anhand naturwissenschaftlicher Einsichten gewonnene Techniken für das Vorgehen. Im Bauplan wurden sie zu Handlungsanweisungen umgeformt. Nur wenn der Handelnde die begrenzte Menge von Erfahrungsregeln beachtet und den anhand naturwissenschaftlich-technischer Überlegungen als maßgeblich erkannten Verfahrungsvorschlägen folgt, kommt er zum Ziel. Sein Erfolg ist von einem »rationalen«, zweckgerechten Einsatz der Mittel bei zutreffender Einschätzung der Bedingungen abhängig.

Der Beobachter S, der das gleiche Erfahrungswissen hat oder der Techniker V, der A unverschämt lächelnd beobachtet, können durchaus sehen, ob A das, was er tut, »fachgerecht« tut. Das heißt: Sie können, weil ihnen bekannte, zweckgerechte Erfahrungsregeln und (technische) Wissenbestände im Spiel sind oder im Spiel sein *könnten*, das Handeln von A voll einsehen. Sie können das Handeln von A

2 Max Weber: *Die »Objektivität« sozialwissenschaftlicher und sozialpolitischer Erkenntnis,* in: Weber: Methodologische Schriften, Frankfurt/M. 1968, S. 4.

überdies auch *beurteilen*, denn im Falle von A deckt sich ja die **subjektive Zweckrationalität** nicht in jeder Hinsicht mit der **objektiven Richtigkeitsrationalität** der Handlung (Ergänzungstext 1, S. 102 ff.). A ist der Meinung, es lägen alle wichtigen Bedingungen dafür vor, das Regal an der Wand links vom Fenster zu befestigen. Diese Erwartung hinsichtlich der Gegenstände in der Situation gehört zum Sinn (I_d), den er mit seinem Tun verbindet. Aber in Wahrheit, richtig gesehen, liegen die Bedingungen anders als A sie (bei der Wand) sieht. Der leicht amüsierte, aber im Kern sehr hilfreiche Techniker-Freund, hätte ihm das gleich sagen können. Gemessen an der »Richtigkeitsrationalität«, die immer irgendeinen Besserwisser voraussetzt, war A's Tun zwar »subjektiv zweckrational«, aber nicht in jeder Hinsicht »richtigkeitsrational«. Gemessen an einem solchen idealen, von Besserwissern entworfenen Bild eines vom vorliegenden Zweck möglichen Handlungsablaufs, wo »rational« das eine Tun konsequent und ungestört aus dem anderen folgt und zum Erfolg, zur Verwirklichung des Zwecks führt (Heureka! Das Regal steht!), lag ein irrationaler Schritt vor.[3]

Gerade wenn sich solche »Irrationalitäten« häufen, gerade wenn der Soziologe S untersuchen will, warum die Leute so komische, zunächst unerklärliche und unverständliche Sachen machen, muß man sich nach Weber zunächst einen **Idealtypus** zweckrationalen Handelns für ihr Tun und Lassen entwerfen.[4]

».. jede Erklärung von ›irrationalen‹ Vorgängen, d.h. solchen, bei welchen entweder die ›objektiv‹ richtigen Bedingungen des zweckrationalen Handelns unbeachtet oder (was zweierlei ist) auch subjektiv die zweckrationalen Erwägungen des Handelnden relativ weitgehend ausgeschaltet waren, eine ›Börsenpanik‹ z.B., bedarf vor allen Dingen der Feststellung: wie denn im rationalen idealtypischen Grenzfall absoluter Zweck- und Richtigkeitsrationalität gehandelt worden *wäre.*« (Ergänzungstext 1, S. 102)

Die Konstruktion eines solchen Grenzfalles, Idealtypus', absolut richtigkeitsrationalen Mitteleinsatzes bei gegebenem Zweck bedeutet nicht, daß der Soziologe dem Handelnden moralische Vorhaltungen

3 Wir erinnern an dieser Stelle an die Form 3 soziologischer Besserwisserei aus unserem Kapitel 1 (vgl. Kapitel 1, S. 17). Hier unterstellt der Soziologe dem Handelnden ja Irrtümer!

4 Zu beachten ist, daß Webers idealtypische Methode nicht auf die »Konstruktion reiner Typen« zweckrationalen Handelns eingeengt ist. »Wertrationales Handeln« ist z.B. auch ein typisierend entworfenes Handlungsmuster.

über vernünftiges Tun machen will. Sie bedeutet auch nicht, daß er ein utopisches Wolkenkuckucksheim perfekten Handelns vorschreiben wollte. Sie bedeutet zunächst einmal nur, daß der Soziologe bei der Untersuchung des Handelns alles Störende, nicht zweckrational Stimmige ausklammert, also sich vorstellt, was geschehen *wäre, hätte* der Akteur konsequent richtigkeitsrational gehandelt. Überdies klammert er all die Dinge aus, die meist noch mit der Handlung ablaufen. Sie können für den Akteur wichtig, aber für den zweckrationalen Ablauf der Handlung unwesentlich sein: Daß er eine Tasse Kaffee trinkt, bevor er mit dem Regalbau beginnt; daß er drei Schritte zurücktritt, um den derzeitigen Stand der Dinge zu begutachten, daß er mit der linken Hand schraubt etc. etc. All diese »Nebensächlichkeiten« werden beiseite gelassen und der völlig stimmige Ablauf einer planmäßigen Handlung des Regalbaus idealtypisch entworfen. Der »Idealtypus« bedeutet also kein abstraktes Vorbild, sondern eine Art »Bereinigung« eines tatsächlich gegebenen Handelns in Richtung auf einen konsequenten Ablauf!

Auf dem Hintergrund eines solchen, konstruierten Idealtypus' zweckrationaler Handlung bei gegebener Zielsetzung kann der Soziologe dann auch *erklären,* welche Wirkungen »Irrationalitäten« (Abweichungen vom Idealtypus) auf das Gesamtgeschehen haben.

»Für die *typen*bildende wissenschaftliche Betrachtung werden nun alle irrationalen, affektuell bedingten Sinnzusammenhänge des Sichverhaltens, die das Handeln beeinflussen, am übersehbarsten als Ablenkungen von einem konstruierten, rein zweckrationalen Verlauf derselben erforscht und dargestellt. Z.B. wird bei einer Erklärung einer ›Börsenpanik‹ zweckmäßigerweise zunächst festgestellt: Wie *ohne* Beeinflussung durch irrationale Affekte das Handeln abgelaufen *wäre,* und dann werden jene irrationalen Komponenten als ›Störungen‹ eingetragen.« (Bezugstext 1, S. 7)

Anders ausgedrückt: Wenn der Soziologe S durch Konstruktion eines »reinen Typus«, eines Idealtypus zweckrationalen Handelns weiß, wie das Geschehen (bei allgemein zugänglichen Erfahrungen oder wissenschaftlichen Einsichten in regelmäßige Zusammenhänge der Situation) abgelaufen *wäre,* kann er auch erkennen, erklären, was die ausgeklammerten Einzelheiten und die »Irrationalitäten« für den Ablauf des Geschehens bedeuten. *Hätte* A gewußt, daß die Wand so dünn ist, dann hätte er ein völlig brauchbares Gestell nach allen Regeln der Regalbaukunst zustandegebracht.

1. **Zweckrationales Handeln** ist offensichtlich selbst eine idealtypische Konstruktion des Wissenschaftlers. In der Wirklichkeit gibt

es dauernd Abweichungen. Für Weber lassen sie sich in drei weiteren idealan Typen zusammenfassen:

2. **Wertrationales Handeln.** Das ist ein Handeln, das u.U. ohne Rücksicht auf taugliche Mittel, um seiner selbst willen getan wird. Es gründet im »bewußten Glauben an den – ethischen, ästhetischen, religiösen oder wie immer sonst zu deutenden – unbedingten *Eigen*wert eines bestimmten Sichverhaltens rein als solchem und unabhängig vom Erfolg« (Bezugstext 1, S. 20). Wenn A dem Nachbarn selbstlos beim Regalbau hilft, dann richtet er vielleicht weiteren Schaden an, aber er tut es aus bloßer Gefälligkeit, um der Gefälligkeit als Gefälligkeit willen.

3. **Traditionales Handeln.** Das ist ein Handeln, das eingelebten Gewohnheiten folgt oder bei dem Überlieferungen, Traditionen, die Handlungen steuern. Man grüßt sich, indem man den Hut lüftet.

4. **Affektuell bestimmtes Handeln.** Das ist ein durch Stimmungen und Gefühlslagen bestimmtes Handeln. Vor lauter Wut warf A seine Tasse durch das Loch in der Scheibe.

Das »eingelebte Alltagshandeln«, an dem die Ethnomethodologen herumdoktern (vgl. Kapitel 4), steht gleichsam an der Grenze zwischen »sinnhaft orientiertem« Handeln und einem dumpfen Eingestimmtsein, das traditionellen Handlungserwartungen automatisch folgt.

Man sieht, die Handlungstypen 2, 3 und 4 erfassen die Abweichungen vom Idealtypus zweckrationalen Handelns selbst wieder in idealtypisierender, stilisierender Form zusammen.

Die ganze Vorgehensweise, die Verhältnisse am reinen Typus zweckrationaler Handlung zu messen, hätte allerdings keinen Sinn, gäbe es nicht in der Wirklichkeit selbst zweckrational verlaufendes Tun und Lassen. Die idealtypische Methode, das Verfahren, Handlungsabläufe am reinen Typus zweckrationalen Handelns zu messen, hinge in der Luft, bliebe ohne Bezug zur Wirklichkeit, gäbe es nicht tatsächliche Tendenzen zu zweckrationalem Handeln. Für Weber ist jedoch die neuere abendländische Geschichte ein Prozeß, in dem zweckrationale Handlungen und zweckrationale Handlungssysteme immer mehr an Bedeutung und Einfluß gewinnen. Es ist also Webers Theorie über die gesellschaftliche Entwicklung, daß dieser Handlungstypus in der Geschichte der bürgerlichen Gesellschaft (seit der industriellen und/oder der französischen Revolution) in der Wirklichkeit immer mehr zugenommen hat. Weber spricht von der **okzidentalen Rationalisierung** oder der »Entzauberung« der Welt an sich unberechenbarer Mächte.

Man kann grundsätzlich sagen, daß die Untersuchung der vier grundlegenden Handlungstypen für alle weiteren Überlegungen Webers maßgebend ist. Wenn er über gesellschaftliche Gebilde redet, sind die Unterscheidungen, die er trifft, sehr stark von der Einteilung der vier Handlungstypen geprägt.

Unser Amateur A hat inzwischen bemerkt, daß sein technisch ausgebildeter Freund V in das Zimmer gekommen ist. Für A verändert sich damit die Situation. Was zuvor ein System von Einzelhandlungen war, der mehr oder minder glückliche Regalbau, wird nun zum Beispiel für »soziales Handeln. Ein anderer Handelnder ist nun in der Situation anwesend. A muß sein Tun und Lassen zugleich am Tun und dem Sinn-Situationsverständnis des anderen ausrichten. »Hilft der mir wohl beim Regalbau?« V ist zur Unterstützung bereit. In »einverständigem« Handeln mit dem technisch versierten V baut A das Regal jetzt an eine tragfähigere Wand.

Da es sich hier um einen Freundschaftsdienst handelte, lag ein Fall von **Vergemeinschaftung** vor. Denn »Vergemeinschaftung« bedeutet für Weber eine soziale Beziehung, »wenn und soweit die Einstellung des sozialen Handelns – im Einzelfall oder im Durchschnitt oder im reinen Typus – auf subjektiv *gefühlter* (affektueller oder traditionaler) *Zusammengehörigkeit* der Beteiligten beruht« (Bezugstext 1, S. 33). Man sieht: Zwei der vier Grundtypen des Handelns werden im Begriff der »Vergemeinschaftung« wieder aufgenommen: der affektuelle und der traditionale Handlungstyp. Denn »Vergemeinschaftung« beruht auf dem Gefühl der Zusammengehörigkeit der Beteiligten und dieses Zusammengehörigkeitsgefühl kann »affektuell« (»emotional«) oder »traditional« (durch Überlieferung und Gewohnheit) bedingt sein.

Eine Gesellschaft baut sich natürlich nicht aus den Beziehungen einiger weniger Leute auf, die

a) das jeweilige Verhalten des anderen im Hinblick auf das eigene Tun und Lassen auskalkulieren (zweckrationales soziales Handeln) und/oder

b) mit anderen um einer Sache selbst oder der Anwesenden willen miteinander etwas anfangen (wertrationales soziales Handeln) und/oder

c) einfach den alten Gewohnheiten, Sitten und Gebräuchen folgen (traditionales soziales Handeln), wenn sie einander gegenüberstehen und/oder

d) sich von Gefühlen in der Beziehung zu den anderen leiten lassen (affektuelles soziales Handeln).

Außerdem leben die Menschen nur mit Teilen ihres Gesamtrepertoires von Handlungen (vgl. Kapitel 7) in »vergemeinschafteten« sozialen Beziehungen. Dauernd kommt man in Situationen, in denen man die Leute gar nicht genau kennt, die etwas von einem wollen. Man ist in Institutionen und Organisationen eingespannt, von denen man wirklich nicht sagen kann, sie seien nach den Prinzipien der »Vergemeinschaftung« aufgebaut. Vom Systemtheoretiker (Kapitel 7) hat man ja gehört, daß die großen gesellschaftlichen Gebilde sich immer weniger direkt auf die Bedürfnisse des einzelnen Handelnden beziehen.

Wie soll aber der einzelne Handelnde, von dem an dieser Stelle immer noch als dem »Atom« der Theorie die Rede ist, dann mit den vielen wechselnden Situationen mit so vielen verschiedenen Leuten klarkommen, von denen jeder ja auch seine eigenen Absichten verfolgt? Jeder einzelne will rational und/oder irrational seine Zwecke verwirklichen, Interessen durchsetzen, und stößt dabei auf andere, die das Gleiche vorhaben (Kapitel 5). Was wäre, wenn der einzelne Handelnde überhaupt nicht auskalkulieren könnte, was die anderen vorhaben? Das reine Chaos verworrener Anpassungsversuche, Konflikte, Verhaltensunsicherheit etc. wären das Resultat. Daß man es im Alltag schafft, auch in »nicht-vergemeinschafteten« Situationen mit dem Handeln anderer zu rechnen, also Berechnungen des Handelns wie beim Regalbau vornimmt und somit klarkommt, das ist einem geläufig. Aber wie schafft man das? Was sind die »Baupläne«, nach denen man soziale Beziehungen mit wechselnder Besetzung aufbaut?

Zur Beantwortung dieser Frage kann man, mit Weber, zunächst auf die inzwischen wohl sattsam bekannten »Erwartungen« und »Erwartungs-Erwartungen« der Handelnden zurückgreifen (I b, c/Vgl. auch Kapitel 2). Allerdings ist zu beachten, daß *bei Weber* »Erwartung« weitgehend mit »antizipatorischer Erwartung« zusammenfällt. Die Erwartungen und Erwartungs-Erwartungen stellen einen Handlungssinn (I b, c) dar, durch den bestimmte Handlungsmöglichkeiten aus der Fülle aller denkbaren ausgegrenzt und auf Dauer gestellt, stabilisiert werden (vgl. Kapitel 7). Weil von den anderen in den bestimmten Situationen eben nicht alles und jedes erwartet werden kann, weil sie umgekehrt von einem selbst nicht alles und jedes erwarten, ist das, was sie tun, in gewisser Weise zweckrational kalkulierbar. Wenn A etwas will (Zweck), kann er bei halbwegs stabilen Erwartungsstrukturen sich ausrechnen, was der andere tun wird und dessen erwartete Handlung gleichsam als Mittel für die Zwecksetzung einplanen. Wenn A will, daß V ihm beim Regalbau hilft, wird er nicht sagen: »Was grinst du so blöd!« Denn da könnte er nach allgemeiner Kenntnis des Verhaltens bei Beleidigungen kaum mit Hilfe rechnen.

Aber für Weber reicht der Rückgriff auf Erwartungen nicht aus, um ein Handlungssystem zu begreifen, in dem die einzelnen ihre Zwecke, Interessen, unter Bedingungen nicht-vergemeinschafteten Handelns verwirklichen wollen. Die Erwartungstheorie reicht für ihn nicht aus, um **Vergesellschaftung** zu bestimmen.[5]

Warum reicht die Erwartungstheorie nicht aus?

1) Einmal kann man die Unterscheidung von Zielen und Mitteln bei größeren Handlungssystemen nicht so genau festhalten wie beim Regalbau. A wollte ein Büchergestell bauen, das war sein Ziel. Aber in einem breiteren Kontext gesehen, war es sein Ziel, seine Wohnung zu verschönern *und dafür war der Regalbau ein Mittel.* In einem noch allgemeineren Kontext wollte er die Wohnung verschönern, um seiner Frau eine Freude zu machen. Dann ist auch das Ziel »Verschönerung« ein Mittel. Die Zielbestimmung verschiebt sich immer weiter. A geht in seine Firma. Da ist es völlig gleichgültig, was er zuhause für Ziele verfolgt. Seine Tätigkeit, bestimmte Teile seiner Handlungsfähigkeit werden zum Mittel für den Organisations*zweck*, die Herstellung von Glühbirnen. Aber auch dieser *Organisationszweck* kann in einem allgemeineren gesellschaftlichen Zusammenhang zum Mittel werden. In diesen Sumpf kann man jederzeit geraten, wenn man bei breiteren Erwartungsstrukturen festhalten will, was Ziel und was Mittel ist.

Vielleicht hilft dem Soziologen S, der plötzlich die Chance schwinden sieht, auch vergesellschaftetes Handeln am Maßstab des Idealtypus zweckrationalen Handelns zu messen, die Strategie des Systemtheoretikers: Man hält einen Zweck (der in einem anderen

5 Eine auf das Gelten von Ordnungen bezogene Definition von »Vergesellschaftung« findet sich in Ergänzungstext 1, S. 114: »Vergesellschaftetes Handeln (›Gesellschaftshandeln‹) wollen wir ein Gemeinschaftshandeln (= soziales Handeln!) dann und soweit nennen, als es 1. normhaft orientiert ist an Erwartungen, die gehegt werden auf Grund von Ordnungen, wenn 2. deren ›Satzung‹ rein zweckrational erfolgte im Hinblick auf das als Folge erwartete Handeln der Vergesellschafteten und 3. die sinnhafte Orientierung subjektiv zweckrational geschieht.«

Zusammenhang Mittel sein kann) fest und schaut nach, welche Mittel diesem festgesetzten Zweck zuzuordnen sind (vgl. Kap. 7). Aber es gibt noch schwerwiegendere Probleme.

2) Wenn man dauernd damit rechnen müßte, daß alle Handelnden, die ein Interesse verfolgen, jedesmal in jeder Situation die bisher eingespielten und anerkannten Erwartungen wieder in Frage stellten, dann bräche jedesmal das Chaos aus. Im Prinzip kann aber jeder Akteur jedesmal in seinem Interesse gegen die bestehenden Erwartungen handeln. Es fragt sich, ob es nicht eines stärkeren »Bindemittels« bedarf, um Erwartungen zu stabilisieren. »Erwartungen« in diesem Sinne, daß bestimmte Handelnde sich auf das Handeln der anderen verlassen können, weil diese selbst etwas von einem erwarten, erscheint als zu schwacher Kitt. Man stelle sich vor, was geschieht, wenn A ein Kaufhaus betritt, ohne große Umstände einen dort hängenden Ledermantel anzieht und den Raum mit der Bemerkung verläßt: »Phantastisch, diese Selbstbedienungsläden!« Er würde nicht nur mit den Erwartungen des Verkäufers X und des Hausdetektivs Y konfrontiert, er würde auf den Einfluß einer Ordnung, Organisation stoßen. Ganze Apparate, Institutionen wie die Hausordnung und die Anzeige, weiterer Organisationen wie die Polizei und das Gericht würden eingeschaltet.

»... ein *ausschließlich* bei allen Beteiligten nur an ›Erwartungen‹ des Verhaltens *anderer* orientiertes Verhalten eines jeden von ihnen wäre nur der absolute Grenzfall zum bloßen ›Gemeinschaftshandeln‹ und bedeutete die absolute Labilität auch dieser Erwartungen selbst. Diese letzteren sind vielmehr gerade um so mehr mit durchschnittlicher Wahrscheinlichkeit ›begründet‹, je mehr im Durchschnitt darauf gezählt werden darf, daß die Beteiligten ihr eigenes Handeln *nicht* bloß an den Erwartungen des Handelns der anderen orientieren, sondern je mehr bei ihnen die subjektive Ansicht in relevantem Maß verbreitet ist, daß die (subjektiv sinnhaft erfaßte) ›Legalität‹ gegenüber der Ordnung ›verbindlich‹ für sie sei.« (Ergänzungstext 1, S. 118)

»Vergesellschaftung« kann für Weber also nicht in einer Wechselseitigkeit von Erwartungen aufgehen, die eine Person(engruppe) gegenüber dem Verhalten der anderen Person(engruppe) hegt. Die Akteure müssen auch an die **Legitimität,** die Geltung einer für sie verbindlichen Ordnung (Regeln der Organisation) glauben.

Der Kaufhausdieb hat sich nicht um die geltende Ordnung des Warenhauses gekümmert, aber die Mehrheit der Personen, die dort ein- und ausgehen, kennt und anerkennt diese Ordnung, sie richtet ihr Verhalten nach dem Bestehen dieser Ordnung mehr oder minder nachdrücklich und überlegt aus. Die Handelnden können einer Ordnung (dem Komplex von Verhaltensregelungen aufgrund des Bestehens einer Organisation) auf verschiedene Weise Geltung zuschreiben und sie dadurch anerkennen.

a) Anerkennung kraft Tradition: Das immer schon Gewesene wird als das allemal Verbindliche angesehen. Manche Leute gehen in die Kirche, nicht weil sie gläubig sind (Wertrationalität!), sondern weil es im Dorf so Brauch ist;

b) Anerkennung kraft affektuellen Glaubens: die Ordnung wird beispielsweise aufgrund eines gefühlsmäßig anerkannten Vorbildes eingehalten oder weil es die Stimmungen ansprechende Offenbarungen gibt. Führerpersönlichkeiten spielen in diesem Zusammenhang eine heillose Rolle;

c) Anerkennung kraft wertrationalen Glaubens: das letztlich seiner selbst wegen Erstrebenswerte stiftet für die Handelnden den Eindruck der Verbindlichkeit der Ordnung. Tiefer religiöser Glauben und Einhaltung der Kirchenordnung z.B.;

d) Anerkennung kraft positiver Satzung: in diesem Fall wird an die *Legalität* einer Ordnung geglaubt, die (im idealen Typus) durch Vereinbarung der Beteiligten, durch **Pakt** (z.B. Vertragsschluß) oder durch **Oktroy,** durch Entscheid anerkannter Herrschaftsinstanzen zustandekommt.

Wiederum finden wir in diesen wie in vielen anderen, ähnlichen Einteilungen die 4 Grundtypen des Handelns wieder (s.o.).

Die Kritik Webers an einem Modell der Vergesellschaftung, das vornehmlich auf Thesen über Erwartungen der einen gegenüber dem Verhalten anderer aufbaut, hat aber auch zur Folge, daß der Hinweis auf den Glauben an die Geltung der Ordnungen, auf den **Legitimitätsglauben** der Akteure nicht ausreicht. Angesichts der Mannigfaltigkeit und Verschiedenheit der Zwecksetzungen, vor allem angesichts der dauernd gegebenen Möglichkeit, gegen die Ordnungen zu handeln, bedarf es der koordinierenden und ordnungssichernden Tätigkeit von »Stäben«. »Ordnung« verweist damit aber auf Herrschaft und die Ausübung von Herrschaft. Der Glaube an die Geltungskraft von Ordnungen ist zugleich ein Glaube an die Legitimität von Herrschaft.

Hinter so harmlosen rollentheoretischen Begriffen wie vor allem dem der »Sanktion« (vgl. Kap. 2) stehen also nicht einfach nur Kontrollakte von Bezugsgruppen, dahinter steht für Weber *gesellschaftlich organisierte Herrschaft*!

Was ist **Herrschaft**? Was sind ihre reinen Typen?

»Herrschaft ist die Chance, Gehorsam für einen bestimmten Befehl zu finden?« (Bezugstext 2, S. 151)

Daß *Befehle* gegeben werden, bedeutet, daß es bestimmte *Akteure* gibt, die diese Befehle oder Anweisungen geben. Herrschaft ist eine besondere Form des Handelns von Personen(gruppen) in einer Gesellschaft. Daß *Gehorsam* erwähnt wird, bedeutet, daß Herrschaft nicht ganz ohne die Zustimmung der Beherrschten, nicht ganz ohne einen »Legitimitätsglauben« (s.o.) existieren kann.

Weber teilt die Typen der Herrschaft nach den *Gründen* ein, die auf Seiten der Beherrschten zu einer Anerkennung bestehender Herrschaft führen. **»Legitimitätsgründe«** bedeuten mehr als eine »Fügsamkeit« gegenüber Herrschaft, die auf zweckrationalen Erwägungen (Abwägen der Vor- und Nachteile einer Ordnung) und/oder bloßer Tradition und/oder emotionaler Neigung beruht. »Eine Herrschaft, welche *nur* auf solchen Grundlagen ruhte, wäre ... relativ labil« (ebd.). Es müssen bei den Beherrschten selbst bestimmte Auffassungen hinsichtlich der Bedingungen anerkannt sein, die die Herrschaftsordnung als »rechtmäßig«, anerkennungsfähig, »legitim«, erscheinen lassen.

Ein solcher »Legitimitätsgrund« ist z.B. der Glaube an die Verbindlichkeit von *Satzungen.* »Grundvorstellung ist: daß beliebiges Recht durch formal korrekt gewillkürte Satzung geschaffen und abgeändert werden könne« (ebd.). In diesem Falle handelt es sich um den 1. Herrschaftstypus, um **legale Herrschaft** kraft Satzung.

Mit anderen Worten: Es gibt ein Regelsystem, ein System von Verhaltensanweisungen und Verfahrensvorschriften, die Satzung, die ausschlaggebend dafür ist, in welchem Ausmaß zu gehorchen sei. Man braucht historisch keine großen Sprünge zu machen, um Beispiele für diesen Herrschaftstypus zu finden. Die parlamentarische Demokratie ist ein Herrschaftssystem, in dem eine Fülle von Regelungen, Satzungen, festgelegt ist dafür, wer, in welchen Fällen und in welchem Ausmaß etwas zu tun und zu lassen hat. Die Herrschenden, der Befehlende »selbst gehorcht, indem er einen Befehl erläßt, einer Regel, dem ›Gesetz‹ oder ›Reglement‹, einer *formal* abstrakten Norm« (ebd., S. 152). Aber ganz so glatt geht die Formel: »Herrschaft ist Herrschaft von Recht und Gesetz (Satzung)« nach Weber nicht auf. Herrschaft ist auch in diesem Falle Durchsetzungschance von Personen (Gruppen) gegenüber Personen (Gruppen). »Reinster

Typus« legaler Herrschaft ist nämlich für Weber die *bürokratische Herrschaft.* Daß eine Bürokratie nach einer Stufenleiter von Vorgesetzten und Ausführenden aufgebaut ist, darüber braucht man wohl nicht lange nachzudenken. Die »Gehorsamspflicht« ist abgestuft in einer Stufenleiter von »gesatzten« Anweisungsbefugnissen an die nächst niedere Instanz. Der Schulleiter gibt den Lehrern Anweisungen, die Lehrer »kraft ihres Amtes« den Schülern. Die Schule ist eine bürokratische Organisation. In ihr sind viele »Beamte« im Sinne des Beamtenrechts tätig. Aber »Beamter« ist für Weber jeder, der auf bestimmte Weise in einer Hierarchie von Befehl und Befehlsausführung tätig ist und dabei Merkmale aufweist, die dem Idealtypus bürokratischer Herrschaft nahekommen:

a) Er muß als geschulter, eingearbeiteter »Fachmensch« tätig sein;

b) er muß aufgrund seiner Schulung oder wenigstens seiner Einarbeitung ein Spezialgebiet »fachlich kompetent« bearbeiten;

c) er muß auf der Basis eines Dienst- oder Arbeitsvertrages tätig sein;

d) er muß dem Rang seines »Amtes« in der Befehlshierarchie nach bezahlt werden;

e) er muß seine Tätigkeit »frei von Willkür und Unberechenbarkeiten, insbesondere ›ohne Ansehen der Person‹ streng formalistisch nach rationalen Regeln und – wo diese versagen – nach ›sachlichen‹ Zweckmäßigkeitsgesichtspunkten« (Bezugstext 2, S. 152) ausüben. Von daher sind nicht nur staatliche Bürokratien, sondern z.B. auch Industriebetriebe ein Beispiel für bürokratische Herrschaft.

Die Bürokratie ist im reinen Typus ein System miteinander verkoppelter *zweckrationaler Handlungen:* was in der oberen Instanz als Ziel, Zweck, Aufgabe eingegeben wird, wird von der nächst niederen unter den gegebenen Bedingungen und mit (erfahrungsgemäß oder wissenschaftlich ausgeheckten), geeigneten Mitteln ausgeführt. Es ist für Weber das Ergebnis der jüngeren Geschichte, daß sich der Typus legaler Herrschaft, damit zweckrational verfaßte Handlungssysteme immer mehr – wenn auch nicht in reiner Form – durchgesetzt haben. *Also hat der beobachtende Soziologe S doch noch die Möglichkeit, einen Vergleich von Handlungen mit dem reinen Typus zweckrationalen Handelns vorzunehmen, wenn es um mehr geht als Einzelhandlungen und »Vergemeinschaftung«.*

Allerdings: Irgendwann kommt man bei dem Verfahren, die Zielvorgaben, Zwecksetzungen einer höheren Instanz aufzunehmen und zu sehen, mit welchen Mitteln sie von der nächst niederen ausgeführt werden, an einen Endpunkt. *An diesem sitzen die eigentlichen Herren,* diejenigen, welche die bürokratischen Handlungssysteme mit den weitesten Chancen, gehorsam für ihre Befehle zu finden, steuern! (ebd., S. 153 f.) Es sind, wie Weber sagt, die »tatsächlichen Herren«. Zwar ist ihr »Herrschaftsrecht durch gesatzte *Regel* legitimiert« (ebd., S. 152), müssen auch sie sich bei legaler Herrschaft im Rahmen der Satzungen bewegen, aber sie können im breitesten Maße etwas durchsetzen.

Anders ausgedrückt: Beim Beispiel der selbstgesteuerten Heizung im Kapitel 7 hätten wir fragen können, wer eigentlich die Sollwerte des Systems festlegt. Es war Herr W, der 21° in seinem Zimmer haben wollte. Steigt man die Treppen von Zwecken und Zielsetzungen in einer Bürokratie hinauf, dann landet man schließlich auch bei den Sollwert-Setzern. An den Spitzen der Bürokratien, die – aufgrund der Verkoppelungen der Organisationen zu Herrschaftsgruppen verflochten sind[6] – stehen diejenigen, welche im breitesten Maßstab die Chance haben, über die Zwecke der Handlungssysteme zu entscheiden. Ihre Entscheidung ist nicht in jeder Hinsicht beliebig. Sie ist in den Rahmen von »Satzungen« eingebunden. Sie kann sogar »affektuell« oder »wertrational« bestimmt sein. Aber sie sind die eigentlichen Sollwert-Geber. Webers Herrschaftstheorie legt – im Unterschied zu manch anderem Ansatz, von dem wir gehört haben – den Kern von Herrschaft frei! Sie ist kritisch.

Der zweite reine Typus, den Weber herausarbeitet, ist die **traditionelle Herrschaft**. Das ist eine Herrschaft kraft »Glaubens an die Heiligkeit der von je her vorhandenen Ordnungen und Herrengewalten« (ebd., S. 154). Die Ordnung wird um ihrer selbst willen anerkannt und weil sie immer schon gegolten hat (Tradition). Die Befehlsgewalt der Herren erscheint als Ausdruck eines natürlichen oder göttlich offenbarten Recht des Herrschenden, Gehorsam für seine Befehle zu finden. Die klassischen Monarchien kommen diesem Typus nahe.

Reinster Typ traditioneller Herrschaft ist die patriarchalische Herrschaft. Sie bedeutet das Verhältnis von Herr und Untertan im Kleinen und im Großen. Wie bei der Bürokratie die Beamten die Ziele des Herrn verwirklichen, sind es in den patriarchalischen Organisationen die »Diener«. Gehorsam gegenüber dem Herrn ist Ge-

6 Zu diesem Gedanken s. z.B. C.W. Mills: *Die amerikansiche Elite,* Hamburg 1962

horsam gegenüber einer bestimmten Person als Person, deren Befehlsgewalt durch Herkommen (Tradition) oder durch die heilige Würde der Person gesichert ist. Das Papsttum ist ein Beispiel für traditionelle Herrschaft in der heutigen Zeit.

Den dritten reinen Herrschaftstypus bezeichnet Weber als **charismatische Herrschaft**. Während die legale Herrschaft vom Typ »zweckrationales Handeln«, die traditionelle vom Typ »wertrationales Handeln« her verstanden wird, bezieht sich »charismatische Herrschaft« auf den Typus »affektuelles Handeln«. Charismatische Herrschaft ist Herrschaft aufgrund des Charismas, der Ausstrahlung des Herrn. Sie beruht auf der »affektuelle(n) Hingabe an die Person des Herrn, ihre Gnadengaben« (ebd., S. 159). Zeichen dafür, daß der Herr begnadet ist, treten in magischen Fähigkeiten, Offenbarungen, erwiesenem Heldentum, Macht des Geistes und der Rede zutage. Reinste Typen dieser Art von Herrschaft sind die Propheten, Kriegshelden, Demagogen und die »großen Führer der Nation«. Das Verhältnis von Herr und Gehorchendem stellt sich nach dem Modell von Führer und Gefolgschaft dar. Historisch sieht Weber ein wechselndes Spannungsverhältnis von charismatischer und rationaler Herrschaft.

Interessant ist, daß Weber in seinen politischen Schriften die neuzeitlichen Demokratien als eine Art Mischtypus zwischen legaler und charismatischer Herrschaft begreift: Einerseits zeigt der moderne Staats- und Parteienapparat alle Merkmale bürokratischer Herrschaft als dem reinen Typus legaler Ordnungen. Andererseits sieht Weber – wohlgemerkt: Weber, nicht irgendein Radikalinski – an der Spitze der Parteibürokratien die charismatischen Führertypen und ihre Gefolgschaft. Weber spricht von einer »plebiszitären Führerdemokratie«. Wenn man sich etwa die Rolle von Kanzlern und Kanzlerkandidaten in unserer Staatsordnung ansieht, könnte man irgendwie auf die Idee kommen, Webers idealtypische Methode erlaube einen scharfen Blick auf die Realität.

Von Webers Theorie kann man sagen, sie baue die Grundkategorien der Gesellschaftstheorie (Linie ④ im Schema 2) im Ausgang von der Einzelhandlung eines Subjekts A bzw. dem sozialen Handeln der Subjekte A und V ausgehend, auf. Der Begriff der »Erwartung« (Linie ②) wird bis zu den Fragen nach der Geltung von Ordnungen ausgedehnt. »Verstehen« ist eine Leistung, die sowohl dem einzelnen Alltagsmenschen (Linie ②) als auch dem Soziologen zuzutrauen ist (Linie ③).

Die Fragen 1 und 2 zu Linie (4), die Fragen nach den Bedingungen der Vergesellschaftung und der Entwicklung der Gesellschaft bedeuten Kernprobleme der Weberschen Theoriebildung insgesamt. In der Bedeutung, die er dem Typus »zweckrationalen Handelns« (s.o.) auf der Ebene sozialer Beziehungen, aber auch bei der Untersuchung bürokratischer Herrschaftsorganisationen beimißt, liegt seine Nachbarschaft zur Handlungssystemtheorie (Kap. 7). Es gibt durchaus Systemtheoretiker, die ihm auf dem Weg seiner Herrschaftstheorie folgen und sich bemühen, die Rolle der »Soll-Wertgeber« aufzudekken. Bei Weber ist jedoch mehr als bei manchen anderen der zuvor erwähnten Autoren der Versuch zu erkennen, die Voraussetzungen der Ausübung von Macht und Herrschaft an *konkreten,* politisch bedeutsamen Gruppen und Personen zu studieren. Mit anderen Worten: Bei einer Theorie wie der Webers kann man nicht nur schlicht nach ihrer Nützlichkeit im Angesicht gesellschaftlicher Problemfelder fragen, sie bezieht sich auf die politisch bedeutsamen Mechanismen der Ausübung von Herrschaft. Nicht, daß die anderen, zuvor genannten Ansätze dazu im Rahmen einzelner Beiträge nicht in der Lage wären, aber bei Weber mündet die Theoriebildung konsequent in eine Herrschaftstheorie ein. Wenn wir einmal unterstellen, Weber habe recht mit seiner Auffassung, die modernen Demokratien stellten Mischtypen zwischen »rationaler« und »charismatischer Herrschaft« dar, dann könnte es einem Weberianer leicht zustoßen, daß er (wenigstens) den Widerspruch von Herrschenden hervorruft, obwohl er recht hat. In dieser Hinsicht ließen sich Webers Theorie durchaus kritische Ansprüche zuschreiben.

Das heißt nicht, daß seine Überlegungen nur in dieser Hinsicht praktisch bedeutsam sein könnten. Die Konstruktion idealtypisch-zweckrationalen Handelns bedeutet auf gewisse Weise den Entwurf konsequenter (»rationaler«) Handlungsabläufe, die Aufdeckung der Prinzipien »legaler Herrschaft« mag dem Aufbau (zweck-)rationaler sozialer Gebilde dienlich sein.

Vielleicht könnten auch kritische Rationalisten (Kap. 6), vor allem Systemtheoretiker mit dem Gedanken liebäugeln, in dem Maße wie ihre Erkenntnisse umgesetzt werden, schritte der Prozeß der Rationalisierung der Gesellschaft insgesamt voran. Dessen Grundlagen hat Max Weber untersucht – oder auf ihn hat seine Theorie reagiert.

Anhang zu Kapitel 8

I. Bezugstexte

1. Max Weber: *Soziologische Grundbegriffe,* Tübingen 1960. Sonderdruck aus Max Weber: *Wirtschaft und Gesellschaft,* Sonderausgabe Köln/Berlin 1964, S. 3 ff. (In der Tübinger Ausgabe S. 5-21, S. 23 § 4, S. 25 § 5, S. 27 § 6, S. 29/30 § 7)
2. Max Weber: *Die drei reinen Typen der legitimen Herrschaft,* in: Max Weber: Soziologie – Weltgeschichtliche Analysen – Politik, Stuttgart 1956, S. 151-166

II. Ergänzungstexte

1. Max Weber: *Über einige Kategorien der verstehenden Soziologie,* in: Max Weber: Soziologie – Weltgeschichtliche Analysen – Politik, a.a.O., S. 57-150
2. J. Ritsert: *Gesellschaft. Einführung in den Grundbegriff der Soziologie,* Frankfurt/New York 1988, S. 93-116

III. Stichworte

Erklären: Feststellung eines regelmäßigen Zusammenhangs zwischen Ereignissen. Genauer: Anhang zu Kap. 6.

Handeln, affektuelles: Handlung, die Gemütslagen und Stimmungen folgt.

Handeln, traditionales: Handlung, die eingelebten Gewohnheiten, Traditionen folgt.

Handeln, wertrationales: Handlung, die um ihrer selbst willen, ihres Eigenwertes wegen, vollzogen wird.

Handeln, zweckrationales: Handlung eines Akteurs, die durch Erwartungen hinsichtlich von Dingen und Personen in der Umwelt geleitet und unter der Benutzung von Mitteln (bei Beachtung der Bedingungen der Situation) der Verwirklichung eines Zwecks zugeordnet ist.

Handlung, soziale: Soziales Handeln ist ein Handeln, das seinem vom Handelnden gemeinten Sinn nach auf das Handeln oder den Handlungssinn *anderer Akteure bezogen ist.*

Herrschaft: Die Chance, Gehorsam für einen Befehl zu finden.

»Macht« ist die Chance, seinen Willen gegen den anderer durchsetzen zukönnen.

Herrschaft, charismatische: Herrschaft aufgrund der »affektuellen« Hingabe an den als begnadet angesehenen Herrn oder Führer.

Herrschaft, legale: Herrschaft aufgrund formal korrekt entwickelter und angewendeter Regeln, die angeben, wem, wann und wo, in welchem Ausmaß und in welcher Hinsicht zu gehorchen sei. Legale Herrschaft stützt sich auf → Satzungen.

Herrschaft, traditionale: Herrschaft aufgrund des Glaubens der Beherrschten an die Heiligkeit einer überlieferten Ordnung und überlieferten »Herrengewalten«.

Idealtypus: Verfahren der Konstruktion einer rein → zweckrationalen Handlung unter Auslassung alles Störenden, »irrationaler« Ereignisse und Abläufe, sowie unter Betonung, Hervorhebung der Vorgänge des Mitteleinsatzes, die konsequent zur Verwirklichung des Handlungszweckes führen. (Das idealtypisierende Verfahren von Weber ist allerdings nicht auf Zweckrationalität eingeengt!)

Legitimität: Eine nach der Vorstellung der Mehrheit der Handelnden zurecht bestehende Ordnung. Die Vorbildlichkeit und Verbindlichkeit einer Ordnung.

Legitimitätsglaube: Glaube der einer Ordnung Unterworfenen an die Vorbildlichkeit und Verbindlichkeit der Ordnung.

Legitimitätsgrund: Auffassungen der Herrschaft Unterworfenen hinsichtlich der → Legitimität einer Herrschaftsordnung.

Oktroy: Auferlegung einer Ordnung kraft → legaler Herrschaft. Manchmal auch jede Auferlegung einer Ordnung.

Pakt: (z.B. vertragliche) Vereinbarung einer Ordnung

Rationalisierung, okzidentale: Prozeß der Ausdehnung der Formen → zweckrationalen und vergesellschafteten Handelns (→ Vergesellschaftung), sowie legaler Herrschaft im Verlauf der abendländischen Geschichte.

Richtigkeitsrationalität: Der Typus → zweckrationalen Handelns, bei dem alle erfahrungsgemäßen und wissenschaftlich überlegten

Mittel zur Erreichung eines Zwecks fehlerfrei angewendet werden (oder als fehlerfrei angewendet unterstellt werden).

Satzung: Nach einem formalen Verfahren (nicht durch persönliche Willkür) zustande gekommenes System von Regeln, das eine Ordnung für Verhalten im Rahmen → legaler Herrschaft festlegt.

Sinn: Handlungssinn sind die Absichten eines Akteurs, seine normativen und antizipatorischen Erwartungen, seine Situationsdeutungen und die von ihm anerkannten Inhalte von Regeln für Ordnungen.

Vergemeinschaftung: Eine soziale Beziehung, bei der die Einstellung des sozialen Handelns auf subjektiv gefühlter Zusammengehörigkeit der Beteiligten beruht.

Vergesellschaftung: Ein Handeln, das sich am Regelsystem einer Ordnung (→ Satzung) orientiert, wobei die Satzung für diese Ordnung zweckrational zur Strukturierung von Handlungen und Handlungsfolgen entworfen wurde und auch das Subjekt sich zweckrational an dieser Ordnung orientiert (→ zweckrationales Handeln).

Verstehen: Vorgehensweise beim Auffassen von Wort- oder → Handlungssinn.

Zweckrationalität, subjektive: Auffassung eines Akteurs über die Bedingungen und Mittel einer Situation, die zur Verwirklichung seiner Zwecke dienlich erscheinen.

Kapitel 9
Der stumme Zwang der Verhältnisse

Was man alles in der Zeitung liest

1. April 1966, morgens 6.30

Hans Schmidt, gelernter Motorenschlosser, Facharbeiter in einem großen Automobilkonzern, liest beim Frühstück die Tageszeitung. Es handelt sich um ein überregionales Blatt mit einem besonderen Wirtschaftsteil. Hans Schmidt ist aktiver Gewerkschafter. Er will wissen, was aus dem »Wirtschaftswunder« und der Inflation wird.

»Komisch«, sagt er sich, »die Artikel über unsere Konjunktur werden immer skeptischer. Da braut sich was zusammen! Die Lebenshaltungskosten für uns kleine Leute steigen weiter. Nahrungsmittel, Mieten, Gebühren – alles wird teurer. Die Inflation läßt mein Spargeld wie Schnee schmelzen.« Hans Schmidt stößt auf einen Leitartikel über die Grundsätze erfolgreicher Wirtschaftspolitik: »Na endlich, da steht ja die Empfehlung vom Dienst für die Gewerkschaften. Journalisten und Wirtschaftsminister sind sich wieder einmal einig: wir müssen uns mit unseren Lohnforderungen zurückhalten. Anderenfalls wird der Preisanstieg angeheizt.«

Der Motorenschlosser verläßt pünktlich sein Haus, um rechtzeitig an die Stechuhr zu kommen, denn sonst gibt es Lohnabzug

1. April 1978, morgens 6.30

Hans Schmidt hat Glück. Er ist immer noch in der Automobilfabrik beschäftigt. Vor noch gar nicht so langer Zeit wurden viele Kollegen rausgeworfen. Manchen von ihnen hat man noch etwas draufgezahlt, damit sie gehen.

In einigen Branchen der Wirtschaft ist die Arbeitslosigkeit weiter gestiegen. Mit den Automobilfirmen geht es allerdings aufwärts, dort werden sogar neue Arbeitskräfte eingestellt. Viele Prämiensparverträge sind freigeworden und während der Ölkrise haben sich die Leute mit dem Autokauf zurückgehalten.

Hans Schmidt sitzt wieder beim Frühstück und greift zu seinem Tagesblatt mit dem vielbeachteten Wirtschaftsteil. »Über eine Million Arbeitslose erwartet« lautet die Überschrift eines Artikels; »Die Jugendarbeitslosigkeit – Verliert die junge Generation das Vertrauen in unsere Wirtschaft?« die eines anderen.

Die Preisanstiegsrate, so erfährt der Leser, ist immerhin unter 4 % gesunken. Aber die Unternehmer investieren nicht genug, das »Investitionsklima ist ungünstig«. Hans Schmidt macht sich seine Gedanken: »Ja, das stimmt. Wenn die Unternehmer investieren, dann sind es hauptsächlich Ersatz- und Rationalisierungsinvestitionen. Die rationalisieren jetzt sogar die Angestellten weg, die sich früher alle so sicher und auf dem Weg in die Chefetage fühlten. – Na endlich, da steht ja auch die Empfehlung vom Dienst für die Gewerkschaften. Die Journalisten und der Wirtschaftsminsiter meinen einhellig, die Gewerkschaften müßten sich in der gegenwärtigen Krise mit ihren Lohnforderungen zurückhalten. Anderenfalls steigen die Lohnkosten der Betriebe und damit sinkt die, o je, ›Investitionsneigung‹ der Unternehmer. Zum Kuckuck – ich werde den Verdacht nicht los, daß wir Arbeiter immer die Dummen sind, ob Konjunktur, ob Krise. Immer heißt es, wir müßten uns zurückhalten, damit die anderen geneigter werden. Und dann schreiben die noch in der Zeitung, wir säßen mit den Unternehmern harmonisch in einem Boot!«

1. Mai 1991
Hans Schmidt liest immer noch die gleiche Zeitung und denkt sich seinen Teil: »Egal, was da drüben passiert, für die Leute in Transelbien ist es eine Erleichterung, daß der real vegetierende Sozialismus zusammengebrochen ist! Was da alles rauskommt! Das war ja ein riesiger Überwachungs-, Unterdrückungs- und Ausplünderungsapparat! – Bei uns ist Hochkonjunktur. Aber ich bin jetzt Mitte 50; meinen Job kann ich trotzdem aus Altergründen loswerden. Mit unseren Lohnforderungen sollen wir uns mal wieder zurückhalten, damit in den neuen Bundesländern der berühmte Aufschwung nach Maß kommt. Der hängt mal wieder stark von der Investitionsbereitschaft der Unternehmen ab. In der dritten Welt wird's auch nicht besser. Centesimus Annus – wenigstens der Papst traut sich noch, den Kapitalismus zu kritisieren!«

Im Jahre 1849 hätte Hans Schmidt am 5. April vielleicht die »Neue Rheinische Zeitung« gelesen. Dort versucht ein gewisser *Karl Marx* dem Leser »möglichst einfach und populär« (vgl. Bezugstext 1, S. 68) darzulegen, warum die Mitglieder der beiden Klassen: Lohnarbeiter und Kapitalisten, brav: Arbeitgeber und Arbeitnehmer, tatsächlich nicht in einem Boot sitzen, warum sie gegensätzliche Interessen verfolgen. In den Leitartikeln der »Neuen Rheinischen Zeitung« (NRZ) werden Grundzüge einer äußerst schwierigen und verzweigten soziologischen Theorie des *Kapitalismus* vorgetragen.[1]

Die von Marx und Engels begründete Denkweise des *historischen Materialismus* behauptet, daß die Grundstrukturen dieses besonderen sozialen Systems ihre Bedeutung – bei allen Veränderungen im Verlauf der Geschichte – bis auf unsere Tage erhalten haben.

Heute, so würde ein Marxist argumentieren, kann man zur Unterstützung derartiger Behauptungen tatsächlich auch auf einflußreiche bürgerliche Tageszeitungen zurückgreifen. Dort werden gewiß auch vergleichsweise komplizierte Überlegungen zu Fragen der Wirtschaft und Wirtschaftspolitik angestellt, aber Journalisten und Wirtschaftspolitiker sind sich darin einig, daß es in letzter Instanz die »Investitionsentscheidungen« der Unternehmer sind, die den Fortgang der ökonomischen Dinge bestimmen. Natürlich haben alle, so liest man, auch die Arbeiter, ihren Anteil an der wirtschaftlichen Entwicklung, aber wenn die Investitionsbereitschaft der Unternehmer aus irgendwelchen Gründen nachläßt, dann treten die ökonomischen Krisen und Probleme auf, die wir 1978 erleben. Man muß das »Klima für Investitionen« verbessern. Wie ist es dazu gekommen, daß die Entscheidungen und die »Neigungen« der Klasse der Unternehmer ein solches Gewicht angenommen haben?

Eine sogar bei einigen Wirtschaftstheoretikern beliebte Antwort lautet: Das waren gerade in frühen Zeiten Leute, die fleißig etwas angespart haben, um es dann zu investieren. Sie haben »Konsumverzicht« geübt. Wir wollen, um ja keinen Anstoß zu erregen, in den alten Archiven der NRZ blättern. In ihren Leitartikeln zeichnet Marx ein sehr viel weniger idyllisches Bild von den Vorgängen, die vor allem in England erstmals in einem geschichtlich bedeutsamen Maßstab zur Anhäufung von Mitteln führten, die in die ersten industriellen Unternehmungen, die Vorläufer unserer Großkonzerne, investiert werden konnten. Dieser Prozeß der Anhäufung investitionsfähiger Mittel, diese – wie Marx sagt – **»ursprüngliche Akkumulation«**, zeigt etwas von der Entstehung des Kapitalismus und seinen Hauptmerkmalen.

---

1 Ähnlich angelegt ist auch der Bezugstext 2: *Lohn, Preis und Profit.* Es handelt sich dabei um einen »populären« Vortrag, den Marx am 20. und 27. Juni 1865 vor dem Generalrat der Internationalen Arbeiterassoziation gehalten hat.

»Wer Industrielle Revolution sagt, meint Baumwolle.«[2] Die Textilindustrie war in England zwischen 1780 und 1840 der entscheidende Motor der Industrialisierung; mit ihr vervielfachte sich die Einwohnerzahl von Städten – Manchester verzehnfachte die Zahl von 17 000 Einwohnern im Jahre 1760 auf 180 000 im Jahre 1830 –, mit ihr entstand im großen Maßstab die neue Produktionsstätte »Fabrik«, in der Arbeiter gegen Lohn an Maschinen tätig waren. Man kann ja anstatt: »Woher kamen die investitionsfähigen Mittel?« auch fragen: »Woher kamen die Menschen, die jene Maschinen bedienten, in die die Mittel investiert wurden?«

Bei dieser Fragestellung ergibt sich das wenig idyllische Bild, das Marx von der »ursprünglichen Akkumulation« zeichnet. Fabrikarbeiter ist man nicht von Natur aus, Fabrikarbeiter wurde und wird man aufgrund gesellschaftlicher Vorgänge. Für Marx spielt die Vertreibung der »ländlichen Produzenten«[3], der kleinen und mittleren Bauern von Grund und Boden, den sie bebauten, die entscheidende Rolle bei der Entstehung des Industrieproletariats.

In vorindustriellen Zeiten hatten die adligen Grundherren (neben ihrer eigenen Gutswirtschaft) einen feudalen Besitzanspruch auch auf den Boden, der von sog. »freien Bauern« (yeomen) bewirtschaftet wurde. Daneben gab es Pachtbauern und Landarbeiter, die – zugleich mit einer kleineren eigenen Landwirtschaft – sich außerdem noch an die Herren, Pächter und Freibauern verdingten. Die Allmende (das gemeindeeigene Land) stand der allgemeinen Nutzung als Viehweide oder Erzeugungsgrundlage für Brennholz etc. zur Verfügung. U.a. mit dem Ansteigen der Wollpreise wurde es jedoch für die Grundherren interessanter, Ackerboden in Schafweide umzuwandeln und die Bauern vom Boden zu vertreiben. Das Gemeindeland wurde eingehegt (enclosures) und den Zwecken der Grundherren zugeführt.

Die kleinen Pächter und Bauern gerieten dadurch unter zusätzlichen Druck. Ihre Verarmung, Verelendung und Vertreibung nahm zu. Motor des ganzen Prozesses ist letztlich die Absicht der Grundherren und Großpächter, den Grund und Boden, für den der Adel seine alten feudalen Rechtsansprüche geltend machte, im Interesse intensiverer Nutzung zusammenzufassen und zu vergrößern: »Die

2 Eric J. Hobsbawm: *Industrie und Empire,* 2 Bände, Frankfurt/M. 1969, S. 55.

3 Vgl. das Kapitel 24: »Die sogenannte ursprüngliche Akkumulation«, in: Karl Marx: *Das Kapital,* Band 1, Marx-Engels-Werke (MEW), Bd. 23, S. 741 ff.

Einhegungen waren nur der dramatische und sozusagen der amtliche und politische Aspekt eines allgemeinen Vorgangs, durch den Bauernhöfe größer, Bauern weniger zahlreich und Dorfbewohner ärmer an Land wurden.« (Hobsbawm, a.a.O. [Fußn. 2], S. 104). Das Resultat:

»Noch in den letzten Dezennien des 17. Jahrhunderts war die Yeomanry, eine unabhängige Bauernschaft, zahlreicher als die Klasse der Pächter: Noch waren selbst die ländlichen Lohnarbeiter Mitbesitzer am Gemeindeeigentum. 1750 ungefähr war die Yeomanry verschwunden und in den letzten Dezennien des 18. Jahrhunderts die letzte Spur von Gemeindeeigentum der Ackerbauern.« (Marx, a.a.O. [Fußn. 3], S. 741 ff.) »Der Boden Englands gehörte hauptsächlich großen Grundherren und wurde von Pachtbauern bewirtschaftet, die ihn wiederum mit gedungenen Arbeitskräften bearbeiten.« (Hobsbawm, a.a.O., S. 100)

In diesen Prozessen der Verarmung, Verelendung, vor allem: Vertreibung entsteht das Heer derer, die an den Maschinen arbeiten »durften«, in denen das Geld der ohnehin und immer schon Begüterten steckte. Das Problem der Entstehung des Kapitalismus ist keine Frage der Gründe für Konsumverzicht auf der einen, Konsumfreude auf der anderen, es ist die Frage der Entstehung einer »freien Lohnarbeiterschaft« im Verhältnis zu einer Kapitalistenklasse, die über die **Produktionsmittel**, sowohl den Boden als auch die Maschinen und Fabriken verfügten. »Frei« ist die Lohnarbeiterschaft in einem Doppelsinn: Sie ist nicht selbst Produktionsmittel wie der Sklave oder der Leibeigene. Sie ist aber auch von aller Verfügung über die Produktionsmittel »freigesetzt«. Vom selbst bewirtschafteten Boden vertrieben, aus dem kleinen Handwerksbetrieb, vom Webstuhl im Haus in die Fabrik gejagt. Man sollte aber deshalb nicht von der falschen Annahme ausgehen, ihre Lebensbedingungen hätten zuvor die Merkmale einer Idylle gehabt. Aber jetzt haben sie nur noch einen Besitz: ihre Arbeitskraft. Und die wird nun vom Kapitalisten wie jede andere *Ware* gekauft. So wie er Gerätschaften kauft, kauft der über die Produktionsmittel Verfügende die *Ware Arbeitskraft.* Denn nur in der Kombination von gegenständlichen Produktionsmitteln und »lebendiger Arbeitskraft« lassen sich in der Fabrik Güter, Waren herstellen, die der Kapitalist auf dem Markt mit Gewinn verkaufen kann. Auf diesem Hintergrund kann man in der NRZ vom 5. April 1849 lesen:

»Die Arbeitskraft war nicht immer eine *Ware.* Die Arbeit war nicht immer Lohnarbeit, d.h. *freie Arbeit.* Der *Sklave* verkaufte seine Arbeitskraft nicht an die Sklavenbesitzer, sowenig wie der Ochse seine Leistungen an den Bauer verkauft. Der

Sklave mitsamt seiner Arbeitskraft ist ein für allemal an seinen Eigentümer verkauft. Er ist eine Ware, die von der Hand des einen Eigentümers in die des anderen übergehen kann. Er *selbst* ist eine Ware, aber die Arbeitskraft ist nicht *seine* Ware. Der *Leibeigene* verkauft nur einen Teil seiner Arbeitskraft. Nicht er erhält einen Lohn vom Eigentümer des Grund und Bodens: der Eigentümer des Grund und Bodens erhält vielmehr von ihm einen Tribut... Der Arbeiter gehört weder einem Eigentümer noch dem Grund und Boden an, aber 8, 10, 12, 15 Stunden seines täglichen Lebens gehören dem, der sie kauft. Der Arbeiter verläßt den Kapitalisten, dem er sich vermietet, sooft er es für gut findet, sobald er keinen Nutzen oder nicht den beabsichtigten Nutzen mehr aus ihm zieht. Aber der Arbeiter, dessen einzige Erwerbsquelle der Verkauf der Arbeitskraft ist, kann nicht die *ganze Klasse der Käufer, d.h. die Kapitalistenklasse,* verlassen, ohne auf seine Existenz zu verzichten. Er gehört nicht diesem oder jenem Kapitalisten, aber der *Kapitalistenklasse;* und es ist dabei seine Sache, sich an den Mann zu bringen, das heißt in dieser Kapitalistenklasse einen Käufer zu finden.« (Bezugstext 1, S. 70)

Das Grundmerkmal des *Kapitalismus* im Unterschied z.B. zu Sklavengesellschaften oder zum Feudalismus ist das Entstehen und Vorhandensein einer Klasse, die nichts als ihre Arbeitskraft besitzt und die sie auf dem Markt an eine andere Klasse verkaufen muß, die über die Rohstoffe, Arbeitsinstrumente und lebenswichtigen Güter, kurz: über die Produktionsmittel verfügt. Das heißt nicht, daß sich die Gesellschaft *nur* aus diesen beiden Klassen aufbaut, es heißt, daß eine Untersuchung des »sozialen Systems Kapitalismus« von diesem Grundverhältnis von Lohnarbeit und Kapital ausgehen muß – so wie Webers Handlungstheorie (vgl. Kap. 8) vom »Atom« der zweckrational-idealtypischen Einzelhandlung eines Akteurs ausgeht.

Wohlgemerkt: Nicht »die Arbeit« als ein Produktionsfaktor, sondern die *Arbeitskraft* lebendiger Individuen ist es, die im Kapitalismus als eine *Ware* wie jede andere gekauft und verkauft wird. Sie hat also auch ihren Preis. Der Preis der Ware Arbeitskraft ist der *Lohn.* Der Kapitalist zahlt ihn für diese besondere Ware, ohne die er seine Produktion nicht fortsetzen könnte.

Weil die Arbeitskraft zur Ware geworden ist, unterliegt der Lohn ebenfalls den allgemeinen Gesetzmäßigkeiten der Preisbildung von Waren. Das sind auch für Marx – soweit sich nicht Monopole herausgebildet haben – die Mechanismen von Angebot und Nachfrage, der »freien« Konkurrenz einer Marktwirtschaft, von der man so viel in der Zeitung von Herrn Schmidt lesen kann (vgl. Bezugstext 1, S. 71-76). Allerdings ist Marx der Meinung, die von Angebot und Nachfrage abhängigen Preisentwicklungen der Waren schwankten gleichsam um eine in der Zeit sich durchhaltende Größe, die durch die Herstellungskosten für die Waren bestimmt werde. Bei der Ware Arbeitskraft sei dieser Produktionskostenpreis durch die »Kosten bestimmt, die erheischt werden, um den Arbeiter als Arbeiter zu erhalten und um ihn zum Arbeiter auszubilden« (ebd., S. 75). Das sind also all die Dinge und Dienste, die der Arbeiter benötigt, um sich auszubilden bzw. sich und seine Familie am Leben zu erhalten. »Am Leben zu erhalten«, muß nicht notwendigerweise heißen: »Am Rande des Existenzminimums zu vegetieren!« Es kann heißen: Menge der Güter, die notwendig sind, um eine Arbeiterfamilie – in der heutigen Zeitung heißt diese »Arbeitnehmerhaushalt« – auf dem heute für diese Familien üblichen Lebensstandard zu halten.

Im Wirtschaftsteil der Zeitung von Hans Schmidt liest man beispielsweise etwas über den »Warenkorb« eines »mittleren« (durchschnittlichen), vierköpfigen Arbeitnehmerhaushaltes. Anhand solcher »Warenkörbe«, in denen das für den Arbeitnehmerhaushalt heute Lebensnotwendige und Lebensübliche liegt, wird beispielsweise die Entwicklung des Lebensstandards dieser Haushalte beurteilt. Im Korb sind ja die preisbestimmten Güter, die ein Arbeitnehmerhaushalt beim heutigen Stand der Versorgung im Durchschnitt für sein Leben braucht.

Nun – wie dem auch sei: Für den Arbeiter und seine Familie hat der Lohn mehr als nur die theoretische Bedeutung, Preis der Ware Arbeitskraft zu sein. Nur mit Hilfe des als Lohn gezahlten Geldes kann er vom Kapitalisten und kleinen Warenbesitzern (heute zunehmend auch vom Staat) die Güter und Dienste kaufen, der er für den Unterhalt seines Lebens braucht. Es versteht sich von selbst, daß schon damals die »freien«, die freigesetzten Proletarier genötigt waren, ihre Arbeitskraft zu verkaufen. Vielleicht vagabundierten sie eine zeitlang, aber die drakonischen Regelungen der Armengesetzgebung trieben sie in Armenhäuser und Fabriken. Sind die Menschen auf diese Weise einmal freigesetzt, besiegelt *»der stumme Zwang der ökonomischen Verhältnisse die Herrschaft des Kapitals über den Arbeiter«* (Marx, a.a.O. [Fußn. 3], S. 765).

Es bedurfte zunehmend weniger des unmittelbaren Zwanges, der polizeilichen oder staatlichen Zwangsmittel, um die Leute in die Fabriken zu treiben und in den Fabriken zu halten. Es bedurfte auch zunehmend weniger der Gewaltmaßnahmen, um die Leute an die Fabrikdisziplin zu gewöhnen. Heute hat man das vergessen: Aber es wurden Menschen in die Fabriken getrieben, die einen ganz anderen

Lebensrhythmus hatten als den, der durch den Ablauf der Maschinen vorgezeichnet ist. Vorher war der Lebensablauf von Naturvorgängen geprägt: Säen, Reifenlassen, Ernten – Jahreszeiten, Wetter, Naturkatastrophen. Jetzt wurde Pünktlichkeit, Regelmäßigkeit, Routine, Schnelligkeit, Ausdauer etc. verlangt. Man kann sich gut vorstellen, daß die frühen Klassenkämpfe der Arbeiterschaft nicht so sehr oder nur darum gingen, mehr Lohn zu bekommen, als alte Zustände wiederherzustellen oder Maschinen zu zerschlagen. Aber mit der Entwicklung des Kapitalismus bildeten sich zunehmend die »Arbeitstugenden« heraus, die heute so selbstverständlich erscheinen. Immer mehr Menschen blieb keine andere Alternative als die, sich als Lohnempfänger am Leben zu erhalten. Um leben zu können, mußten sie Arbeitskraft verkaufen, sie mit Produktionsmitteln kombinieren, die – wie die Arbeitskraft während der Arbeitszeit – dem Kapitalisten gehören. Die Resultate des Arbeitsprozesses gehören seitdem ebenfalls dem Kapitalisten, der sie als *Waren* auf dem Markt umsetzt. Kurz: Um leben zu können, mußten auch die Arbeiter mehr oder minder freiwillig die Gesetzmäßigkeiten dieser Gesellschaft vollstrecken.

Hat sich an der Notwendigkeit für viele, Arbeitskraft an die wenigen zu verkaufen, die die Produktionsmittel kontrollieren, etwas Grundlegendes geändert? Selbst die Zeitung von Hans Schmidt spricht von »Arbeitnehmern« und »Arbeitgebern«.

Marxens Artikelserie in der NRZ wird mit »Lohnarbeit und Kapital« überschrieben. Von der Lohnarbeit haben wir etwas gehört. Beim »Kapital« scheinen die Dinge ganz klar zu liegen: Unser Alltagsverstand und manches volkswirtschaftliche Lehrbuch sagen uns, das Kapital bestehe aus Rohstoffen, Arbeitsinstrumenten und Hilfsmitteln aller Art, die eingesetzt werden, um Güter, d.h. andere Produktionsmittel und/oder Lebensmittel zu erzeugen. Manchmal hört man auch, das Geld-Kapital wachse auf den Konten.

Nach Marx hingegen muß man die besonderen **Produktionsverhältnisse** berücksichtigen, um entscheiden zu können, ob ein Ding »Kapital« ist oder nicht. »Produktionsverhältnis« bezeichnet die verschiedenen, in der Geschichte vorfindlichen Grundformen von Beziehungen zwischen Klassen bei der Herstellung der Mittel für ihr Leben. Zum Beispiel die Erzeugung landwirtschaftlicher Güter und Dienste, die sich Abstammungs- und Kirchenadel zu einem großen Teil aufgrund ihrer Vorzugsstellung aneigneten, kennzeichnet als »Produktionsverhältnis« von Bauern und Feudaladel eine gesellschaftliche Epoche, eben den Feudalismus.

»Ein Neger ist ein Neger. In bestimmten Verhältnissen wird er erst zum *Sklaven*. Eine Baumwollspinnmaschine ist eine Maschine zum Baumwollspinnen. Nur in bestimmten Verhältnissen wird sie zum *Kapital*. Aus diesen Verhältnissen herausgerissen, ist sie so wenig Kapital, wie *Gold* an und für sich Geld oder der Zucker der Zuckerpreis ist...« (Bezugstext 1, S. 77)

Erst wenn gesellschaftliche Verhältnisse gegeben sind, in denen

a) die feudal organisierte Landwirtschaft nicht mehr *die* entscheidende Quelle der Gütererzeugung darstellt; wenn

b) ein Heer von kleinen Bauern und Handwerkern von seinen Produktionsmitteln »befreit«, freigesetzt wurde; wenn sie

c) ihre Arbeitskraft als Ware auf dem Markt verkaufen müssen; wenn

d) diese Klasse die Güter, die sie mittels einer Kombination von Produktionsmitteln und Arbeitskraft in Fabriken und unter ihrem Kommando herstellen läßt, als *Waren* auf Märkten verkauft,

erst dann, im Rahmen dieser Produktionsverhältnisse, können Güter als »Kapital« auftreten. Erst dann existiert ein historisches System »Kapitalismus« in einem nennenswerten Ausmaß. »Das Kapital« ist eigentlich dieses kennzeichnende Produktionsverhältnis, das Verhältnis von Lohnarbeiterschaft und Kapitalistenklasse selbst!

Unter »Kapital« wird in modernen Leitartikeln manchmal auch der *Gewinn* verstanden, den die Unternehmer erzielen. Um zu sehen, was Marx dazu sagt, bedarf es wiederum einer etwas ausführlicheren Darstellung:

Die Kapitalisten, so haben wir gesehen, kaufen sich auf dem Arbeitsmarkt Arbeitskraft (Ak) und auf Warenmärkten Produktionsmittel (Pm = Rohstoffe, Maschinen, Werkzeuge, Energie etc.), die benötigt werden, um in ihren Betrieben Produkte herzustellen. Diese Produkte werden auf Märkten verkauft, zu Geld gemacht.

Gleichgültig, ob es sich um Zwischenprodukte handelt, die ein anderer Unternehmer weiterverwendet wie die Automobilfabrik den Gummireifen der Firma X oder ob es Endprodukte sind wie das Auto selbst, das ein Konsument kauft, es handelt sich um *Waren*. Auch Ak und Pm sind Waren. Ak und Pm werden nun im betrieblichen Produktionsprozeß kombiniert:

$$\left\{ \begin{array}{l} Ak \\ Pm \end{array} \right. \quad \ldots . P \ldots$$

Abbildung 20
Produktionsprozeß

Resultat des Produktionsprozesses sind Güter (oder Dienste), die auf den Märkten verkauft werden sollen (Waren = W). Die erzeugten Waren bleiben *Eigentum des Kapitalisten,* weil er sich ja die Arbeitskraft und (neben seiner Fabrik und Fabrikausstattung) zusätzliche Produktionsmittel gekauft und dafür bezahlt hat.
Er hat dem Arbeiter dafür, daß er seine Arbeitskraft mehr oder minder freiwillig zur Verfügung stellt, ein Entgelt, den (Geld-)Lohn bezahlt. Er hat anderen Kapitalisten, die die benötigten Pm herstellen, ebenfalls den Preis ihrer Ware bezahlt. Damit sind nach den Regeln von Kaufverträgen die Waren Ak und Pm in seinen Besitz übergegangen und alles, was mit ihrer Hilfe hergestellt wird, gehört ihm! Es ergibt sich also für den einzelnen Betrieb folgendes Bild:

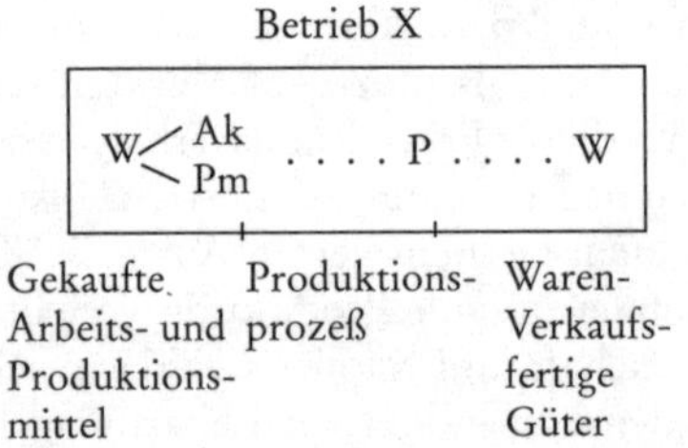

Abbildung 21
Produktion von Waren

Die hergestellten Waren (W) sind etwas, das man (im allgemeinen) verwenden kann; sei es, indem man sie aufbraucht, sei es, indem man sie bei der Herstellung »höherer« (konsumnäherer) Waren verwendet. Waren haben also einen **Gebrauchswert**, sie sind für bestimmte Zwecke nützlich. (Wenn nicht, dann kauft sie niemand.)

Aber man geht nicht zur Automobilfabrik und holt sich sein Vehikel ab, weil man es braucht. Man muß es kaufen, einen Preis dafür zahlen, Geld dafür eintauschen. Die Ware hat also auch einen bestimmten **Tauschwert** in der Form eines Preises. Man erhält sie, indem man eine bestimmte Summe Geldes (den Preis) hingibt oder überweist, dafür eintauscht.

Wenn die Kapitalisten ihre Erzeugnisse nicht selbst verzehren – und das ist nicht einmal in einer Schokoladenfabrik ein bedeutsamer Vorgang –, werden sie versuchen, ihre produzierten Waren auf dem Markt zu Geld zu machen, den Tauschwert in Gestalt des Preises zu »realisieren«.

Die Abbildung 21 ist also zu ergänzen:

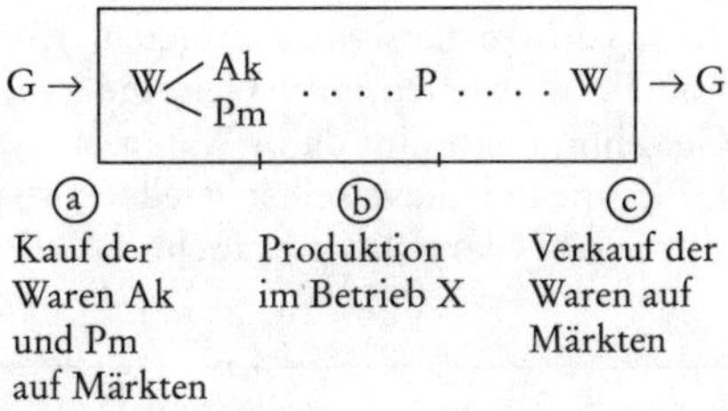

Abbildung 22
Produktion und Zirkulation
G = Geld

ⓐ: Gegen gutes Geld (= G) kauft der Kapitalist Arbeitskraft und Produktionsmittel auf Märkten; wie Marx sagt: in der **Zirkulationssphäre.** Weil er einen Preis gezahlt hat, gehen Ak und Pm in seinen Besitz über.
ⓑ: Die Waren Ak und Pm setzt er in der Produktionssphäre, dem Betrieb, zur Erzeugung von Waren (= W) ein.
ⓒ: Nachdem die Güter auf Lager produziert sind, verkauft er sie in der »Zirkulationssphäre«. Er macht sie auf Märkten zu Geld.

Sehen wir einmal von der Summe ab, die der Kapitalist für den eigenen Konsum abzweigt (Marx: **Revenue**), dann kann man einen Kreislauf erkennen. Denn der Kapitalist verwendet das bei (c) erhaltene Geld, um bei (a) Ak und Pm zu kaufen. Er »investiert«.

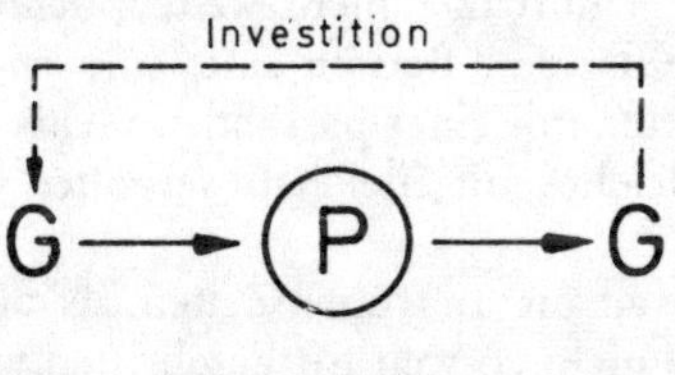

Abbildung 23
Geschlossener einzelwirtschaftlicher Kreislauf. P stellt den Kasten aus Abb. 22 dar.

Das ist natürlich eine bloße Spielerei. Denn der Betrieb X existiert nicht allein. Es muß andere Betriebe Y, Z, ... geben, die bereit und in der Lage sind, für das Produkt von Betrieb X zu bezahlen. Mit anderen Worten: Zwischen den verschiedenen Betrieben herrscht – solange kein Monopol existiert – einerseits Konkurrenz, andererseits aber auch ein System von Austauschbeziehungen. Wenn wir weiter von den Endverbrauchern absehen, gilt: Der eine kauft, der andere verkauft; er gibt Geld hin, bekommt dafür Waren, mit denen er seine Waren produzieren kann, um diese selbst wieder zu verkaufen usf. An der Grundstruktur eines Kreislaufs braucht das allerdings nichts zu ändern:

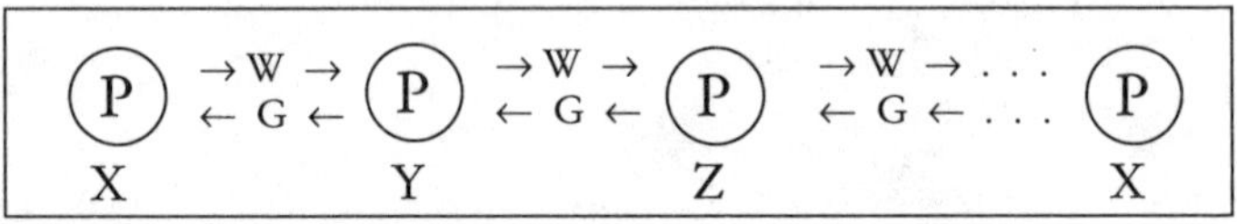

Abbildung 24
Kreislauf der Käufe und Verkäufe (Zirkulation).

Über zahllose Stadien könnte man die Rückkehr der Geld-Ware-Bewegungen (Käufe und Verkäufe) zum Ausgangspunkt Px verfolgen.

Wichtiger noch als die Mannigfaltigkeit der Betriebe ist jedoch ein zweiter, wiederum ausführlicher zu betrachtender Punkt: Warum sollen die Betriebe eigentlich auf dem Markt Güter austauschen, wenn sie dafür nur soviel zurückbekommen, wie ihre Waren wert sind? So idyllisch sind die Verhältnisse ja auch in diesem Punkt nicht, daß der eine etwas hingibt, weil er es braucht, der andere dafür etwas Gleichwertiges abliefert, das er gerade nicht braucht. Die kapitalistischen Betriebe wollen *Gewinn* erzielen. Von diesem weiterhin ungeklärten Problem wie er zustande kommt, sind wir ausgegangen. Das Bild in Zeichnung 24 hilft hier nicht weiter; denn es sieht dort so aus, als produzierte der eine Betrieb eine Ware mit Tauschwert, der von der anderen Firma mit einer passenden Geldsumme abgegolten wird. Wenn aber Gleiches mit Gleichem vergolten wird, kann es keinen Gewinn geben.

Holen wir ganz weit aus: In frühen Zeiten, als die gesellschaftliche Arbeitsteilung noch nicht so weit fortgeschritten war wie heute, hat ein Töpfer mit viel handwerklichem Geschick einen Topf hergestellt, der Pfeilschnitzer einen Pfeil. Wenn beide einen Überschuß über ihren Eigenbedarf (Gebrauchswert!) hatten, konnten sie diesen gegeneinander austauschen. Topf und Pfeil wurden damit so etwas wie eine Ware, sie erhielten plötzlich auch einen Tauschwert. Es ist recht einleuchtend, anzunehmen, daß das *Austauschverhältnis* der beiden Waren (Topf und Pfeil) sich nach der *Arbeitszeit* richtete, die in dem Gemeinwesen im allgemeinen für die Herstellung eines Topfes oder eines Pfeiles erforderlich war. Wenn man, im Durchschnitt aller Arbeitenden gesehen, 2 Stunden brauchte, um einen Topf herzustellen und 1 Stunde, um einen Pfeil zu produzieren, dann ließen sich 2 Pfeile gegen 1 Topf austauschen. Der *Tauschwert* der Waren ist also, bevor man an Geldpreise denkt, zunächst eine Proportion. Er stellt sich anschaulich in dem Austauschverhältnis (mind.) zweier Waren, hier in der Proportion 2:1 für Pfeil und Topf dar. Aber Tauschwertproportionen, Austauschverhältnisse von Waren, sind nicht der letzte Bezugspunkt der vom Gebrauchswert unterschiedenen Wertseite der Waren. Hinter dem Tauschwert als Proportion steht der objektive Wert der Waren, der sich in der Theorie von Marx nach der durchschnittlich in einer Gesellschaft für die Erzeugung einer Ware notwendigen Arbeitszeit bemißt. Für den Pfeil braucht man 1 Stunde durchschnittlich-gesellschaftlicher Arbeitszeit, für den Topf 2 Stunden. Also tauschen sich 2 Pfeile gegen 1 Topf.

Je verwickelter die Arbeitsteilung, je mannigfaltiger die Produkte werden, desto verwickelter werden natürlich auch die Tauschwertbeziehungen, die Austauschverhältnisse zwischen den Waren:

2 Pfeile = 1 Topf = 4 Maßeinheiten Korn = 1 Elle Leinen usf. usf.

So grundverschiedene Dinge wie Pfeile, Töpfe, Korn und Leinen müssen offensichtlich, wenn sie gegeneinander ausgetauscht werden, in irgendeiner Dimension, in irgendeiner für all die verschiedenen Dinge gleichartigen Hinsicht, gleichgesetzt werden. Anderenfalls ließe sich nicht ausmachen, warum gerade 2 Pfeile gegen 1 so anders gearteten Topf ausgetauscht werden.

Eines ist den Dingen allerdings gemeinsam: sie sind Resultate gesellschaftlicher Arbeit. Für Marx ist die Hinsicht, in der sie verglichen werden können, die *Arbeitszeit,* die in einem Gemeinwesen im Durchschnitt nötig ist, um sie hervorzubringen. Das erklärt, wie wir gesehen haben, das Austauschverhältnis zwischen Topf und Pfeil.

Also: Nach der Auffassung von Marx bestimmt die im Durchschnitt einer Gesellschaft zur Herstellung eines Gutes erforderliche Arbeitszeit den *Wert* einer Ware. Der *Tauschwert* ist ein Ausdruck (Marx: Eine »Erscheinungsform«) dieses Wertes, nämlich die Proportion, in der sich eine Ware gegen eine andere austauscht: 2 Pfeile = 1 Topf. Diese Proportion wird durch den *Wert,* d.h. durch die im

Durchschnitt gesellschaftlich notwendige Arbeitszeit bestimmt. Man kann also sagen: Der Tauschwert ist der Wert der Waren in Gestalt der Proportion zwischen mindestens 2 von ihnen. Arbeitszeit liegt dem Wert zugrunde, der Wert liegt wiederum den Tauschwerten zugrunde. Allerdings stößt das Topf-Pfeil-Beispiel an engste Grenzen. »Arbeitszeit« ist genauer genommen eine komplizierte Kategorie, in der »Zeit«, »Zeitmaße« (Uhren im Sinne periodischer Abläufe), »Normierungen von Zwecktätigkeiten« durch Uhren in einem kulturell variablen Verhältnis zueinander stehen. Die gesamtgesellschaftlich zur Verfügung stehende »Arbeitszeit« muß auf die verschiedenen Zwecktätigkeiten aufgrund irgendwelcher Verfahren und Veranstaltungen verteilt werden. Ohne irgendeine Umgangsform mit diesem Problem kann keine Wirtschaft laufen. Darin hat Marx immer noch recht. Hören wir zur Abwechslung einmal einen Ausschnitt aus der Rede, die Marx am 20. 6. und 27. 6. 1865 gehalten hat:

»Wenn wir *Waren als Werte* betrachten, so betrachten wir sie ausschließlich unter dem einzigen Geichtspunkt der in ihnen *vergegenständlichten, dargestellten* oder, wenn es beliebt, *kristallisierten gesellschaftlichen Arbeit.* In dieser Hinsicht können sie sich nur *unterscheiden* durch die in ihren repräsentierten größeren oder kleineren Arbeitsquanta, wie z.B. in einem seidnen Schnupftuch eine größere Arbeitsmenge aufgearbeitet sein mag als in einem Ziegelstein. Wie aber mißt man *Arbeitsquanta?* Nach der *Dauer der Arbeitszeit,* indem man die Arbeit nach Stunde, Tag etc. mißt. Um dieses Maß anzuwenden, reduziert man natürlich alle Arbeitsarten auf durchschnittliche oder einfache Arbeit als ihre Einheit.

Wir kommen daher zu folgendem Schluß. Eine Ware hat *Wert,* weil sie *Kristallisation gesellschaftlicher Arbeit* ist. Die *Größe* ihres Werts oder ihr *relativer* Wert hängt ab von der größeren oder geringeren Menge dieser in ihr enthaltenen gesellschaftlichen Substanz; d.h. von der zu ihrer Produktion notwendigen relativen Arbeitsmasse. Die *relativen Werte der Waren* werden daher bestimmt durch die *respektiven in ihnen aufgearbeiteten, vergegenständlichten, dargestellten Quanta oder Mengen von Arbeit.* Die *korrelativen* Warenquanta, die in *derselben Arbeitszeit* produziert werden können, sind *gleich.* Oder der Wert einer Ware verhält sich zum Wert einer anderen Ware wie das Quantum der in der einen Ware dargestellten Arbeit zu dem Quantum der in der andern Ware dargestellten Arbeit.« (Bezugstext 2, S. 392)

Es könnte einem so vorkommen, als sei eine Ware umso mehr wert, je länger man sich bei ihrer Herstellung (Arbeits-)Zeit läßt.

»Es könnte scheinen, daß, wenn der Wert einer Ware bestimmt ist durch das *auf ihre Produktion verwendete Arbeitsquantum,* je fauler und ungeschickter ein

Mann, desto wertvoller seine Ware, weil die Zeit desto größer ist, die zur Verfertigung der Ware erheischt. Dies wäre jedoch ein bedauerlicher Irrtum. Ihr werdet euch erinnern, daß ich das Wort *›gesellschaftliche Arbeit‹* gebrauchte, und diese Qualifizierung *›gesellschaftlich‹* schließt viele Momente in sich. Sagen wir, der Wert einer Ware werde bestimmt durch das in ihr aufgearbeitete oder kristallisierte *Arbeitsquantum,* so meinen wir das *Arbeitsquantum, notwendig* zu ihrer Produktion in einem gegebnen Gesellschaftszustand, unter bestimmten gesellschaftlichen Durchschnittsbedingungen der Produktion mit einer gegebnen gesellschaftlichen Durchschnittsintensität und Durchschnittsgeschicklichkeit der angewandten Arbeit. Als in England der Dampfwebstuhl mit dem Handwebstuhl zu konkurrieren begann, ward nur halb so viel Arbeitszeit erforderlich wie früher, um eine gegebene Menge Garn in eine Elle Baumwollgewebe oder Tuch zu verwandeln. Der arme Handweber arbeitete jetzt 17 oder 18 Stunden täglich statt 9 oder 10 Stunden früher. Aber das Produkt seiner zwanzigstündigen Arbeit repräsentierte jetzt nur noch 10 gesellschaftliche Arbeitsstunden oder 10 Arbeitsstunden, gesellschaftlich notwendig, um eine bestimmte Menge Garn in Textilstoffe zu verwandeln. Das Produkt seiner 20 Stunden hatte daher nicht mehr Wert als das Produkt seiner frühern 10 Stunden.« (ebd., S. 394 f.)

Es ist gewiß sehr umständlich, 2 Pfeile herzustellen und – wenn man Bedarf nach einem Topf verspürt – jemanden zu suchen, der zufällig einen Topf zuviel hat. Die Sache vereinfacht sich allerdings, wenn alle *eine* allgemeine Ware als Gegenwert (»Äquivalent«) für die vielen anderen annehmen und sie dann gegen das besondere, gewünschte Gut eintauschen.

1 Rock 10 Pfd Tee 40 Pfd Kaffee : : × Ware A	sind gleich; sind soviel wert wie; sind das Äquivalent von;	20 Ellen Leinwand

Abbildung 25
Allgemeine Wertform

All die verschiedenen Waren lassen sich gegen eine besondere austauschen, weil diese jedermann mag. Kauri-Muscheln sind bzw. waren als eine derartige, allgemein brauchbare Ware bei einigen Völkern der Frühzeit sehr begehrt. Bei unserem Beispiel (Abb. 25) hat die Leinwand auf diese Weise die Rolle eines allgemeinen Äquivalents angenommen, in dem alle anderen Waren ihren Wert gleichsam ausdrükken (Tauschwertproportionen!). Auf dem Umweg über die Leinwand kommt man an alle anderen Waren heran. In dem Augenblick, wo eine *bestimmte* Warenart in der Gesellschaft die Rolle eines allgemeinen Äquivalents übernimmt, wird sie zum *Geld* (zur Geldware). Das waren in der Geschichte zunächst Edelmetalle, vor allem Gold. Heute kommt man mit Papier und billigen Metallen aus. Man sieht: Das Gold ist nicht von Natur, sondern von Gesellschaft aus Geld!

1 Rock		
10 Pfd Tee		
40 Pfd Kaffee		20 g Gold
:	kosten	bzw
:		40,– DM
× Ware A		

Abbildung 26
Geldform-Preisform

Jetzt hat auch alles seinen *Preis,* d.h. der Tauschwert wird in einer Geldware ausgedrückt.

Wie wir gesehen haben, ist die Arbeitskraft im Kapitalismus zur Ware geworden. Sie muß also auch Gebrauchswert, Wert und Tauschwert haben.

»Was ist nun also der *Wert der Arbeitskraft?*
Wie der jeder andren Ware ist ihr Wert bestimmt durch das zu ihrer Produktion notwendige Arbeitsquantum. Die Arbeitskraft eines Menschen existiert nur in seiner lebendigen Leiblichkeit. Eine gewisse Masse Lebensmittel muß ein Mensch konsumieren, um aufzuwachsen und sich am Leben zu erhalten. Der Mensch unterliegt jedoch, wie die Maschine, der Abnutzung, und muß durch einen andern Menschen ersetzt werden. Außer der zu *seiner eigenen* Erhaltung erheischten Lebensmittelmasse bedarf er einer andern Lebensmittelmenge, um eine gewisse Zahl Kinder aufzuziehen, die ihn auf dem Arbeitsmarkt zu ersetzen und das Geschlecht der Arbeiter zu verewigen haben. Mehr noch, um seine Arbeitskraft zu entwickeln und ein gegebnes Geschick zu erwerben, muß eine weitere Menge von Werten verausgabt werden. Für unsern Zweck genügt es, nur *Durchschnitts*arbeit in Betracht zu ziehn, deren Erziehungs- und Ausbildungskosten verschwindend geringe Größen sind... Nach dem Dargelegten dürfte es klar sein, daß der *Wert der Arbeitskraft* bestimmt ist durch den *Wert der Lebensmittel,* die zur Produktion, Entwicklung, Erhaltung und Verewigung der Arbeitskraft erheischt sind.« (ebd., S. 399 f.)

Der Wert der Arbeitskraft wird also durch das zu ihrer Erhaltung und Wiederherstellung (im gesellschaftlichen Durchschnitt) erforderliche Quantum an Arbeitszeit bestimmt, das sich in den für den Lebensunterhalt der Arbeiterfamilien notwendigen Gütern (und Diensten) niederschlägt. Ihr *Tauschwert* besteht in dem Geldlohn, der für diese Erhaltung und Wiederherstellung, »Reproduktion«, bezahlt wird. Ihr *Gebrauchswert* besteht jedoch in der besonderen, schon mehrfach erwähnten Eigenschaft der Arbeitskraft, *Werte zu schaffen;* denn der Wert ergibt sich aus der für ein Produkt aufgewendeten, durchschnittlich-gesellschaftlich notwendigen Arbeitszeit.

Aber immer noch ist das Bild so, als würde Gleiches gegen Gleiches getauscht. Die Waren haben einen bestimmten Wert, der sich in einem Tauschwert als Proportion gegenüber der Geldware, in einem Preis ausdrückt. Man gibt zwei Pfeile (= W) hin, erhält 20,– DM (= G) und kauft dafür einen Topf (= W).

W – G – W

Keiner hat gewonnen, keiner hat verloren!

Der Kapitalist will aber nicht Gleiches mit Gleichem vergelten, er will einen Gewinn erzielen. Er verkauft Waren, erhält dafür Geld vom Käufer, investiert (kauft für das Geld Ak und Pm ein, die er in der Produktion einsetzt), läßt Güter herstellen und verkauft sie mit Profit (= G'):

G – W – G'

G' bedeutet, daß sich das Geld *vermehrt* hat. Wie ist das möglich? Durch Übervorteilen von Käufern und anderen Kapitalisten auf dem Markt? So etwas gibt es natürlich im Einzelfall, aber darauf läßt sich kein System aufbauen. Denn dann würden *alle* verlieren, anstatt daß alle oder möglichst viele etwas gewinnen. Es wäre wie im Theater: Wenn alle aufstehen, um besser zu sehen, sehen alle genauso viel und genauso wenig wie zuvor. Also kann der Gewinn G' nicht in der Zirkulationssphäre entstehen!

Er muß irgendwie in der Produktionssphäre entstehen. Wie?

Eine im Wirtschaftsteil von Zeitungen und in ökonomischen Lehrbüchern auftauchende Antwort lautet: Der Kapitalist kombiniert die »Produktionsfaktoren« Arbeit, Boden und Kapital (Kapital hier = Produktionsmittel) und je »rationeller« er das tut, desto mehr kommt bei seiner Produktion heraus.

Am »rationellen« Kombinieren ist zweifellos etwas dran. Wenn man einen Arbeiter, der zuvor in seinem Haus an einem Webstuhl tätig war, in die Textilfabrik treibt, wo er einfachere (»rationellere«)

Handgriffe an Textilmaschinen verrichtet, kommen mehr Erzeugnisse dabei heraus als zuvor. Rationalisierung erhöht die Arbeitsproduktivität. Dagegen sagt Marx: Das ist zwar im Prinzip richtig, erklärt jedoch nicht den *Profit,* die Differenz zwischen Einkaufs- und Verkaufspreisen oder – wie es heute manchmal heißt – die »Wertschöpfung«.

Überdies, so argumentiert Marx, sind die im Betrieb vorhandenen und die gekauften Produktionsmittel selbst das Ergebnis von Arbeit. Auch wenn heute oftmals Maschinen Maschinen herstellen, irgendwann *muß* es jemanden gegeben haben, der die Maschinen geplant und gebaut hat. Sie sind ja ein *Produkt*, ein Ergebnis gesellschaftlicher Arbeit. In ihnen, dem **»konstanten Kapital«** (= c) hat sich die Arbeit von Menschen »vergegenständlicht«.

Damit haben auch die Maschinen *Wert,* den sie (bis zu ihrem Verschleiß) nach und nach auf die Produkte übertragen, die mit ihrer Hilfe hergestellt werden. Als »Abschreibung« wird auch heute noch über das Problem der Wertübertragung durch Maschinen geredet.

Also: Da die Maschinen Produkte sind, steckt letztlich auch hinter dem »konstanten Kapital« das eigentlich wert*schaffende* **»variable Kapital«** (= v), die vom Kapitalisten für seinen Produktionsprozeß eingesetzten Arbeitskraft. Von daher ist zu erklären, wie ein Kapitalist bzw. die gesamte Kapitalistenklasse einen Gewinn erzielen kann! Wenn man diesen Blickwinkel hat, dann ist nach Marx die selbst für viele modernen Ökonomen noch geheimnisvolle oder ausgeklammerte »Wertschöpfung« zu fassen. Daß dazu noch »Natur« (Marx: Madame la terre), z.B. Rohstoffe gehören, die durch Arbeit und Maschinen »extrahiert« werden müssen, war Marx natürlich geläufig.

Nehmen wir an, ein Kapitalist kaufe variables Kapital v für einen 8stündigen Arbeitstag ein. Angenommen auch, der *Wert* der Arbeitskraft betrage 4 Währungseinheiten. Das heißt: Es sei eine Arbeitszeit von 4 Stunden nötig, um die »Durchschnittssumme der täglichen Lebensmittel des Arbeiters« (Marx), seinen »Warenkorb« auf dem gegebenen historischen Niveau herzustellen. Der Kapitalist bezahlt diese Summe (= 4 We) als Arbeitslohn. Der Tauschwert der Arbeit ist also 4 Währungseinheiten (4 We), die dem Ergebnis eines halben, weil 8stündigen Arbeitstages entsprechen sollen. Das heißt: 4 Stunden Arbeit pro Tag sind nötig, um den Arbeiter und seine Familie am gewohnten Leben zu erhalten.

Der Kapitalist kauft die Arbeitskraft aber für einen 8stündigen

Arbeitstag ein. Daß ein *halber Arbeitstag* nötig ist, um ihn während 24 Stunden am Leben zu erhalten, hindert den Arbeiter keineswegs, einen ganzen Tag zu arbeiten. Der Wert der Arbeitskraft und ihre Verwendung im Arbeitsprozeß sind also zwei verschiedene Größen. Diese Wertdifferenz hatte der Kapitalist im Auge, als er die Arbeitskraft kaufte.

4 Stunden, einen halben Arbeitstag, muß der Arbeiter tätig sein, um einen Geldlohn zu erhalten, der einen Gegenwert (Äquivalent) der für ihn täglich notwendigen Lebensmittel darstellt. Aber 8 Stunden am Tag benutzt der Kapitalist sein »variables Kapital«. Auf diese Weise entsteht am Ende des Arbeitstages ein **Mehrwert** (= m) von 4 We. Denn der *Gebrauchswert* der Arbeitskraft, ihre Fähigkeit, Werte zu schaffen, ist über den ganzen 8stündigen Arbeitstag hinweg wirksam.

Bezahlt wird nur der Tauschwert der Arbeit (4 We), genutzt wird der gesamte Gebrauchswert, der am Arbeitstag weitere 4 We hervorbringt. Diese Wertdifferenz hat der Kapitalist im Auge, sie ist die Quelle des Profits als **absoluter Mehrwert**.

Die **Mehrwertrate** beträgt bei unserem Beispiel 100 %. Sie ist das Verhältnis von erzieltem Mehrwert (m = 4 We) zu eingesetztem »variablem Kapital« (v = 4 We), also $\frac{m}{v} = \frac{4}{4} \cdot 100 = 100\,\%$.

Es hat eine hundertprozentige »Verwertung« stattgefunden. Die **Profitrate** hingegen ist das Verhältnis des erzielten Mehrwerts zum insgesamt im Produktionsprozeß eingesetzten Kapital

$$p = \frac{m}{v + c} \qquad \text{(Profitrate).}$$

Wenn wir uns daran erinnern, daß nach Marx die Maschinen nach und nach Wertbestandteile auf die Waren übertragen, die mit ihrer Hilfe hergestellt werden, erkennen wir, daß sich der Gesamtwert einer Ware aus folgenden Bestandteilen zusammensetzt a) aus den von den Maschinen übertragenen Wertteilen c; b) aus den für die Reproduktion der Arbeitskraft, dem variablen Kapital notwendigen Wertteilen v sowie c) dem Mehrwert m: also w = c + v + m.

Der Gewinn entstammt nach all dem, was zum Ausgangsbeispiel gesagt wurde aus *unbezahlter Mehrarbeit*.

Der »absolute Mehrwert« entsteht dadurch, daß die Arbeiter über den Punkt hinaus arbeiten müssen, an dem sie den Gegenwert für die Mittel geschaffen haben, die sie für ihr Leben brauchen, an dem der Wert der Arbeitskraft ersetzt ist. Man kann von daher verstehen, daß die frühen Kämpfe der Arbeiterklasse sich bald nicht mehr in

Maschinenstürmerei ausdrückten, sondern z.B. in Kämpfen um die Länge des Arbeitstages.

Am »absoluten Mehrwert« läßt sich auch begreifen, wieso Arbeiter und Kapitalist zwei Seiten eines einheitlichen Verhältnisses darstellen, im gleichen Boot sitzen – aber jeweils in die entgegengesetzte Richtung rudern. Die Arbeiter *müssen* unter den gegebenen Verhältnissen ihre Arbeitskraft verkaufen, um am Leben zu bleiben. Die Kapitalisten *müssen* unter den gegebenen Verhältnissen Profit aus der Arbeitskraft ziehen, um in der Konkurrenz auf dem Markt bestehen zu können – es sei denn, sie hätten das erstrebte Monopol oder Kartell geschafft (Monopolkapitalismus).

Aber während die eine Klasse den Arbeitstag gern weiter ausdehnen oder wenigstens auf dem gegebenen Niveau halten möchte, um genügend absoluten Mehrwert zu erzielen, sind die Mitglieder der anderen im genauen Gegensatz dazu für ein besseres Leben an einem kürzeren Arbeitstag interessiert. Beide Klassen hängen – wenn man den Rahmen der gegebenen Verhältnisse hinnimmt – voneinander ab und gleichzeitig »ziehen« sie in die entgegengesetzte Richtung. Deswegen liest man in der NRZ vom 7. 4. 1849 bzw. vom 8. 4. 1849 zum Problem des »gemeinsamen Bootes«:

»Wenn die Lohnarbeit den sie beherrschenden fremden Reichtum, die ihr feindselige Macht, das Kapital produziert, strömen ihr Beschäftigungs-, d.h. Lebensmittel von derselben zurück, unter der Bedingung, daß sie sich von neuem zu einem Teil des Kapitals macht, zum Hebel, der von neuem dasselbe in eine beschleunigte Bewegung des Anwachsens schleudert.

Die Interessen des Kapitals und die Interessen der Arbeiter sind dieselben, heißt nur: Kapital und Lohnarbeit sind zwei Seiten eines und desselben Verhältnisses. Die eine bedingt die andre, wie der Wucherer und Verschwender sich wechselseitig bedingen.

Solange der Lohnarbeiter Lohnarbeiter ist, hängt sein Los vom Kapital ab. Das ist die vielgerühmte Gemeinsamkeit des Interesses von Arbeiter und Kapitalist. – Welches ist nun das allgemeine Gesetz, das das Fallen und Steigen des Arbeitslohns und Profits in ihrer wechselseitigen Beziehung bestimmt?

Sie stehen im umgekehrten Verhältnis. Der Anteil des Kapitals, der Profit, steigt in demselben Verhältnis, worin der Anteil der Arbeit, der Taglohn, fällt, und umgekehrt. Der Profit steigt in dem Maße, worin der Arbeitslohn fällt, er fällt in dem Maße, worin der Arbeitslohn steigt.« (Bezugstext 1, S. 83)

Heute werden zwar auch noch Auseinandersetzungen um die Länge des Arbeitstages geführt, aber wichtiger als der »absolute« ist der **»relative Mehrwert«** geworden.

Beim Beispiel oben haben wir gesehen, daß 4 Stunden nötig waren, um die »Durchschnittssumme der täglichen Lebensmittel des Arbeiters« (Marx) zu erzeugen. Nennen wir wie Marx diesen Teil des Arbeitstages **»notwendige Arbeit«**. Alles, was über diese notwendige Arbeit hinausgeht, ist unbezahlte **Mehrarbeit** und Quelle des Mehrwerts, denn nur die »notwendige Arbeit«, der Tauschwert der Arbeit, wird bezahlt. Der »Nettoertrag« (Überschuß) eines Betriebes als physische Güter- und Dienstleistungsmasse heißt dann »Surplusprodukt«, wenn es das Ergebnis unabgegoltener Mehrarbeit (Surplusarbeit) ist und von einer spezifischen Gruppierung (Klasse) angeeignet wird; unter kapitalistischen Verhältnissen nimmt es die Formbestimmung des »Mehrwerts« an.

Wenn nun die Kämpfe um die absolute Länge des Arbeitstages dazu führen, daß dieser eher kürzer wird, von 12 auf 10 auf 8 Stunden reduziert wird, dann sinkt die Mehrwertrate. Dem Kapitalisten bleibt unter diesen Umständen nur eine Strategie: Die Arbeitszeit bei der »notwendigen Arbeit« zu senken!

Das geschieht durch Rationalisierung, durch Maßnahmen, die bewirken, daß die für die Erzeugung der Existenzmittel des Arbeiters notwendige Zeit abgekürzt und die »Arbeitsproduktivität« insgesamt gesteigert wird. Das geschieht – unter dem Druck der Konkurrenz – beispielsweise durch den Einsatz von Maschinen (konstantem Kapital), die kompliziertere und damit *teurere* Arbeitskraft (Arbeitskraft

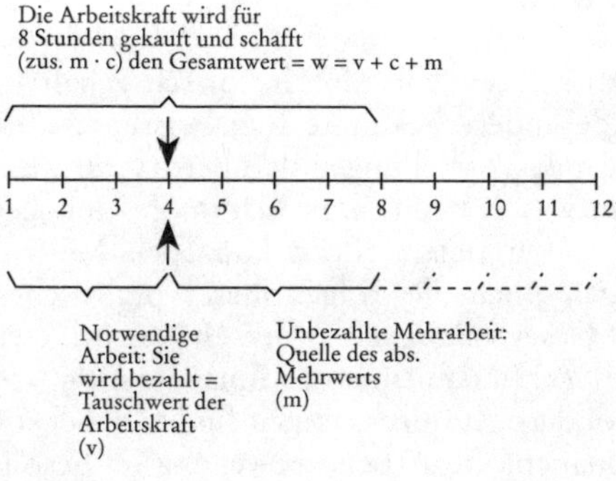

Abbildung 27
Notwendige Arbeit, Mehrarbeit und Mehrwert.

mit höherem Tauschwert) ersetzen. Das senkt die »notwendige Arbeit« und – da derartige »Rationalisierungsgewinne« nicht an die Arbeiter weitergegeben werden – erhöht die Mehrwertrate im Sinne des »relativen Mehrwerts«.

(So allgemein gesehen, erhöht dieser Vorgang durch erhöhten Maschineneinsatz natürlich auch das Verhältnis von konstantem Kapital c zum eingesetzten Gesamtkapital v + c. Es erhöht sich die von Marx sog. **»organische Zusammensetzung des Kapitals«** = c + v. Wann, wie und unter welchen Voraussetzungen sich Mehrwertrate, Profitrate, organische Zusammensetzung einzeln oder im Zusammenhang ändern, läßt sich hier nicht behandeln).

Der »relative Mehrwert« läßt sich also vor allem dadurch steigern, daß – wie Marx anschaulich sagt – »die Poren des Arbeitstages« ausgefüllt werden. Es werden beispielsweise die »unrationellen« Bewegungen des Arbeiters abgeschafft. Das heißt: Seine Handgriffe und Handreichungen werden arbeitswissenschaftlich »zerlegt«, in elementare und wirksame Bewegungen im Raum so aufgeteilt, daß sie die geringste Zeit erfordern. Aufgrund solcher Richt- oder Vorgabezeiten wird dann auch der Lohn berechnet. Offensichtlich sind auch andere als Marxisten davon überzeugt, daß die »durchschnittlich gesellschaftlich notwendige«, im allgemeinen, an allen Fließbändern für einen vergleichbaren Arbeitsgang erforderliche Arbeitszeit eine besondere Bedeutung für die Produktion hat, sonst würde z.B. nicht so viel Geld in »Arbeitszeitstudien« investiert.

System und Subjekt

Die Marxsche Denkweise stellt eine historisch gehaltvolle Theorie dar, die – wie jede andere bekannte sozialwissenschaftliche Denkweise auch – prägende Vorstellungen darüber hat, in welchem Maße es möglich ist und was es heißt, praktisch in (gesamt-)gesellschaftliche Verhältnisse einzugreifen (Praxiskonzept). Sie enthält auch Grundvorstellungen über die Träger dieser praktischen Prozesse (Klassen, eiserne Gesetzmäßigkeiten der Geschichte etc.) und normative Prinzipien (»Humanismus«; »Emanzipation von Klassenherrschaft«). Besondere Aufmerksamkeit finden dabei soziale Bewegungen im allgemeinen, die Arbeiterbewegung im besonderen. Wie bei jeder anderen Theorie auch sind sich die Anhänger des Marxismus in diesen Punkten – überhaupt darüber, was nun der »wahre«

Charakter des Marxismus sei – alles andere als einig. Wie im Falle jeder anderen Denkweise birgt die Marxsche Kritik der politischen Ökonomie innere Schwierigkeiten ebenso wie Möglichkeiten für fruchtbare Anschlußfragestellungen. Solange sich der Eindruck hält, der Kapitalismus habe sich noch nicht zugunsten irgendeiner ganz neuen Vergesellschaftungsform (Synthesis) verabschiedet und wiese sogar beste Aussichten bis ins 21. Jh. hinein auf, wird es politische und wissenschaftliche Auseinandersetzungen mit Kapitalismustheorien und -kritiken, also auch mit der Marxschen geben. Marx wird wie bisher in immer neuen Runden von den einen als »total veraltet« in das 19. Jh. zurückverwiesen und von den anderen als maßgeblicher Bezugspunkt aktualisierter Kapitalismuskritik aufgenommen werden. Unverbindlichkeit ist da kaum vorstellbar. Allerdings hat die lange Geschichte der Auseinandersetzungen mit dem Marxschen Werk zu einer Reihe von Einwänden geführt, die inzwischen als verbindlich gelten. Aber selbst in ihrem Falle erscheint das Für und Wider wesentlich interessanter als der Brustton der Überzeugung:

Als *die* »Achillesferse« des klassischen Marxismus gilt die Arbeitswertlehre. Für die einen eine heilige Kuh, ist sie für andere schon längst im Eis eingebrochen. Zweifellos wirft sie in ihrer (von Marxisten selbst) hergerichteten Fassung als Theorie einer physikalistisch verstandenen Körper- und/oder Geistesenergie, die im physikalischen Zeitmaß verausgabt wird und als (im gesellschaftlichen Durchschnitt für die Produktion von Gütern und Diensten) notwendige Arbeitszeit im Produkt (die entsprechenden Wertquanta bildend) erstarrt (»kristallisiert«), ungemein viele Probleme auf.[4] Die Schwierigkeiten mit der Arbeitswertlehre sind also kein Jota geringer als die, welche moderne Nationalökonomen mit der Messung des individuellen »Nutzens«, der empirischen Bestimmung von »Nutzenfunktionen« (Kapitel 5) und der Berechnung der tatsächlichen Nachfrage aufgrund von Nutzenfunktionen haben. Andererseits ist das »Wertgesetz« von Marx nicht auf das »Kristallisationsmodell« eingeengt. Es soll vielmehr Antworten auf viel allgemeinere Fragen wie die folgenden geben: Wie kommt es zur Aufteilung (Allokation) der gesamtgesellschaftlich-allgemein zur Verfügung stehenden Arbeitszeit

4 Zusammenfassungen der Marxschen Wertlehre wie diese stützen sich meist auf Passagen der folgenden Art: »Schneiderei und Weberei, obgleich qualitativ verschiedene produktive Tätigkeiten, sind beide produktive Verausgabung von menschlichem Hirn, Muskel, Nerv, Hand usw. und in diesem Sinn beide menschliche Arbeit.« (K. Marx: *Das Kapital,* (MEW), Bd. 23)

auf die einzelnen Funktionsstellen im Reproduktionskreislauf? Unter welchen gesellschaftlichen Umständen nehmen Arbeitsergebnisse (Produkte und Dienste) einen Warencharakter an? Wie wird das Verhältnis der »Privatarbeiten« im Kapitalismus zueinander reguliert? Welche gesellschaftlichen Gegebenheiten und Prozesse führen dazu, daß der Surplus (das Mehrprodukt) die Gestalt des *Kapitals* (im Unterschied beispielsweise zur Grundrente) annimmt? Wie ist der Zusammenhang von Gebrauchswert und Tauschwert der Arbeitsprodukte zu verstehen und welche *gesellschaftlichen* Vorgänge führen zur Metamorphose des Erzeugnisses von der Produktform über die → Warenform → Wertform → Tauschwertform bis hin zur → Preis- und Geldform? Nur ein äußerst gelassen gestimmtes Gemüt könnte behaupten, ein für allemal abschließende Antworten auf diese oder ähnliche Fragen lägen vor und auf die Auseinandersetzung mit den Marxschen könne verzichtet werden.

Ähnlich zwiespältig fallen die Lesarten der Schlüsselthese des Marxismus, der These vom Primat der Ökonomie aus: Auf der einen Seite gaben gerade sie den verschiedenen Spielarten des *Ökonomismus* Auftrieb, die im Verlauf der Geschichte des Marxismus auftauchten. Grob gesprochen besteht die ökonomistische Denkweise darin, sämtliche individuellen und/oder kollektiven Lebensäußerungen von Menschen auf ökonomische Kausaleinflüsse zurückzuführen. Als besonders anrüchig gilt inzwischen das Geschichtsbild, das mit dem Ökonomismus einherzugehen pflegt. Es unterstellt strenge (der Newtonschen Mechanik analoge) »Gesetze« (Kapitel 6) der Geschichte, die mit eiserner Notwendigkeit bestimmte gesellschaftliche Zustände – verblüffenderweise meist die von Interpreten bevorzugten – herbeiführen werden.

Hier hat auch das geradezu sprichwörtliche »Gesetz der Produktivkräfte und der Produktionsverhältnisse« seinen Ort: **Produktivkräfte** bedeuten Produktionsgeräte (Werkzeuge, Maschinen), Produktionsbedingungen (Rohstoffe, Betriebsmittel, Gebäude) sowie Arbeitskräfte.[5] **Produktionsverhältnisse** sind Klassenverhältnisse, Beziehungen zwischen Gruppen bei der Hervorbringung und machtgestützten Aneignung des jeweiligen historischen Mehrprodukts (Surplus). Die Produktivkräfte, so besagt das berühmte »Ge-

5 Marx nennt allerdings auch noch soziale Produktivkräfte wie Fähigkeiten, Kooperationsformen und ganze Emanzipationsbewegungen (»Die Klasse als Produktivkraft«).

setz«, entwickeln sich. Nach einiger Zeit werden die bestehenden Produktionsverhältnisse zu einer Fessel für die sich entwickelnden Produktivkräfte. Daraus entstehen soziale Konflikte (Klassenkonflikte), die auch die kulturellen, politischen und juristischen Ideen, den **Überbau** nicht unberührt lassen. Am Ende wälzt sich die gesamte Gesellschaft um. Es entsteht ein neues (labiles) Gleichgewicht zwischen Produktivkräften und Produktionsverhältnissen. Als Glaubensartikel einer Staatsreligion hat dieses Kausalschema ausgedient.

Doch die These vom »Primat der Ökonomie« läßt sich immer noch mit einem hohen Grad der Selbstverständlichkeit ausstatten: Es ist wohl doch etwas an dem Sachverhalt dran, daß der durch Zwecktätigkeiten (»Arbeit«) erworbene Unterhalt an sachlichen und/oder finanziellen Mitteln fürs Leben in der Biographie der überwältigenden Mehrheit der Menschen weiterhin eine Zentralstellung (»Primat«) einnimmt. Es sieht auch in den »hochentwickelten Gesellschaften« nicht so aus, als sei der Gelderwerb in Berufsrollen ein randständiges Phänomen geworden. Selbst dem Rausch des Konsums kann man oder frau sich nicht ohne die dafür erforderlichen Mittel entspannt überlassen; auch wer über Mittel im Überfluß verfügt, pflegt im allgemeinen einen Lebensstil, der diesem Umstand geschuldet ist. Schließlich sollte man Politikern und Gazetten vorbehaltlos Glauben schenken: Der »Aufschwung nach Maß« in Transelbien oder sonstwo hängt unter den gegebenen Umständen, so sehen wir im TV oder lesen wir in der Zeitung, von der »Investitionsbereitschaft« der Unternehmen und damit von ihren Profit-Erwartungen ab. Es gibt zwar kein eisernes Gesetz vom »tendenziellen Fall der Profitrate« (Marx), aber wenn sie fällt, gibt's Wirbel nicht nur in der Presse.

Auf derartige Gegenläufigkeiten stoßen wir erneut bei einem weiteren prägenden Lehrstück der marxistischen Denkweise: beim **Basis-Überbau-Schema**. Die Lehre vom »Primat der Ökonomie« wird auch als Lehre von der gesellschaftlichen Zentralstellung des ökonomischen Reproduktionsprozesses als der materiellen **Basis** der Gesellschaft gelesen. Davon wird die Sphäre der Sinngehalte (»Ideen«) beispielsweise der Religion, des Rechts, der Kunst, der Philosophie... unterschieden. Dem *gesellschaftlichen Sein* wird das *gesellschaftliche Bewußtsein* (die Sinnsphäre) gegenübergestellt. Der Ökonomismus deutet den Überbau als kausalen Effekt von Wirkungsmechanismen in der Basis. Schon Engels behilft sich stattdessen mit der Figur der Wechselwirkung zwischen Basis und Überbau, wodurch den Ideen offensichtlich eigenständige Wirkungsmöglichkeiten zugetraut werden zusammen mit einer etwas dunklen Formulierung von der Wirkung der Basis in »letzter Instanz«. Aber wer nicht die wirklich radikale definitionssoziologische Lösung bei der Konstruktion Amerikas akzeptiert (Kapitel 3), also alles Gesellschaftliche auf Sprachspiele oder die Praxis der Situationsdefinition zurückführt, arbeitet mit irgendeiner Spielart der Unterscheidung von gesellschaftlichem Sein und »Bewußtsein« (Ideenwelt) weiter – ob er nun ein Ist (Marxist) oder ein Ianer (z.B. Weberianer) oder sonstwas ist.

Wir wollen diese Kontroversen mit dem Hinweis auf zwei weitere Problemzonen des marxistischen Denkens abschließen. Sie führen uns erneut in die Bereiche des Für und Wider und zu unserer dritten Frage aus dem ersten Kapitel: »Wie sehen die Vorstellungen darüber aus, was von den *Subjekten* in der Gesellschaft getan werden kann?« Subjekt versteht sich in diesem Falle nicht als ein Kollektiv, das Träger von sozialen Bewegungen sein soll, sondern als ein der Selbstbestimmung fähiges Individuum! Als Ausgangspunkt für die Ermittlung seiner Rolle in der marxistischen Denkweise können wir einen weiteren Standardvorbehalt gegen Marx aufgreifen. Im *Manifest der Kommunistischen Partei* schreiben Marx und Engels an einer Stelle: »Die ganze (kapitalistische – d. Vf.) Gesellschaft spaltet sich mehr und mehr in zwei große einander direkt gegenüberstehende Klassen: Bourgeoisie und Proletariat.« Im Verlaufe der historischen Entwicklung des Kapitalismus hat sich herausgestellt, daß diese Prognose schlicht falsch ist – es gibt beispielsweise viele neue Klassen dazwischen. Im Lichte mancher Auslegungen der Marxschen Klassentheorie gilt diese Stelle als Beleg dafür, daß Marx und Engels die Gesellschaft im Rahmen eines sehr schlichten und empirisch völlig unbrauchbaren »Zwei-Klassen-Schemas« untersucht haben. Diese These vom dichotomischen Klassenbild bei Marx und Engels ist nicht einmal im Ansatz textgerecht.

Greifen wir noch einmal auf das einfache Kreislaufschema in der Abbildung (S. 193) zurück: Wir können es auch als Elementarstruktur dessen lesen, was Marx »die ökonomische Basis« nennt. **Klassenlagen** bestimmen sich als Positionen von Gruppierungen in oder im Verhältnis zu diesem Kreislauf (Reproduktionsprozeß). Zu **Klassen** gehören im Kern Prozesse der Hervorbringung und machtgestützten Aneignung des gesellschaftlichen Surplusprodukts. Zur historisch spezifischen Bestimmung von **Klassen** gehört neben der Rücksicht auf die jeweilige historische Formbestimmung des Surplus die Einsicht in das Gefüge der verschiedenartigen (nicht bloß kausalen!) Beziehungen, die zwischen den **Klassenlagen** als Stellungen im Reproduktionsprozeß oder zum Reproduktionsprozeß (wie z.B. im Falle von Überbauarbeiten) und den Sinnsystemen und/oder Handlungsmustern nach ihrer Lage differenzierter Gruppierungen bestehen.

So gesehen enthält selbst das schlichte Kreislaufmodell der Abbildung 22 schon 4 und nicht bloß 2 Klassenlagen: Die Positionen der Arbeiter und Kapitalisten im Bereich P (= Pkt. b im Schema), Zirkulationsagenten im Verkaufsbereich (= Pkt. c), Zirkulationsagenten im Finanzierungs- und Reinvestitionsbereich (= Pkt. a). Je weiter wir das Kreislaufschema ausdifferenzieren, desto differenzierter wird das Gesamtbild der Klassenlagen. Aber trotz aller Gliederungen und Untergliederungen drohen weiterhin die Einseitigkeiten der ökonomistischen Denkweise: Das Denken und das Handeln der Individuen werden von dieser so auf ihre Funktionstellen (Lagen) bezogen, daß sie wie reine Funktionäre oder – in Marxscher Terminologie – wie bloße **Charaktermasken** erscheinen. Als solche sind sie die Personifikationen ökonomischer Verhältnisse und Zwänge bzw. deren Ausführungsorgane.

Darin steckt das Problem des »subjektiven Faktors« bei Marx. Denn wo ist die Spontaneität der Einzelnen und Gruppen abgeblieben? Wo ist die Stimme des »Ich bin ich!« aus dem Kapitel 2, wo ist der Eigenanteil des je einzelnen Subjekts bei der »Konstruktion der sozialen Wirklichkeit« (Kap. 4) und das planvolle Handeln bei der rationalen Zielverfolgung (Kapitel 5) abgeblieben? Daß all das nicht durch den Raster fallen darf, darüber war sich auch Marx klar:

»Die Individuen sind immer und unter allen Umständen von sich ausgegangen (= Selbstbewußtsein beim und Selbstbestimmung des Handelns – d. Vf.), aber da sie nicht einzig in dem Sinne waren, daß sie keine Beziehung zueinander nötig gehabt hätten, da ihre Bedürfnisse, also ihre Natur, und die Weise, sie zu befriedigen, sie aufeinander bezog..., so mußten sie in Verhältnisse treten.« Sie treten in einen Verkehr (commercium), »der seinerseits wieder die Produktion und die Bedürfnisse« beeinflußt. Also ist es eben »das persönliche, individuelle Verhalten der Individuen, ihr Verhalten als Individuen zueinander, das die bestehenden Verhältnisse schuf und täglich neu schafft.« (MEW Bd. 3, S. 422 ff.)

Doch sicherlich sind es eher spätere, von Marx beeinflußte Autoren wie z.B. Th.W. Adorno, die auch in diesem Punkt das Für gegen das Wider stärken. Das Wider kann sich inzwischen allerdings auf die Formen der real-»sozialistischen Ausbeutung« mit all ihren fürchterlichen Konsequenzen stützen.

Parabel

Es war einmal ein großer Denker Namens A. Seine Werke waren so überzeugend, viele seiner Überlegungen erwiesen sich als ethisch und politisch so eindrucksvoll, daß sich Anhänger und Gegner ständig mit A beschäftigten. Da gab es auch einmal einen Zeitabschnitt, worin sich ein ganzer Herrschaftsapparat auf eine Spielart der Lehre von A stürzte und stützte. Wer A nicht berücksichtigte und seine Texte so heiligte wie die Bibel, der mußte mit dem Schlimmsten rechnen. Denn es gab sogar einen krakenhaften Bespitzelungsapparat, der Abweichler ausforschte, bedrohte und sie in einer beklemmend großen Zahl von Fällen sogar um's Leben brachte. Ist A gleich Marx und der Überwachungsapparat gleich der Stasi? Nicht unbedingt! Die Parabel gilt auch für Aristoteles und die mittelalterliche katholische Kirche und ihre Inquisition. Auch Aristoteles wird ständig in das 4. Jh. vor Christus zurückverwiesen und ebenso häufig bis auf den heutigen Tag als Quelle für Anstöße und Anregungen gelesen. Warum sollte es dem alten Charly und seinem ökonomiekritischen Humanismus anders ergehen?

Anhang zu Kapitel 9

I. Bezugstexte

1. Karl Marx: *Lohnarbeit und Kapital,* in: Karl Marx/Friedrich Engels: Ausgewählte Schriften in zwei Bänden, Berlin/Ost 1963, S. 59-92 (Band 1)
2. Karl Marx: *Lohn, Preis und Profit,* in: Karl Marx/Friedrich Engels: Ausgewählte Schriften, a.a.O., S. 372-421

II. Ergänzungstext

Eric J. Hobsbawm: *Industrie und Empire I, Britische Wirtschaftsgeschichte seit 1750,* Frankfurt/M. 1969, bes. Kap. 3, 4, 5

III. Übersichtsband

J. Ritsert: *Der Kampf um das Surplusprodukt. Einführung in den klassischen Klassenbegriff,* Frankfurt/New York 1988, Kapitel 3 und 4; S. 63-126

IV. Anwendung Marxscher Thesen auf aktuelle Verhältnisse

Urs Jaeggi: *Kapital und Arbeit in der Bundesrepublik – Elemente einer gesamtgesellschaftlichen Analyse.* Frankfurt/M., div. Auflagen seit 1969 bzw. 1973

V. Stichworte

Akkumulation, ursprüngliche: Historische Ursprünge der Kapitalbildung in der herrschenden Klasse.

Arbeit, notwendige: Die Arbeitszeit, die nötig ist, um die Lebensmittel (i.w.S.) für einen durchschnittlichen »Arbeitnehmerhaushalt« herzustellen.

Basis, ökonomische: Der materielle (ökonomische) Reproduktionsprozeß einer Gesellschaft (Unterbau; gesellschaftliches Sein).

Basis-Überbau-Schema: Marxsche Lehre vom Verhältnis der → Basis zum → Überbau der Gesellschaft.

Charaktermaske: Denk- und Verhaltensstile, die unter den Bedingungen des jeweiligen Reproduktionsprozesses entstehen.

Gebrauchswert: Der Nutzen, den ein Gut hat. Seine Verwendungsfähigkeit für gegebene Zwecke.

Kapital, konstantes: Die vom Kapitalisten gekauften und im Produktionsprozeß eingesetzten Roh-, Hilfs- und Betriebsstoffe (c).

Kapital, variables: Die vom Kapitalisten gekaufte und im Produktionsprozeß eingesetzte und verwertete Arbeitskraft (v).

Klassen: Positionen im Prozeß der Hervorbringung und Aneignung des Surplusprodukts. Dazu gehört jedoch die Rücksicht auf die historische Formbestimmung des Surplusprodukts und Angabe der Beziehungsmuster zwischen dem Denken und Handeln von Gruppen und ihrer → Klassenlage.

Klassenlagen: Positionen im Reproduktionsprozeß und im Verhältnis zum Reproduktionsprozeß. (Funktionsstellen für Zwecktätigkeiten in tatsächlichen Prozessen mit dem Grundmerkmal der Erzeugung und gruppenspezifischen Aneignung des gesellschaftlichen Mehrprodukts.)

Mehrarbeit: Der Teil der Arbeitszeit, die der Arbeiter über die zur Reproduktion seiner Lebensmittel notwendige hinaus »gekauft« und verwendet wird.

Mehrwert, absoluter: Der Teil der unbezahlten → Mehrarbeit, der durch die Länge des Arbeitstages bestimmt ist (m).

Mehrwert, relativer: Der Teil der unbezahlten → Mehrarbeit der Arbeiter, der durch Verkürzung der → notwendigen Arbeitszeit bestimmt ist (m).

Mehrwertrate: Verhältnis von $\frac{m}{v}$, von erzieltem Mehrwert zum eingesetzten → variablen Kapital.

Organische Zusammensetzung des Kapitals: Verhältnis von $\frac{c}{c + v}$. Das konstante Kapital im Verhältnis zu dem im Produktionsprozeß eingesetzten Gesamtkapital.

Produktionsmittel: Mittel zur Herstellung von Gütern (Waren).

Produktionsverhältnisse: Soziale Beziehungen der Menschen bei der Produktion ihres Lebens, insbesondere Klassenverhältnisse.

Produktivkräfte: Alle sachlichen und persönlichen Mittel zur Durchführung der Produktion.

Profitrate: $p = \frac{m}{v + c} = r$

Der erzielte Mehrwert im Verhältnis zum eingesetzten Gesamtkapital.

Revenue: z.B.: Privatkonsum des Kapitalisten.

Tauschwert: Austauschverhältnis von Waren, quantitativer Ausdruck der Fähigkeit einer Ware, sich gegen andere (auf dem Umweg über Geld) austauschen zu lassen.

Überbau: Gesamtheit der »Ideen« in einer Gesellschaft: Handlungspläne, Normen, Anschauungen, Auffassungen, Meinungen, wissenschaftliche, religiöse Deutungssysteme.

Verwertungsprozeß: Prozeß der Erzeugung und Aneignung von → Wert und → Mehrwert bei kapitalistischer Produktion.

Wert: Resultat der Vergegenständlichung durchschnittlich-gesellschaftlich notwendiger Arbeitszeit in einem Produkt.

Zirkulationssphäre: Sphäre der Käufe und Verkäufe (G-W; -G), Austausch-, Marktsphäre.

Kapitel 10 Engagierte Distanzen zum Gegenstandsbereich – Typen des Praxisbezugs in der Soziologie

Selbst Denkweisen wie der Interaktionismus (Kapitel 3) oder die Ethnomethodologie (Kapitel 4), welche Gesellschaft vom Standpunkt der Akteure aus untersuchen, machen Aussagen über diesen Aktorstandpunkt vom Beobachterstandpunkt aus. Insofern treten auch sie oftmals in eine Distanz zu ihrem Untersuchungsbereich. Die Ethnomethodologen wollen – dem Anschein nach – die tatsächlichen Phänomene nicht »heilen«; das Geschehen in der Alltagswelt soll beispielsweise nicht der praktischen oder gar politischen Kritik mit Hilfe irgendwelcher Vernunftmaßstäbe unterzogen werden. Ob freiwillig, ob unfreiwillig, die ethnomethodologische Betonung der Alltagsrationalität wider das wissenschaftliche Vernunftpathos bedeutet gleichwohl eine engagierte Parteinahme (keine Parteilichkeit!) und bei der Behauptung, die Ethnomethodologie verstehe sich nicht als Ironie, sieht man im Hintergrund einen krisenexperimentierenden Garfinkel mit den Augen zwinkern. Distanz und Engagement laufen zusammen. Auf welche Weisen?

Eine kleine Typologie mag ausreichen, um einige Muster des »Praxisbezugs« in der Soziologie anzudeuten. Unter »Praxisbezug« sollen dabei sowohl charakteristische *Auffassungen* über das Verhältnis zwischen sozialwissenschaftlicher Theoriebildung und gesellschaftlicher Wirklichkeit als auch tatsächliche *Ausprägungen* dieser Beziehung verstanden werden, ohne daß wir dieser Differenz weiter nachgehen. Die Typologie wird vor allem auf folgenden sehr allgemeinen Achsen abgetragen:

- Grad der vorgestellten und/oder tatsächlichen Einflußnahme wissenschaftlicher Arbeit und Arbeitsergebnisse auf Gegebenheiten der gesellschaftlichen Wirklichkeit;
- Grad der Allgemeinheit der gesellschaftlichen Phänomene, worauf sich Theorie/Forschung praktisch beziehen (sollen).

Das führt zu einer Reihung ausgewählter Beispielfälle zwischen zwei Extrempunkten, die je nach dem unterstellten oder tatsächlichen Grad der Einflußnahme »äußerer« gesellschaftlicher Faktoren auf den Gehalt und die Ordnungsprinzipien wissenschaftlicher Theorien unterschieden werden: Am einen Ende steht dann die Ansicht von Theorien, die – immanent von allen äußeren gesellschaftlichen Faktoren unabhängig – nur dem Kanon der wissenschaftlichen Zielsetzungen, Werthaltungen, Verfahren verpflichtet sind (Position des »Internalismus«). Am anderen Ende steht die Ansicht von Theorien, die – unabhängig davon, was die Urheber und Anhänger praktisch damit anfangen wollten – im inneren Gehalt an »äußere« gesellschaftliche Faktoren angeschlossen sind (Position des »Externalismus«). Mit Hilfe dieses groben Sortierrasters ergibt sich folgende Reihung der ausgewählten Beispiele:

1. Modell des Elfenbeinturms
2. Verantwortungsethisch engagierte Wissenschaft
3. Sozialtechnologie
3. Therapien
5. Social Problems Approach
6. Vermittlung mit Systemproblemen und sozialen Prozessen
7. Praktische Implikationen

ad 1: *Das Modell des Elfenbeinturms*

Wissenschaft ist was für Fachmenschen, nicht für Laien! Berufswissenschaftler konzentrieren sich am besten auf ihr Spezialgebiet im arbeitsteilig beackerten Feld ihrer jeweiligen Disziplin. Sie dürfen nicht als Prediger oder Moralapostel auftreten, sondern haben sich in den »Dienst der Erkenntnis tatsächlicher Zusammenhänge« (M. Weber) zu stellen! In aller Einsamkeit und Freiheit des Berufsforschers sollten sie sich auf die Suche nach der Wahrheit und nichts als der Wahrheit begeben! Es geht in der Soziologie nur darum, die empirisch gesicherten Einsichten in die Gegebenheiten der Gesellschaft zu erweitern! Darin besteht der Hauptnutzen des Fachgeschäfts der jeweiligen Wissenschaften. Sollte das angehäufte wissenschaftliche Wissen irgendwo außerhalb des Wissenschaftsbetriebs Verwendung finden können – schön und gut. Doch die Verwendung und Verwertung selbst ist nicht Sache der Wissenschaften und der Wissenschaftler. Draußen in der Gesellschaft kommen Zwecksetzungen und Interessen zum Zuge, worüber Wissenschaftler nicht die geringste Kontrolle ausüben können. Will ein Wissenschaftler sich »als Mensch« gegen bestimmte Verwendungsweisen seiner Arbeitsergebnisse wehren, dann muß er konsequent aus seiner Rolle als Wissenschaftler in die ganz andere des Politikers überwechseln. In der Rolle des Politikers kann er dann für die Durchsetzung seiner Ziele und Interessen kämpfen und sich dabei durchaus auch seines wissenschaftlichen Wissens bedienen. Es darf jedoch keinen Einfluß externer gesellschaftlicher Faktoren auf den inneren Gehalt und die Ordnungsprinzipien wissenschaftlicher Forschung geben! In dem Moment, wo wir solche inneren Einflüsse aufspüren können, haben wir es nicht länger mit Wissenschaft, sondern mit einer parteilichen, wenn nicht gar einer parteiischen Disziplin zu tun! Wissenschaftliche Arbeit bleibt allein ihren fachlichen Werten verpflichtet: Wahrheit, Klarheit, Überprüfbarkeit und Konsistenz. Es geht darum, auf dem Boden solcher Werte stichhaltige Erklärungen und genaue Prognosen zustandezubringen! (Vgl. Kap. 6)

In dem *Bezugstext* von Max Weber: *Vom inneren Beruf zur Wissenschaft,* in: M. Weber: Soziologie – Weltgeschichtliche Analysen-Politik, Stuttgart 1956, findet sich eine Reihe von Anmerkungen zu diesem Konzept. Doch Max Webers Position deckt sich *nicht* mit der angegebenen!

ad 2: *Verantwortungsethisch engagierte Wissenschaft*

Also gar so streng sollte die Wissenschaft doch nicht ihre Finger aus der Praxis lassen. Genmanipulierte Chimären in die Welt setzen und dann sagen: »Was von anderen daraus gemacht wird, damit habe ich nichts zu tun, das ist allein eine Sache von Industrie und Politik«, klingt doch arg blauäugig. Wissenschaftler und Wissenschaftlerinnen müssen Verantwortung für ihr Tun und dessen Folgen übernehmen. Doch wie ist das zu verstehen, wenn die Wissenschaftlerinnen und Wissenschaftler ihre Theorien und Forschungen gleichwohl von allem Einfluß »externer« Faktoren freihalten sollen? Wie soll eine verantwortungsethisch bewußte und dennoch distanzierte Arbeitsweise in den Wissenschaften aussehen? Man kann die Frage auch so stellen: Tatsachenaussagen darüber, was in der Wirklichkeit der Fall ist oder wie Ereignisse gesetzmäßig zusammenhängen, sind eine Sache, Werturteile darüber, was der Fall sein *sollte,* eine ganz andere. Nur Ideologen vermengen diese beiden Aussagetypen! Wie soll dann aber die

»Einheit« der »moralischen Überzeugungen« des Sozialwissenschaftlers »und seines wissenschaftlichen Tuns zu wahren« sein? (Dahrendorf 1961, S. 47)

Nun, die externen »Werte«, denen sich Wissenschaftlerinnen und Wissenschaftler verpflichtet fühlen, können durchaus einen sachlich zu rechtfertigenden Einfluß auf ihr professionelles Tun ausüben. Sie können zunächst die Wahl der Themen der Forschung beeinflussen. Demzufolge kann uns der Soziologe S als jemand begegnen, der beispielsweise »die Probleme seiner Forschung unter dem Aspekt ihres Gewichtes für die Befreiung des Einzelnen vom Ärgernis der Gesellschaft auswählt, seine Theorien im Hinblick auf die Erweiterung des Spielraums des Einzelnen formuliert, den Gedanken an politische Veränderungen zu Gunsten des freien Einzelnen nicht scheut.«[1] Sein konservativer Kollege S.K. wird seine Themen demgegenüber vielleicht unter dem Gesichtspunkt auswählen, was hierzulande zugunsten von law and order getan werden könnte.

Der Einfluß der moralischen bzw. politischen Werte, denen sich S und S.K. verpflichtet fühlen, kann aber durchaus noch eine Stufe weiter reichen, ohne daß es zu heillosen Vermengungen zwischen distanzierten Tatsachenaussagen und engagierten Werturteilen kommen muß. Nachdem der Untersuchungsgegenstand festgelegt ist, muß immer noch darüber entschieden werden, in welchen seiner unendlich vielen Hinsichten (Dimensionen) er untersucht werden soll. Auch bei der Auswahl der Untersuchungsdimensionen dürfen die Wertorientierungen des Forschers durchaus einen Einfluß ausüben. Wenn S tatsächlich moralisch-politisch für erweiterte Verhaltensspielräume des Einzelnen Partei ergreift, wird er sein Augenmerk auf *die* Merkmale und Abläufe in der von ihm untersuchten Organisation richten, die Chancen für Verhaltensspielräume des Individuums erweitern, nicht verkleinern. Danach hat die Analyse dieser Dimensionen allerdings rein sachlich-empirisch zu geschehen! Überdies können S und S.K. auch dadurch Verantwortung zeigen, daß sie bei ihrer Arbeit berücksichtigen, welche Folgen ihre Ergebnisse draußen in der Gesellschaft haben könnten.

Bezugstext: Max Weber: *Der Beruf zur Politik* und *Vom inneren Beruf zur Wissenschaft,* in: Max Weber: Soziologie – Weltgeschichtliche Analysen – Politik, Stuttgart 1956

1 R. Dahrendorf: *Homo Sociologicus. Ein Versuch zur Geschichte, Bedeutung und Kritik der Kategorie der sozialen Rolle,* Köln/Opladen 1959.

ad 3: *Sozialtechnologien*

Es gibt eine engere Beziehung zwischen bestimmten Ergebnissen der wissenschaftlichen Arbeit und der gesellschaftlichen Praxis. Auch in diesem Falle muß es zu keiner Vermengung wissenschaftlicher Tatsachenaussagen mit Werturteilen kommen. Paradebeispiel dafür sind die Sozialtechnologien. *Zusammenhangsurteile* gehören mit Sicherheit zu den reputierlichsten Aussagenformen der Wissenschaften. Wir haben sie im Kapitel 6 in ihrer strengen Form der **Gesetze** kennengelernt: Immer und überall gilt: Wenn x, dann y! Oder doch wenigstens: Immer und überall gilt: Wenn x, dann y mit einer Wahrscheinlichkeit w!

Popper bietet u.a. folgendes Beispiel an: Immer, wenn Zölle auf landwirtschaftliche Produkte eingeführt (oder die schon bestehenden Zölle erhöht) werden (= x), dann folgt direkt darauf – ceteris paribus – ein Anstieg der Lebenshaltungskosten im Inland (= y). Kennt man diesen Zusammenhang zwischen x und y und steht x zudem unserem Zugriff oder Eingriff offen, dann folgt daraus: x ist ein Mittel zur Herbeiführung (oder Herstellung) von y! Die Aussage, daß der Zollerhöhung ein Anstieg der Lebenshaltungskosten folgt, ist völlig wertfrei (moralisch und politisch neutral). Dem Zollbeispiel läßt sich zudem die Aussage entnehmen: Man kann nicht Zölle auf landwirtschaftliche Produkte einführen (bzw. erhöhen) und zugleich (ceteris paribus) die Lebenshaltungskosten senken. Aus all dem ergibt sich eine einfache **technische Empfehlung**: Wenn Du die Lebenshaltungskosten senken willst (y), dann mußt (sollst) Du die Zölle auf Lebensmittel senken (x)! Das ist nun ein Werturteil! (Sollenssatz) Aber das bedeutet keine Vermengung der beiden Aussagetypen! Denn die technische Empfehlung sagt ja nur: *Vorausgesetzt* irgend jemand will (moralisch; politisch) y, *unter dieser Voraussetzung seiner Wertungen* und in Kenntnis des gesetzmäßigen Zusammenhangs zwischen x und y kann ich dem Betreffenden empfehlen: Setze x als Mittel für Deinen Zweck y ein!

»Es bleibt dabei, daß die ökonomische Theorie absolut gar *nichts* anderes aussagen kann als: daß die gegebenen technischen Zwecke x (unter der Voraussetzung des Gesetzes: wenn y, dann x – d. Vf.) die Maßregel y das allein oder neben y1, y2 geeignete Mittel sei, daß im letzten Fall zwischen y, y1, y2 die und die Unterschiede der Wirkungsweise und – gegebenenfalls – der Rationalität bestehen, daß ihre Anwendung und also die Erreichung des Zweckes x die »Nebenerfolge« z, z1, z2 mit in den Kauf zu nehmen gebietet.« (Weber 1956, S. 297) ad 4: *Therapien*

Es gibt Theorien, bei denen eine technologische *Anwendung* Erfolg verspricht. Es gibt andere, bei denen die therapeutische *Verwendung* im Vordergrund steht. Die letzteren Theorien sind daraufhin ausgelegt, in Situationen der (meist sprachlichen) Interaktion Individuen oder Gruppen von seelischen Leiden zu befreien. Sie enthalten durchaus Begriffe oder Sätze mit wertendem Charakter: »Neurose«, »Symptom« oder »Ich-Stärke« sind Beispiele für Kategorien, worin zugleich Werte zum Vorschein kommen, die »richtiges« (z.B. von psychischen Leiden freies) Leben anzeigen sollen. Gleichzeitig können diejenigen, welche die Therapie betreiben, mit dem Gefühl arbeiten, zumindest Aussichten auf von ihnen persönlich kontrollierte Erfolge (»Heilung«) zu haben. Sprachliche Äußerungen des Analysanden, aber auch bestimmte seiner Gesten und Verhaltensäußerungen (z.B. Zwangshandlungen) und seiner körperlichen Symptome (z.B. psychosomatische Störungen) liefern dem Analytiker entscheidende Anhaltspunkte für seine Rückschlüsse auf die Ursachen für diese gestörten Ausdrucksformen. Ohne das Motiv des Analysanden, Heilung zu finden, käme das therapeutische Gespräch nicht in Gang. Doch ohne bestimmte normative Vorstellungen des Analytikers von »Besserung«, »Gesundung«, »Normalität« etc. bliebe es ohne Zielrichtung.

Etwas verwirrend ist allerdings die Rolle der Theorie in solchen Fällen: Der Psychoanalytiker unterhält sich mit den Analysanden natürlich nicht im psychoanalytischen Fachchinesisch. Sie bedienen sich beide der Alltagssprache. Doch der Analytiker sucht hinter dem, was sein Patient im umgänglichen Gespräch tatsächlich (manifest) äußert, nicht bloß einen tieferen (latenten) Sinn, Bruchstellen im »Text« geben ihm außerdem Anhaltspunkte für die Gründe von Störungen. Insofern ist der Patient nicht nur Gesprächspartner, sondern auch Untersuchungsobjekt. In einer Weise, die ihm zunächst nicht gegenwärtig ist, kommen unterdrückte, verdrängte Motive (Bedürfnisse) des Analysanden in seinen Symptomen zum Vorschein. Die Zwangsvorstellungen des Paranoikers liefern ein Beispiel für symptomatisch verzerrte sprachliche Kommunikation, der Waschzwang eines für gestörtes Handeln, die Gastritis eines für andere Körperausdrücke als Folge unangenehmer seelischer Eindrücke. In einer gewissen Hinsicht handelt es sich tatsächlich um eine Art »Selbsttäuschung« des Patienten (Habermas 1973, S. 267), denn der Patient ist sich nicht nur über den tatsächlichen Gehalt seines symptomatischen Verhaltens im Unklaren, sondern er hält auch psychisch tiefsitzende Widerstände gegen Klärungsversuche aufrecht. Der Analytiker bedient sich seiner durch Erfahrungen in zahllosen praktischen Therapieversuchen gestützten Theorie, um den besonderen Ausdrucksformen des Patienten Hinweise auf Ursachen und Gründe für das Leiden zu entnehmen. Er muß die »Sprache« seines Patienten in die seiner Theorie übersetzen, um praktisch weiterzukommen. Wenn der Therapeut sich dadurch zunehmend Klarheit über die störenden Anstöße in der Familien- und Lebensgeschichte des Analysanden verschaffen kann, hilft jedoch nicht einfach die theoretische Aufklärung des Patienten über die Ursachen weiter. Der Therapeut muß die »Wahrheit« auch in der Arbeit mit dem Patienten Schritt für Schritt gegen psychischen Widerstand praktisch anerkennungsfähig machen. Denn nur in der gemeinsamen praktischen Überwindung des Widerstandes, welcher den mit Triebenergie besetzten Zusammenhang zwischen traumatischen Erlebnissen und gestörter Ausdrucksform aufrechterhält, werden auch für den Patienten die »wahren« Zusammenhänge und Bedingungen seiner symptomatischen Äußerungen erfahr- und überwindbar. Die Theorie des Analytikers ermöglicht es diesem, im Verlauf des therapeutischen Gesprächs zur Konstruktion einer »wahren« Lebensgeschichte des Patienten vorzudringen, die dieser – in der praktischen Arbeit gegen den tiefsitzenden psychischen Widerstand – selbst als die zutreffende anerkennen muß. Gleichzeitig kann der Therapeut durchaus mit einer persönlichen Kontrolle dieses Praxisbezugs seiner Theorie rechnen.

Bezugstext: J. Habermas: *Erkenntnis und Interesse,* Frankfurt/M. 1973, S. 300-332.

ad 5: *Social Problems Approach*
Dem Soziologen S flattern viele Kataloge für sozialwissenschaftliche Fachbücher auf den Tisch. Heute ist es der Katalog der Firma Wrtlprmpf-Books, welcher die Überschrift »Social Issues« trägt. Er schlägt dieses Verzeichnis auf der Seite 4 auf und findet dort die Zwischenüberschrift: »Alcohol, Drugs and Tobacco!« Von diesen Lastern ist S frei, gleichwohl einem Gläschen Wein nicht abgeneigt. Er schaut sich die Annonce eines Buches der WHO über das Trinken von Alkohl näher an. Dieser Report liefert einen Überblick über die bisherigen Forschungsergebnisse über den Zusammenhang zwischen starkem Alkoholkonsum und Krebs. Für den Tabak gilt der Wirkungszusammenhang zwischen Rauchen und Lungenkrebs inzwischen als gesichert.

Die 19 internationalen Experten, die dem Verdacht nachgingen, Alkohol könne Krebs erregen, kommen zu einem ernüchternden Befund: der Zusammenhang zwischen Alkoholkonsum und Krebs besteht!

S erinnert sich bei dieser Gelegenheit der nicht nur in den angelsächsischen Ländern anschwellenden Flut von Forschungsliteratur, welche sich mit spezifischen Problemen (social problems) in der gegenwärtigen Gesellschaft beschäftigt. Alkoholismus, Nikotinsucht und Drogenabhängigkeit stehen dabei im Zentrum der veröffentlichten Aufmerksamkeit. Allein schon deswegen, weil – wie es in den Gazetten heißt – die »volkswirtschaftlichen Folgekosten« sehr hoch sind. Soziale Probleme gibt es mehr als genug. S meint an dieser Stelle »Probleme« eines ganz bestimmten Typs: Zunächst zeichnet es soziale Probleme wie alle anderen auch aus, daß es keine sicheren Erfolge versprechende Techniken oder Routinen zu ihrer Bearbeitung oder gar Lösung gibt. Werden solche Lösungsmechanismen doch einmal gefunden, dann ist das Problem entweder einfürallemal verschwunden oder es wurde in eine Aufgabe verwandelt. Für Aufgaben gibt es klare und erfolgsgarantierende Lösungsverfahren.

Zum Begriff der »social problems« in dem engeren Sinn, den S festgelegt hat, gehört (a) ihr Auftauchen in Teilsystemen der Gesellschaft: bei bestimmten Gruppen (»Raucher«), in bestimmten Institutionen (»Organisationsprobleme der Verwaltung«), im Rahmen bestimmter Prozesse (»Probleme der Kindererziehung«). (b) Sie müssen zudem gesellschaftliche Aufmerksamkeit gefunden haben, sei es, daß sie von der öffentlichen und/oder veröffentlichten Meinung als »Probleme« anerkannt und »definiert« werden, sei es, daß die Institutionen des Herrschaftsapparates (Staat, Verwaltung, Justiz) bestimmten Schwierigkeiten den Rang eines gesellschaftlichen Problems verleihen (z.B. Drogenkonsum).

Mit der wachsenden Aufmerksamkeit auf gesellschaftliche Probleme wächst auch die Menge der Literatur mit **Problembezug** und der Umfang der Kataloge mit Büchern über »social issues«. Die theoretischen Ansätze, vor allem aber: Forschungen, die darin zu finden sind, können ganz verschieden ausfallen: da gibt es *reine Tatsachenberichte* und verwickelte Zusammenhangsanalysen strikt wertfreier Projekte; da gibt es (nicht nur im Drogenbereich) für die *therapeutische Praxis* gedachte Texte; da gibt es sogar Bände, die sich *technische Empfehlungen* zutrauen. Doch wenn wir weiterhin davon ausgehen, daß es für die Bewältigung und/oder Bearbeitung »sozialer Probleme«

per definitionem keine feststehenden Techniken oder Routinen gibt, dann ist noch jener Typus sozialwissenschaftlicher Literatur bemerkenswert, der uns *Rezeptwissen* an die Hand geben will. »Rezept« klingt nach Kochbuch, wobei nichts gegen Rezepte für ein erstklassiges Menu einzuwenden ist. Unter Rezepten werden hier jedoch (normative) Empfehlungen für den tastenden Umgang mit sozialen Problemen verstanden. Sie tauchen in vielen Schriften über »social problems« und »social issues« auf. Es handelt sich weder um strenge technologische Verwendungsempfehlungen auf der Basis gesicherter Zuammenhangsvermutungen, geschweige denn um den Vorschlag endgültiger Lösungsverfahren für bestehende soziale Probleme. Wohl aber werden durch Forschungen ausgelotete und/oder in der Praxis erprobte Vorschläge zum Umgang mit bestehenden Problemen gemacht. Analyse und Wertung sind in diesen Fällen nicht so scharf getrennt wie es das Postulat der »Wertfreiheit« der Forschung verlangt, dem ja nachgesagt wird, entscheidend für den Ruch der Wissenschaftlichkeit einer Theorie oder eines Projekts verantwortlich zu sein. Allerdings sind die Aussichten auf Verwendungskontrolle der wissenschaftlichen Arbeitsergebnisse durch Einzelpersonen, Gruppen oder Schulen im Vergleich zur therapeutischen Praxis ganz entschieden geringer. Vielleicht tragen solche Projekte dazu bei, (tatsächlich vorhandene aber verschleierte) Problemlagen offenzulegen und auf ihre (womöglich tabuierten) Entstehungsbedingungen aufmerksam zu machen? Niemand wird die Schärfung des gesellschaftlichen Problembewußtseins, die Vertiefung des Wissens über Problemlagen und Problemursachen gering schätzen. Allerdings ist Problembewußtsein eine notwendige, jedoch keine hinreichende Bedingung für die Bewältigung von Problemsituationen. Deswegen hegen viele Sozialwissenschaftler die Hoffnung, vielleicht doch – und wenn nur nach dem Sandkorn- oder nach dem Diffusionsprinzip der Veröffentlichung – praktischen Anteil an Veranstaltungen jener *Adressaten* nehmen zu können, welche Problemsituationen nicht nur erkannt haben, sondern einige Aussichten auf praktischen Umgang damit bieten. Es wird ein Einfluß der Theorie gleichsam auf dem Umweg des Denkens und Handelns bestimmter Adressaten der Theorie angestrebt.

Allerdings sind in vielen Fällen nicht handelnde Gruppierungen in der Alltagswelt, sondern Entscheidungs-, Verwaltungs- und Planungsstäbe die Adressaten dieser Art sozialwissenschaftlicher Projekte. Politikberatung durch Wissenschaftlerstäbe wie etwa die fünf

Weisen aus dem nationalökonomischen Morgenlande, welche der Bundesregierung gute oder schlechte Aussichten der Wirtschaft vermitteln, liefern ein Beispiel dafür. Auch in solchen Fällen kann es im Prinzip darum gehen, das Bewußtsein von Problemlagen zu schärfen, die Administration z.B. über die Entstehungsbedingungen und gesellschaftlichen Folgen des Drogenproblems oder über **Optionen** (z.B. in Gestalt alternativer Mittel) der Problembearbeitung in Kenntnis zu setzen. Doch mindestens so üblich ist die Praxis von Jahres- und sonstigen Gutachtern, welche *Legitimation* für Tun und Nichtstun abliefern.[2] Was fangen Politiker beispielsweise mit den Umfragen an, die sie für viel Geld in Auftrag geben und dann erbittert tadeln, wenn die statistischen Fehlergrenzen ein von ihren Erwartungen abweichendes Ergebnis offenlassen? Trotz all dem: Die Angabe von »Rezepten«, deren Zusammenhangsvermutungen unsicher, deren Randbedingungen unklar und deren Erfolgskontrolle ungewiß ist, kann praktisch bedeutsamer sein als eine verzweifelt gesuchte, nie gefundene Technologie.

Bezugstext: J. Ritsert: »Problem« und »Interesse« – Lexikalische Stichworte zu einem vielgebrauchten Begriffspaar, in ders.: *Gesellschaft – Einführung in den Grundbegriff der Soziologie,* Frankfurt/New York 1988, Anhang S. 320 ff.

ad 6: *Vermittlung von Systemproblemen und sozialen Prozessen*

Von den kleinen und zähen Alltagsproblemen der Interaktion wollen wir gar nicht erst reden. Ab mit ihnen (z.B.) in die Beziehungskiste! Viele soziologische Denkweisen nehmen stillschweigend oder ausdrücklich Gewichtungen oder Rangordnungen von sozialen Problemen vor. Sortieren wir sie nach dem Allgemeinheitsgrad ihrer Ent-

---

2 In diesem Sinne machen U. Beck und Chr. Lau darauf aufmerksam, daß gar manches sozialwissenschaftliche Projekt »unterschiedliche Maßnahmen ›wissenschaftlich‹ absichert, ohne den behördlichen Handlungsspielraum wesentlich« einzuschränken und daß es »je nach Opportunitätsgesichtspunkten für Problemdramatisierungen oder Problemverschiebungen und -verschleierungen die Argumente liefert, tatsächlichen Maßnahmen ebenso wie legitimatorischen Scheinaktivitäten Raum bietet, Handlungsdruck abbaut, erzeugt oder in die gewünschten Bahnen lenkt usw.« U. Beck/Chr. Lau: *Die Verwendungstauglichkeit sozialwissenschaftlicher Theorien: Das Beispiel der Bildungs- und Arbeitsmarktforschung,* in: U. Beck (Hg.): Soziologie und Praxis – Erfahrungen, Konflikte, Perspektiven, in: Soziale Welt, Sonderband 1, Göttingen 1983, S. 371.

stehungsbedingungen und Auswirkungen, dann nehmen **Systemprobleme** die Spitzenstellung ein. Sie wurzeln in den Ordnungsprinzipien und in den Prozessen des gesellschaftlichen Ganzen und tangieren dessen Gesamtverfassung. Individuen oder Gruppen in der Alltagswelt pflegen keinen grundsätzlich anderen Umgang mit **systemischen Problemen** als mit anderen auch: Erleiden, Erdulden, Verdrängen, Verleugnen, Umgehen, Zurechtkommen (coping), Bearbeiten, Auflösen – je nachdem. Auch die fein gesponnenen Theorien der Wissenschaft(en) und ihre methodisch ausgeklügelten Forschungsprojekte beziehen sich mit einschlägigen Mitteln der Zunft auf Systemprobleme als Referenzpunkt. Da gibt es beispielsweise:

- wertfreie und genaue Problemdefinitionen und -diagnosen (z.B. in der Form der Ursache- und Wirkungsforschung). Mitunter wird aber auch kritische Problemaufdeckung oder die Steigerung des Problembewußtseins ausdrücklich zur Zielsetzung erhoben;
- Legitimationsübungen. Auch bei Systemproblemen kann es darum gehen, gesellschaftlich vorfindlichen Erfahrungsweisen von Systemproblemen oder Mustern des Umgehens oder nicht-Umgehens damit eine Rechtfertigung zu verschaffen;
- Kritik kann auch in der Form der Einwände gegen umlaufende Problemdefinitionen oder gegen eingespielte Muster der Problembearbeitung geltend gemacht werden;
- Reparaturempfehlungen und Rezepte: Wenn schon die Anwendung wirklich überzeugender technologischer Wissensbestände in den Sozialwissenschaften so schwer fällt, dann können vielleicht rezeptartige Handlungsempfehlungen auch im Falle von Systemproblemen ein kleines Stück weiter helfen;
- Die Suche nach Alternativen oder – wie Systemtheoretiker sagen – nach: »funktionalen Äquivalenten« für eingespielte Mechanismen, Verfahren oder Praktiken zur Bewältigung von »Bezugsproblemen« mit systemischem Rang. Gefahndet wird zudem nach **Optionen**, nach alternativen Mitteln und Strategien der Problembearbeitung.

»Systemproblem« ist im Grunde ein stark verharmlosender Begriff. Im schärfsten Fall geht es auf der einen Seite um Probleme einer Gesamtgesellschaft, für deren Bearbeitung (wenn auch nicht unabdingbar erfolgsgarantierende) Teilprozesse, Verfahrensabläufe, Institutionen und Praktiken in kraft sein müssen, wenn's mit dem gesellschaftlichen Ganzen wie immer auch knirschend weitergehen soll.

»Daß jede Nation verrecken würde, die, ich will nicht sagen für ein Jahr, sondern für ein paar Wochen die Arbeit einstellte«, weiß vielleicht nicht jeder Sozialwissenschaftler, nach Marxens Auffassung aber »jedes Kind« (MEW 29, S. 312). Folgt man zudem der Ansicht von Marx, der ökonomische Reproduktionsprozeß bedeute die *Basis* der Gesellschaft, dann stoßen wir sofort auf »basale Systemprobleme«: etwa auf das der Aufteilung der gesamtgesellschaftlich zur Verfügung stehenden Arbeitszeit und/oder der Fähig- und Fertigkeiten von Personen und Gruppen auf die unübersehbar vielen Zwecktätigkeiten in einer Sozietät. Noch weniger harmlos sind auf der anderen Seite Systemprobleme in Gestalt von innerlich bedingten (endogenen) oder von außen hervorgerufenen (exogenen) **Krisen**.

Die Sozialwissenschaften können es auf außerordentlich verschiedenartige Weisen praktisch mit Systemproblemen zu tun bekommen. Am einen Ende eines denkbaren Spektrums erheben sie Systemprobleme und Krisen zu prägenden Bezugsproblemen ihrer Theorien und empirischen Untersuchungen. Elementare Beispiele liefern die allgemeinen Analyseschemata, die der Hypothesenbildung bei der Erforschung alter und neuer sozialer Bewegungen zugrundegelegt werden.[3] Ihren Startpunkt bilden Aussagen über den tatsächlichen Zustand und bestimmte Entwicklungstendenzen ganzer Gesellschaften (Totalitäten). Davon ausgehend heißt es etwa: »Das grundlegende Element für die Entwicklung einer sozialen Bewegung ist das Vorhandensein einer *sozialen Krise*...« (Wasmuth 1989, S. 171) Gemeint sind faktische Krisenpotentiale des sozialen Systems wie sie in Krisen des ökonomischen Reproduktionsprozesses und/oder von Schlüsselinstitutionen und/oder zentraler Sinngehalte der Kultur zum Ausdruck kommen. Doch solche Krisenmechanismen bewegen Menschengruppen nicht einfach so wie die Schwerkraft den Apfel (Kapitel 6). Die Anteile ihrer Wahrnehmung, Interpretation oder Bewertung der Krisenpotentiale müssen hinzugenommen werden (Kapitel 3 u. 4). Wie das tatsächliche Krisenpotential den Beteiligten »erscheint«, wie sie es gefühlsmäßig-gedanklich bearbeiten, bewerten stellt ein Moment der Krise selbst dar. Raschke vertritt beispielsweise die These, neue soziale Bewegungen bildeten »sich, weil die politischen Steuerungs- und Vermittlungsinstanzen bei der Themati-

3 Neben dem Bezugstext von U. Wasmuth (s.u.) siehe auch: J. Raschke: *Soziale Bewegungen. Ein historisch-systematischer Grundriß*, Frankfurt/New York 1985, S. 117 ff.

sierung und Bearbeitung von jeweils anstehenden Fundamentalproblemen versagt haben« (Raschke 1985, S. 135). Es bewegt sich am ehesten etwas, wenn Systemprobleme oder Krisen – so lautet eine andere Motivationshypothese (Kapitel 6) – die *Interessen* von Gruppierungen berühren und dadurch *Handlungsprobleme* für sie aufwerfen.[4]

Beeinträchtigungen von Interessen entstehen dann, wenn die Handlungstrategien von Personen und Gruppen – auf dem Hintergrund ihrer vorhandenen Motive und Perspektiven (Kapitel 3) betrachtet – ihnen (tatsächlich oder scheinbar[5]) keine ihren Zielen und Wünschen (Motiven) entsprechende Aussichten auf Verbesserung oder wenigstens Erhaltung ihrer Lebenschancen versprechen. Dadurch entstehen in dem Sinne Handlungsprobleme, daß für die Betroffenen (in zutreffender oder unzutreffender Weise) der Eindruck entsteht, bestimmte Ziele seien bei gegebenen Mitteln und vorhandenem Wissen nicht mit erfolgsgarantierenden Vorgehensweisen, Regelungen oder Abläufen erreichbar. Nach dieser Motivationshypothese gilt also die krisenvermittelte Interessenbeeinträchtigung und das Auftürmen von Handlungsproblemen für Betroffene als bedeutendste Initialzündung und Antriebsenergie für individuelle Handlungen, die sich unter besonderen Umständen bis zu kollektiven Bewegungen zusammenschließen können.

Zu einer tatsächlichen sozialen Bewegung gehören natürlich noch viele andere Elemente: So bedarf es beispielsweise der *Artikulation* des Protestes in Kommunikationsprozessen, die von der schlichten Information bis hin zu Agitation und Propaganda reichen können. Es bedarf zumindest rudimentärer Formen der *Organisation*, Strategien der Auseinandersetzung mit der *Opposition*... Am Ende kann sich die Bewegung vielleicht zu einem praktischen Zyklus schließen: Die von Krisen angestoßene soziale Bewegung wirkt auf den Zustand, auf die Krisen und Problemzonen der Gesamtgesellschaft, zurück und wird zu einem gesamtgesellschaftlich maßgeblichen Faktor des sozialen Wandels.

Daran können wir zwei Grundmuster eines gesamtgesellschaft-

4 Zu den Begriffen »Interesse« und »Handlungsproblem« s. J. Ritsert: *Gesellschaft. Einführung in den Grundbegriff der Soziologie,* Frankfurt/New York 1988, Anhang.

5 Darin steckt natürlich wieder das (theoretische) Problem von Aktor- und tiefere Einsichten reklamierendem Beobachterstandpunkt (Kapitel 1).

lichen Praxisbezugs erkennen: Auf der einen Seite begegnet uns die »Reflexivität« theoretischen Wissens. D.h.: Indem sie die Rückwirkungszusammenhänge klarmachen, worin soziale Bewegungen auf die eben beschriebene Weise stehen (können), werden sozialwissenschaftliche Wissensbestände u.U. selbst zu einem Faktor der Aufklärung über einen laufenden sozialen Prozeß. In diesem Prozeß übernehmen sie als Medium der Selbstaufklärung womöglich die Rolle von Katalysatoren. Auf der anderen Seite stehen gezielte Parteinahmen für die Träger (»Adressaten«) solcher bewegten Abläufe. Dann sollen in allen Stadien und Phasen der Rückkoppelungsschleife, bei der Problemerkennung, bei der Problemdefinition, Protestartikulation etc. Einflüsse ausgeübt und mitunter vielleicht »im Interesse der Adressaten« erreicht werden. Das klassische Beispiel für diese Art Ansprüche sowie ihre Verwirklichung und/oder ihr Scheitern liefert immer noch der historische Materialismus (Kapitel 9) in seinem Verhältnis zur Arbeiterbewegung.

Bezugstext: U.C. Wasmuth: *Zur Untersuchung der Entstehung und Entwicklung sozialer Bewegungen. Ein analytischer Deskriptionsrahmen,* in: U.C. Wasmuth: (Hg.): Alternativen zur alten Politik? – Neue soziale Bewegungen in der Diskussion, Darmstadt 1989, S. 159 ff.

ad 7: *Praktische Implikationen in Theorien*

Nicht nur im Falle von »Therapien« sind wir auf Beispiele von Theorien gestoßen, wo bestimmte Ansprüche auf Eingriffe in den Bereich, der zugleich möglichst genau erkannt und erklärt werden soll, keineswegs automatisch als Ausdruck unwissenschaftlicher Gesinnungen oder ideologischer Verblendung gelten müssen. Am strikten Gegenpol des Elfenbeinturm-Modells wären wir angelangt, wenn wir sogar im Falle »reiner« (von allen wertenden Aussagen und Begriffen bereinigter) theoretischer Aussagenordnungen sagen könnten, daß sie – u.U. völlig entgegen den erklärten Absichten ihrer Urheber und Anhänger – gleichwohl eine Art innerer Parteinahme für ethisch-politische bedeutsame Gegebenheiten, Probleme, Interessen, Adressaten erkennen ließen. (Das muß keineswegs zwangsläufig eine ideologisch verfälschende Parteilichkeit des Denkens im Gefolge haben!) Vor 10-15 Jahren hätte derjenige, welcher diese Art von Fragestellung für sinnvoll hielt, beste Aussichten gehabt, akademischen Spielarten des Exorzismus unterzogen zu werden. Heutzutage regt sich niemand mehr groß über Studien auf, die – nicht nur im Umkreis des »Konstruktivismus« (Kapitel 4) – in diese oder eine vergleichbare Richtung zielen. Ja!, nicht einmal vor den heiligen Kühen der Vorbildwissenschaft Physik machen jene wissenssoziologischen Ketzerbewegungen Halt, welche Fragen wie die nach praktischen Implikationen in Theorien aufwerfen!

Wir führen an dieser Stelle nur ein deutschstämmiges Beispiel an, das im Vergleich zu dem, was angelsächsische »Konstruktivisten« über das Verhältnis von gesellschaftlichen Faktoren und naturwissenschaftlicher Theoriebildung sagen, harmlos ist: die sog. »Finalisierungsthese«. Diese stützt sich auf eines jener Stufenschemata für historische Entwicklungen, über deren Stichhaltigkeit man sich angesichts historischer Details gewiß streiten kann, ohne daß sie jedoch gleich den Verdacht erregen, es ginge darum, die Autonomie der reinen Wissenschaften zugunsten von außen an diese herangetragener Zwecksetzungen oder Interessen zu untergraben. Die Finalisierungstheoretiker meinen jedenfalls, die Entwicklung der Naturwissenschaften in Europa etwa seit der Renaissance ließe sich in einem Dreistadienschema zusammenfassen.

In der ersten, der *explorativen* Phase, gibt es statt des »sicheren Gangs der Wissenschaft« nur das »bloße Herumtappen«, also vielfältiges und kontroverses Versuchen und Irren. Statt einer (oder weniger) allgemeinen, die Strukturen des Untersuchungsbereichs erfassenden und die Forschung anleitenden Theorie(n) beherrschen verschiedenartige und kontroverse Denkweisen die Szene.

Das ändert sich einschneidend in der zweiten, der *paradigmatischen* Phase. Einem Vorschlag des Wissenschaftstheoretikers Th.S. Kuhn folgend wird der vielschichtige Begriff des »Paradigmas« eingeführt. Wir wollen hier darunter nicht mehr als entweder (a) eine große, schulenstiftende wissenschaftliche Beispielsleistung wie Newtons Mechanik oder Marx' Kapitalismustheorie oder (b) Grundorientierungen von Theorien selbst verstehen (z.B. der reine Typus zweckrationalen Handelns bei Max Weber). In der zweiten Phase schafft die (Natur)Wissenschaft immer mehr den sicheren und aufrechten Gang. Mehr und mehr nähert sich die Entwicklung einer Disziplin einer in ihren Grundlagen anerkannten allgemeinen Theorie an, welche die methodische Erfahrung und die exakte Erklärung und Prognose von Phänomenen des Untersuchungsbereichs tragen kann. Die Wissenschaftler können sich zunehmend darauf konzentrieren, die inneren Schwierigkeiten ihres Faches zu bearbeiten, also zum Geschäft der »Normalwissenschaft« (Kuhn) überzugehen. Es herrscht allerdings eine ausgeprägte Beschäftigung mit »rein theoretischen«, mit »innertheoretischen Problemen« der Wissenschaft vor. Die Entwicklung der Branche wird von Forschungsproblemen als Bezugsproblemen beherrscht. Gegen Ende der paradigmatischen Phase kann dann eine »reife« oder »abgeschlossene Theorie« herausschauen, welche die Mitarbeiter – wie Kant sagen würde – vergleichsweise »einhellig macht.« Die Finalisierungstheoretiker heben einen Punkt besonders hervor: Solange eine Disziplin noch nicht über eine reife Theorie verfügt, bleibe jeder Versuch, die Wissenschaftsentwicklung an externe Zielsetzungen zu binden, wenig aussichtsreich.

Das änderte sich einschneidend in der dritten, der »post-paradigmatischen« oder *finalisierten* Phase der Wissenschaftsentwicklung. Nun wird es möglich, die ausgereifte Theorie in Richtung auf äußerst handfeste und verschiedenartige Anwendungsgebiete in der Gesellschaft hin zu »spezifizieren«. »Beispiele aus der Physik sind etwa: Festkörperphysik, Metallurgie, Kältephysik, deren Entwicklung sämtlich innerhalb des Paradigmas der Quantentheorie erfolgt.« (Diederich 1974, S. 292) Die *Theorien selbst* setzen sich nun gleichsam aus einem grundlagentheoretisch abgesicherten Kern sowie einem Kranz aus Spezialhypothesen (Spezialbegriffen und -sätzen) zusammen, die – ohne aus der Theorie im strengen logischen Sinne »ableitbar« zu sein – gleichwohl *zu ihr* gehören und *immanent* (implizit) Anwendungsmöglichkeiten auf praktische Probleme sicherstellen. Das ist ein anderes Modell als das der reinen Theorie und ihrer nachträglichen technologischen Verwertbarkeit!

Ein Beispiel dafür liefert die Strömungsforschung in Verbindung mit der Umweltkrise: »Lärm« ist... kein physikalischer Begriff, im Gegensatz zum »Schall« etwa, der Gegenstand der physikalischen Akustik ist. In ihn gehen Elemente subjektiver Wahrnehmung und soziale Wertungen ein. In seine wissenschaftliche Definition teilen sich so verschiedene Disziplinen wie Physik, Physiologie, Psychologie, Arbeitsmedizin. Indem nun die Strömungsforschung versucht, die Lärmqualität von Schall physikalisch zu repräsentieren und eine theoretische Erklärung der Erzeugung und Verminderung von Lärm zu entwickeln, macht sie einen externen Zweck zum Entwicklungsleitfaden ihrer Theorie.« (Ebd., S. 278) Es geht um einen externen Zweck (Finis)! Das bedeutet das andere wesentliche Merkmal der »finalisierten« Phase, die *innere* Ausrichtung der Theoriebildung und Theorieentwicklung auf äußere (gesellschaftliche) Zwecke.

Eine finalisierte Wissenschaft, so sagen die Autoren, »ist offen dafür, daß externe (ökonomische, soziale, politische) Zwecke zum Entwicklungsleitfaden der Theorie werden.« (Ebd., S. 276) An dieser Stelle ist allerdings eine schwächere von der starken Finalisierungsthese abzuheben: die *schwache* Finalisierungsthese behauptet nur, die Forschung und Theoriebildung werde in der dritten Phase unter der Orientierung an äußeren praktischen Zwecken *geplant,* bzw. äußere Zwecksetzungen, Probleme und Krisen würden zum »Entwicklungsleitfaden der Theorie« oder lieferten »Auswahlkriterien für theoretische Probleme.« Das ist mit Webers Ansicht voll verträglich, Werte und Probleme »draußen« beeinflußten grundsätzlich die Auswahl der Untersuchungsgegenstände und der Untersuchungsdimensionen. Die *starke* Finalisierungsthese besagt demgegenüber, der Einfluß wissenschaftsexterner gesellschaftlicher Faktoren mache nicht einmal vor der inneren Ordnung der Theorie Halt! Wenn es stimmt, daß finalisierte wissenschaftliche Theorien in den Naturwissenschaften einen Kranz *zur Theorie gehörender* »Satzkonzepte« (Hypothesen; Begriffe) aufweisen, die unter dem Gesichtspunkt der Lösungsbedürftigkeit bestimmter praktischer Probleme in der Gesellschaft *in die Theorie* eingeführt werden, wenn es stimmt, daß *diese* Richtung der Theoriedifferenzierung in der dritten Phase das eindeutige Übergewicht gewinnt, dann ist es sogar für den sakralen Bereich der Naturwissenschaften möglich, von einer »inneren Vermittlung von Theorien mit äußeren gesellschaftlichen Problemen«, von *praktischen Implikationen in Theorien* zu reden! Wie muß es da erst im profanen Bereich der Sozialwissenschaften aussehen?

Bezugstext: G. Böhme, W. van den Daele, W. Krohn: *Die Finalisierung der Wissenschaft,* in: W. Diederich (Hg.): Theorien der Wissenschaftsgeschichte. Beiträge zur diachronischen Wissenschaftstheorie, Frankfurt/M. 1974, S. 276 ff.

Sachregister